Highlights of the Bible

성경 조망하기

성경의 권수 66권
구약 : 39 / 신약 : 27
성경의 장수 1,189장
구약 : 929 / 신약 : 260
성경의 구절 수 31,173절
구약 : 23,214 / 신약 : 7,959
기록 기간 약 1,500년
성경 저자 약 40명
성경의 가장 긴 장 시편 119편
성경의 가장 짧은 장 시편 117편
성경의 가장 긴 구절 수 8:33
성경의 가장 짧은 구절 욥 3:2
성경의 언어 히브리어, 아람어, 헬라어

성경 각권 분류

구약 39권

역사 – 17권
모세오경 5권 / 역사서 12권

시가서 – 5권

선지서 – 17권
대선지서 5권 / 소선지서 12권

신약 27권

복음서 – 4권
마태 / 마가 / 누가 / 요한

사도행전

서신서 – 21권
바울서신 13권 / 일반서신 8권

예언서 – 1권
요한계시록

성경의 시대구분

시대	주요인물
창조시대	아담, 노아
족장시대	아브라함, 이삭, 야곱
출애굽시대	모세
정복시대	여호수아
사사시대	기드온, 삼손, 룻
통일왕국시대	사울, 다윗, 솔로몬
분열왕국시대	엘리야, 히스기야, 이사야
포로시대	예레미야, 에스겔, 다니엘
포로귀환시대	에스라, 느헤미야
침묵시대	–
예수님시대	예수와 제자들
성령시대	바울과 제자들

언약의 발전

아브라함 언약

여호와께서 아브람에게 이르시되 너는 너의 고향과 친척과 아버지의 집을 떠나 내가 네게 보여 줄 땅으로 가라 내가 너로 큰 민족을 이루고 네게 복을 주어 네 이름을 창대하게 하리니 너는 복이 될지라 너를 축복하는 자에게는 내가 복을 내리고 너를 저주하는 자에게는 내가 저주하리니 땅의 모든 족속이 너로 말미암아 복을 얻을 것이라 하신지라 (창12:1~3)

모세 언약

세계가 다 내게 속하였나니 너희가 내 말을 잘 듣고 내 언약을 지키면 너희는 모든 민족 중에서 내 소유가 되겠고 너희가 내게 대하여 제사장 나라가 되며 거룩한 백성이 되리라

(출 19:5–6a)

다윗 언약

네 집과 네 나라가 내 앞에서 영원히 보전되고 네 왕위가 영원히 견고하리라 (삼하 7:16)

새 언약

그날 후에 내가 이스라엘 집과 맺은 언약은 이러하니 곧 내가 나의 법을 그들의 속에 두며 그들의 마음에 기록하여 나는 그들의 하나님이 되고 그들은 내 백성이 될 것이라. 여호와의 말씀이니라 (렘 31:31)

365 성경 일독표

※ 하루 하루 체크하면서 읽을 수 있는 성경일독표입니다. 성경 전체를 가능한 한 연대순으로 읽을 수 있도록 배열했습니다. 순서에 유의하면서 읽으면 성경 전체를 이해하는 데 좀 더 도움이 될 것입니다.

순서	범위	✓	순서	범위	✓	순서	범위	✓	순서	범위	✓
1	창1–2		47	민9–10		93	삼상15–16		139	욥38–42	
2	창3–5		48	민11–12		94	삼상17–18		140	시1–3	
3	창6–9		49	민13–14		95	삼상19–21		141	시4–9	
4	창10–11		50	민15–17		96	시34, 59		142	시10–18	
5	창12–14		51	민18–19		97	삼상22–24		143	시19–27	
6	창15–17		52	민20–21		98	시52, 57		144	시28–33	
7	창18–21		53	민22–25		99	삼상25–26, 시54		145	시35–41	
8	창22–24		54	민26–27		100	삼상27–31		146	시42–50, 53	
9	창25–27		55	민28–30		101	삼하1–2		147	시55–56, 58, 60–66	
10	창28–30		56	민31–32		102	삼하3–5		148	시67–72	
11	창31–33		57	민33–36		103	삼하6–7		149	시73–78	
12	창34–36		58	신1–2		104	삼하8–10		150	시79–85	
13	창37–38		59	신3–4		105	삼하11–12, 시51		151	시86–89	
14	창39–41		60	신5–6		106	삼하13–14		152	시91–102	
15	창42–44		61	신7–9		107	삼하15–17		153	시103–106	
16	창45–47		62	신10–11		108	삼하18–20		154	시107–118	
17	창48–50		63	신12–14		109	삼하21–22		155	시119	
18	출1–2		64	신15–17		110	삼하23–24		156	시120–134	
19	출3–4		65	신18–21		111	왕상1–2		157	시135–142	
20	출5–7		66	신22–26		112	왕상3–4		158	시143–150	
21	출8–10		67	신27–28		113	왕상5–7		159	왕상12–14	
22	출11–13		68	신29–30		114	왕상8		160	왕상15–16	
23	출14–15		69	신31–32		115	왕상9–10		161	왕상17–19	
24	출16–18		70	신33–34, 시90		116	잠1–5		162	왕상20–22	
25	출19–20		71	수1–2		117	잠6–9		163	왕하1–2	
26	출21–23		72	수3–5		118	잠10–15		164	왕하3–5	
27	출24–27		73	수6–8		119	잠16–20		165	왕하6–8	
28	출28–29		74	수9–12		120	잠21–24		166	왕하9–10	
29	출30–31		75	수13–17		121	잠25–29		167	왕하11–14	
30	출32–34		76	수18–19		122	잠30–31		168	암1–5	
31	출35–38		77	수20–22		123	아1–4		169	암6–9	
32	출39–40		78	수23–24		124	아5–8		170	호1–4	
33	레1–5		79	삿1–2		125	왕상11		171	호5–9	
34	레6–7		80	삿3–5		126	전1–3		172	호10–14	
35	레8–10		81	삿6–7		127	전4–7		173	욘1–4	
36	레11–13		82	삿8–9		128	전8–12		174	왕하15–16	
37	레14–15		83	삿10–12		129	욥1–3		175	왕하17–18	
38	레16–17		84	삿13–16		130	욥4–7		176	사1–3	
39	레18–20		85	삿17–18		131	욥8–10		177	사4–7	
40	레21–22		86	삿19–21		132	욥11–14		178	사8–12	
41	레23–25		87	룻1–4		133	욥15–17		179	사13–17	
42	레26–27		88	삼상1–3		134	욥18–19		180	사18–20	
43	민1–2		89	삼상4–7		135	욥20–21		181	사21–24	
44	민3–4		90	삼상8–10		136	욥22–24		182	사25–29	
45	민5–6		91	삼상11–12		137	욥25–31		183	사30–32	
46	민7–8		92	삼상13–14		138	욥32–37		184	사33–35	

순서	범위	✓	순서	범위	✓	순서	범위	✓	순서	범위	✓
185	왕하19-20		231	대상27-29		277	느4-7		323	살후1-3	
186	사36-37		232	대하1-4		278	느8-10		324	갈1-3	
187	사38-39		233	대하5-7		279	느11-13		325	갈4-6	
188	사40-42		234	대하8-9		280	말1-4		326	행18-19	
189	사43-45		235	대하10-13		281	마1-4		327	고전1-4	
190	사46-50		236	대하14-17		282	마5-7		328	고전5-8	
191	사51-55		237	대하18-22		283	마8-10		329	고전9-11	
192	사56-59		238	대하23-25		284	마11-13		330	고전12-14	
193	사60-63		239	대하26-28		285	마14-16		331	고전15-16	
194	사64-66		240	대하29-31		286	마17-20		332	고후1-4	
195	미1-3		241	대하32-33		287	마21-23		333	고후5-9	
196	미4-7		242	대하34-36		288	마24-25		334	고후10-13	
197	왕하21-23		243	겔1-3		289	마26-28		335	롬1-3	
198	습1-3		244	겔4-7		290	막1-3		336	롬4-7	
199	합1-3		245	겔8-11		291	막4-6		337	롬8-11	
200	나1-3		246	겔12-14		292	막7-8		338	롬12-14	
201	욜1-3		247	겔15-17		293	막9-10		339	롬15-16	
202	왕하24, 렘1-3		248	겔18-20		294	막11-13		340	행20-23	
203	렘4-6		249	겔21-23		295	막14-16		341	행24-26	
204	렘7-9		250	겔24-26		296	눅1-2		342	행27-28	
205	렘10-13		251	겔27-29		297	눅3-4		343	엡1-3	
206	렘14-16		252	겔30-32		298	눅5-6		344	엡4-6	
207	렘17-20		253	겔33-35		299	눅7-8		345	빌1-4	
208	렘21-23		254	겔36-37		300	눅9-10		346	골1-4	
209	렘24-25		255	겔38-39		301	눅11-13		347	몬1	
210	렘26-28		256	겔40-41		302	눅14-16		348	딤전1-6	
211	렘29-31		257	겔42-43		303	눅17-18		349	딛1-3	
212	렘32-33		258	겔44-46		304	눅19-20		350	딤후1-4	
213	렘34-36		259	겔47-48		305	눅21-22		351	히1-4	
214	렘37-38		260	단1-2		306	눅23-24		352	히5-10	
215	왕하25, 렘39-41		261	단3-4		307	요1-3		353	히11-13	
216	렘42-45		262	단5-6		308	요4-6		354	약1-5	
217	렘46-48		263	단7-9		309	요7-8		355	벧전1-5	
218	렘49-50		264	단10-12		310	요9-11		356	벧후1-3	
219	렘51-52		265	스1-2		311	요12-13		357	요일1-5	
220	애1-2		266	스3-4		312	요14-15		358	요이1, 요삼1	
221	애3-5		267	학1-2		313	요16-17		359	유1	
222	옵1		268	슥1-6		314	요18-19		360	계1-3	
223	대상1-3		269	슥7-10		315	요20-21		361	계4-7	
224	대상4-5		270	슥11-14		316	행1-2		362	계8-11	
225	대상6-9		271	스5-6		317	행3-5		363	계12-15	
226	대상10-12		272	에1-5		318	행6-9		364	계16-18	
227	대상13-16		273	에6-10		319	행10-12		365	계19-22	
228	대상17-20		274	스7-8		320	행13-15				
229	대상21-22		275	스9-10		321	행16-17				
230	대상23-26		276	느1-3		322	살전1-5				

구약

성경 1+독

플러스 만화성경

구약

성경1+독

플러스 만화성경

재미있는 만화, 친절한 해설로 시작하는 성경1+독 첫걸음

만화 **정동열** | 해설 **정해주 목사**

성경1+독
완벽 워밍업
365 성경일독표

선한청지기

추천사

해가 바뀌면 올해는 꼭 성경을 한 번은 읽어야지 하고 다짐하지만 창세기부터 읽어나가다가 레위기와 민수기를 넘어서지 못하고 포기한 적이 여러 번 있었다. 그러다가 언젠가 여름 휴가지에서 아이들이 보던 만화 성경을 손에 들게 됐고, 그 책을 재미있게 읽고 나니 성경 전체의 스토리를 상당 부분 이해할 수 있었다. 그러고 나서 성경을 읽으니 끝까지 일독하는 것이 이전보다 훨씬 수월했다. 만화로 성경을 읽으면 재미는 있지만 성경의 메시지와 전체적인 흐름을 읽을 수 없어서 아쉬웠는데, 〈성경일독 플러스 만화싱경〉은 성경을 읽는 관점과 핵심 메시지를 짚어주어서 만화 성경의 아쉬움을 훌륭하게 보강해주었다. 성경의 시대와 사건을 시간순으로 읽을 수 있도록 배열한 365 성경 일독표도 큰 도움이 되었다.

김영철 ‖ 서현교회 장로

최근 들어, 하나님 나라와 언약 사상을 중심으로 한 성경 읽기와 신학적 조명이 한국교회 가운데 다양하고 풍성해지고 있는데, 이를 쉽게 접근하게 하고, 잘 이해할 수 있도록 돕는 만화 성경책이 등장해 매우 기쁘다. 성경의 각 권 및 주요 장에 대한 친절한 해설을 통해 성경에 흐르고 있는 하나님의 언약을 이해하고, 만화 성경과 더불어 개인 성경 통독을 진행해간다면, 이전과는 또 다른 성경 이해의 맛을 경험하게 될 것이다. 주일학교 어린이에서부터 청년, 더 나아가 50대 이상의 장년층에 이르기까지 폭넓게 사용될 수 있는 〈성경일독 플러스 만화성경〉을 한국교회에 강력하게 추천한다.

손진원 ‖ 따스한교회 담임목사, 학원복음화협의회 교회실행위원장

성경은 결코 박제된 문장들의 집합이 아니다. 성경은 성령의 영감으로 기록된 이후 인류 역사에 변화를 일으켜온 생명의 원동력이다. 그러므로 성경을 읽는 것은 그리스도인이건 비그리스도인이건 한평생을 사는 동안 반드시 거쳐야 할 필연성을 가진다. 그런 의미에서 이 땅에 반드시 성취되어야 할 하나님 나라와 하나님의 언약의 시각에서 읽고 이해하기 쉽게 만화로 출간된 〈성경일독 플러스 만화성경〉은 모든 이들에게 감동의 선물 그 자체다.

이상화 ‖ 서현교회 담임목사

성경 읽기는 깊은 사유를 필요로 하며, 따라서 상대적으로 직관적인 방식인 '만화'는 성경을 읽는 좋은 방법이 아니라고 생각했다. 하지만 본서는 그러한 한계를 넘어 풍부하고 깊이 있게 성경의 이야기를 전해준다. 대다수의 만화 성경이 그저 성경 내용의 전달에 그치거나, 피상적이고 윤리적이기만 한 적용으로 성경 내용의 풍성함을 드러내지 못하는데 비해, 〈성경일독 플러스 만화성경〉은 신학적으로 든든한 하나님 중심적 관점으로 원래 성경 이야기의 부요함을 명료하게 드러낸다. 성경 전체의 이야기의 큰 그림을 바른 방식으로 이해하기를 원하는 독자들에게 권한다.

이정규 ‖ 시광교회 담임목사

세상에는 세상의 기원과 문제와 해결책을 다루는 수많은 이야기가 있다. 하지만 다 가짜다. 어느 신학자의 말처럼 성경만이 하나님께서 주신 '세상에 대한 유일한 이야기'다. 그러나 여러 장르로 수십 명의 저자에 의해 우리와 전혀 다른 문화와 시대 속에서 기록된 성경은 이해하기가 쉽지 않은 책이다. 영상물에 익숙해진 다음 세대들은 성경을 있는 그대로 읽고 이해하는 데 더 큰 어려움을 겪고 있다. 성경은 우선 그 자체로 하나의 이야기로 쉽게 이해되어야 한다. 놀라운 작업이 이루어졌고 너무나 기쁜 소식을 한국교회에 전한다. 이 책, 〈성경일독 플러스 만화성경〉을 보라.

이종필 ‖ 세상의빛교회 담임목사, 킹덤처치연구소 소장

그리스도인이란 하나님의 말씀인 성경의 이야기를 자신의 이야기로 삼고 그 이야기에 참여하며 살아가는 사람이라고 할 수 있다. 여기 하나님 말씀의 핵심이라 할 수 있는 '하나님 나라'와 '언약'의 개념을 재미있는 이야기와 흥미로운 만화, 그리고 정확하고 친절한 해설에 담아낸 멋진 책이 있다. 〈성경일독 플러스 만화성경〉은 성경 이야기에 처음으로 입문하려는 어린이와 학생들뿐 아니라, 그 이야기 전체를 정확히 듣고 참여하기 원하는 어른들에게까지 최고의 선택이 될 것이다.

정한욱 ‖ 신용산교회 안수집사, 우리안과 원장

성경의 스토리를 쉽게 가르치는 방편으로써 만화 성경의 필요를 인정한다. 가장 쉽게 성경 이야기를 들려주는 방법이기 때문이다. 그러나 대부분의 만화 성경은 성경의 개별적인 이야기들이 어떻게 성경 전체가 말하는 거대한 이야기와 연결되는지를 잘 보여주지 못한다. 〈성경일독 플러스 만화성경〉은 그런 의미에서 특별한 시도를 했다. 성경 각 권의 서두에, 쉬운 문체로 각 권의 이야기가 성경 전체의 이야기인 '하나님 나라와 언약'이라는 틀에서 어떻게 읽혀야 하는지를 설명하는 글을 둔 것이다. 만화 성경의 약점을 정확하게 보완한 멋진 도전이다. 쉽고 즐겁게 그러면서도 바르게 성경의 이야기를 읽기 원하는 이들과 그렇게 읽히기 원하는 부모에게 훌륭한 선물이다.

조영민 ‖ 나눔교회 담임목사

머리말

"올해에는 성경을 제대로 한 번 읽어보리라!"

새해가 시작될 때마다 많은 성도들이 다짐합니다. 성경의 처음인 창세기에서부터 시작하는 사람도 있고 읽기에 조금 수월해 보이는 마태복음부터 시작하는 사람도 있지요. 그런데 그렇게 시작한 성경 읽기를 연중에 마치는 비율은 얼마나 될까요?

신앙생활을 하면서 성경을 읽는 것이 얼마나 중요한지를 모르는 성도는 거의 없습니다. 성경은 기독교의 핵심이며 사실상 기독교의 전부라고 할 수 있습니다. 그래서 신앙의 선배나 목사님은 성경 읽기를 권하고 강조하지요. 그런데도 성경을 제대로, 그리고 끝까지 읽기란 왜 이렇게 어려운 것일까요? 설령, 성경을 처음부터 끝까지 일독 이상 한 성도라 하더라도 자신이 성경 내용을 잘 이해했다고 생각하는 사람은 얼마나 될까요? 성경은 정말로 그렇게 어렵고 다가가기 힘든 책일까요? 가까이하기엔 너무 먼 당신처럼…?

성경을 읽고 이해하는 것은 사실 쉬운 일은 아닙니다. 성경은 총 66권의 말씀으로 이루어져 있는데 분량이 굉장히 길지요. 게다가 우리나라 역사도 읽기 힘든데, 저 먼 이스라엘의 이야기가 중심이 되어 펼쳐지니 다양한 지명과 이름이 낯설게 느껴질 것입니다.

그런데 성경은 사람의 이성이나 경험으로는 알 수 없는 초자연적인 말씀을 기록한 책입니다. 결국 그것은 '하나님'에 대한 이야기이지요. 또한 성경에는 삶의 깊이를 다루는 잠언, 인생을 노래하는 시편, 열정을 가지고 삶을 살았던 사람들의 이야기가 눈앞에 펼쳐집니다. 결국 성경을 읽다보면, 말씀에는 사람의 인생을 뒤집을 힘과 구원을 받는 유일한 길이 있다는 것을 알게 됩니다.

《성경 일독 플러스 만화 성경》은 만화를 통해서 수많은 사건과 인물들이 눈앞에서 생동감 있게 움직이는 것을 볼 수 있고, 말씀 해설을 통해 성경 본문의 핵심 메시지와 성경 전체의 신학적 의미들을 아주 친절하면서도 깊이 있게 만날 수 있습니다. 그리고 다양한 사건들이 지금 내 삶에 어떻게 적용되는지 생각해 보는 계기가 됩니다.

이 책을 통해 많은 사람이 말씀을 즐겁고 친숙하게 느낄 수 있게 되기를 소망합니다. 한 컷의 그림과 한 줄의 말씀이 쓰러진 한 영혼을 일으켜 세우고, 흔들리는 삶에 기준이 되며, 바라보고 달릴 푯대가 되어줄 것입니다.

이 책이 나오기까지 기도해주시고 도와주신 많은 분들께 감사드립니다. 하루의 일과를 끝내고 온 가족이 마주 앉아 《성경 일독 플러스 만화 성경》을 읽으면서 웃음 짓는 모습을 꿈꾸며, 모든 영광을 하나님께 드립니다.

정해주 목사

목 차

창세기

"태초에 하나님이 천지를 창조하시니라"라는 성경의 첫 구절은 놀라운 말씀입니다. 이 한 문장 안에는 우주와 생명이 시작되고, 물리적으로 존재하는 모든 것이 시작되었다는 위대한 진리가 담겨 있습니다. 그뿐만 아니라 물리적이지 않은 것들, 예를 들면 자연법칙이나 도덕 혹은 윤리라고 부를 수 있는 기준과 질서, 그리고 성경적인 의미에서 '영적'인 것들도 시작되었음을 선언합니다. 말 그대로 성경은 모든 것의 시작을 "하나님이 천지를 창조하셨다"는 한 문장으로 선포하고 있는 것입니다.

창세기는 사실 처음에는 모세오경이라 불리는 한 권의 책 맨 앞부분이었습니다. 그러나 시간이 지나면서 모세오경을 다섯 권의 낱권으로 분류하게 되었고, 히브리 사람들의 전통에 따라 책의 맨 앞 단어를 따서 '태초에'(베레쉬트)라고 불렀습니다. 창세기는 총 50장으로 이루어져 있는데 구조상 원 역사(1–11장)와 족장들의 이야기(12–50장)로 나눌 수 있습니다. 전반부인 원 역사 속에는 아담과 하와, 선악을 알게 하는 나무 이야기, 에덴동산, 노아와 홍수, 바벨탑 등의 이야기가 담겨 있습니다. 그리고 후반부에는 아브라함, 이삭, 야곱, 유다, 요셉의 이야기가 중심을 이루고 있습니다. 창세기가 들려주는 방대한 기간의 역사와 수많은 등장인물이 살아가며 겪는 사건들은 자칫 독자들을 이야기 자체에만 머무르게 만드는 함정이 되기도 합니다. 그러나 한편으로는 다양한 삶의 무게를 잘 전달해주는 창세기만의 매력이라고도 할 수 있겠습니다.

그렇다면 이렇게 거대하고 독특한 성경인 창세기를 바르고 깊이 있게 이해할 수 있는 길은 무엇일까요? 역사적으로 몇 가지 방식들이 있지만, 가장 좋은 방법은 언약을 통해 창세기에 접근하고 이해하는 것이라 할 수 있습니다. 왜냐하면 언약은 신구약 성경 전체를 관통하는 중요한 주제일 뿐 아니라, 모세오경을 이해하는 데 큰 도움을 주기 때문입니다. 따라서 우리는 '언약'이라는 주제를 가지고 창세기를 살펴보며 핵심 메시지들에 접근할 것입니다.

먼저 태초에 하나님은 천지를 창조하십니다. 이후에는 자신의 형상을 따라 흙으로 남자를 만드시고 곧이어 여자를 만드십니다. 첫 번째 가정이 탄생한 것이죠. 이것이 의미하는 바는 매우 큽니다. 창세기는 사람이 혼자 살 수 없고 반드시 함께 살아야 함을, 공동체를 이루어 살아야 함을 보여주고 있는 것입니다. 우리는 이 공동체를 '부부', 또 다른 이름으로는 '가정'이라 부릅니다. 그림 언어로 살펴본다면 인류 역사상 처음 등장한 이 가정은 하나님이라는 창조주가 가장이 되시고, 첫 사람 아담과 하와를 자녀 삼은 것입니다. 혈연관계는 아니지만 그보다 더 신비로운 영적 관계로 맺어진 가정이죠. 성경은 이것을 '하나님 나라'라고 부릅니다.

하나님은 아담, 하와와 더불어 한 가지 언약(첫 언약)을 맺으십니다. 선악을 알게 하는 나무의 열매를 먹지 말라는 것입니다. 이것을 통해 아담과 하와는 자신이 신이 아니라 피조물인 것을 기억하고, 하나님을 믿고 의지하며 살아야 했습니다. 그러나 축복받은 이 가정은 얼마 지나지 않아 자녀들의 반란으로 깨어지게 됩니다. 아담과 하와가 하나님이 금지하신 선악과를 먹었다는 이야기는 '하나님 아버지 없이 살겠다'는 선언이고, 동시에 '이제 내가 하나님이 되겠다'는 교만이자 반역이며, 사람이 지을 수 있는 가장 큰 죄를 지었다는 말입니다. 바로 이 사건으로 죄가 피조 세계에 들어오게 된 것이죠. 바꿔 말하면 사탄의 나라가 시작된 것입니다. 하나님께서는 공의롭고 정의로우신 분이기 때문에, 반역하고, 자신의 사랑과 신뢰를 져버렸으며, 무엇보다 언약을 깬 이들을 그냥 두실 수 없게 되었습니다. 그리하여 아담과 하와는 에덴동산에서 쫓겨나게 되고 이후 노아 홍수와 바벨탑 사건으로 이어지게 됩니다. 죄로 대표되는 사탄, 그가 통치하는 세상이 이 땅에 가득하게 되고, 의와 거룩과 화평과 샬롬으로 대표되는 하나님의 나라는 겨우겨우 명맥만 이어나가는 모양새입니다.

인류의 죄악이 온 땅에 가득해지자 하나님께서는 그들을 홍수로 심판해 멸하기로 하셨습니다. 그리고는 당대의 의인 한 사람(노아)의 가정만을 방주에 태워 목숨을 건질 수 있게 해 주셨습니다. 그러나 노아 역시 허물이 있는 사람이었고 노아의 후손들이 점차 늘어나 다시금 인류의 숫자가 많아지자 그들은 탑을 쌓기 시작합니다. 흩어짐을 면하고, 신에게까지 도달하려 했던 것입니다. 그러나 이 역시 한 번에 무너지고 맙니다. 이 땅에 다시 하나님의 나라가 세워질 가능성은 눈곱만큼도 보이지 않습니다. 인류의 역사는 이렇게 죄에 사로잡혀 끝나버리고야 마는 것일까요? 이제 희망은 없습니까? 이런 침울하고 어두운 분위기 속에서 우리 하나님께서 큰일을 행하십니다.

하나님께서 아브라함이라는 인물에게 먼저 찾아가셔서 이번에도 언약을 맺으십니다. 아담에게는 선악을 알게 하는 나무의 열매를 먹지 말라는 명령으로 언약을 주셨던 하나님께서, 아브라함에게는 '너는 내가 보여 줄 땅으로 가라!'고 명령하십니다. 그 명령을 지켜 행하면 세 가지 복을 주시겠다고 약속하셨는데, 그것은 '땅, 큰 민족(자녀), 복(복을 받는 것이 아니고 복 자체가 됨)'입니다. 아브라함은 믿음으로(히 11:8) 이 언약을 지켰고, 하나님께서도 이제 그 언약에 따라 아브라함의 삶을 인도해 가십니다. 언약을 계속해서 재확인하시면서 아브라함이 그 언약에 충실하게 살도록 하실 뿐 아니라, 하나님 스스로도 그 언약을 신실하게 이행해 주시는 것입니다. 또 기회가 될 때마다 나타나셔서 "보이는 땅을 네게 주고, 네 자손을 티끌같이, 하늘의 별과 같이 많게 해 주겠다"(창 13:15–16; 15:5)라고 말씀하시는 이유도 여기에 있습니다. 100세에 초자연적으로 주신 아들(자녀) 이삭을 통해 아브라함을 시험하시는 이유 역시 바로 언약 때문입니다. 쉽게 말하면 "아들을 더 사랑하느냐? 아들을 주신 하나님을 더 사랑하느냐?"입니다. "언약을 통해 받은 복을 더 사랑하는가? 아니면 언약을 주신 하나님을 더 사랑하는가?"입니다. 아브라함은 믿음으로 이 시험에 통과했고(히 11:17–19), 자신이 죽기 전 아들 이삭의 신붓감을 구하면서 "나의 아들을 그곳으로(약속의 땅 밖으로) 데려가지 말라"(창 24:6)는 믿음의 선언을 합니다. 나와 내 아들은 하나님이 언약으로 주신 이 땅에 머무르겠다는 믿음의 고백인 것이죠.

하늘의 하나님 여호와께서 나를 내 아버지의 집과 내 고향 땅에서 떠나게 하시고
내게 말씀하시며 내게 맹세하여 이르시기를 이 땅을 네 씨에게 주리라 하셨으니(창 24:7a)

하나님께서는 아브라함의 아들 이삭과도 언약을 맺으십니다(창 26:24). 아브라함에게 주셨던 그 언약을 아들에게 갱신시키고 계시는 겁니다. 이후 이삭의 삶도 이 언약에 따라 흘러갑니다. 이삭은 블레셋 땅(약속의 땅 밖)에서 백배의 축복을 받고 이웃들에게 시기를 당해 이사할 때마다 우물을 팠는데 그때마다 샘이 터집니다! 놀라운 기적이죠. 세 번을 그렇게 옮겨서 르호봇이라는 멋진 땅에 넓은 우물을 얻습니다. 그런데 그 직후 바로 '브엘세바'로 옮깁니다. 브엘세바에는 르호봇과 같은 우물도 넓은 평야도 없었지만, 이삭은 주저하지 않고 이사 갑니다. 왜 그런 결정을 할까요? '믿음' 때문입니다. 브엘세바는 아버지 아브라함이 하나님께 제단을 쌓고 약속의 증표로 에셀나무를 심었던 믿음의 땅, 약속의 땅입니다. 이삭이 세상적인 성공을 상징하는 르호봇을 얻었음에도 이를 포기하고 브엘세바로 옮긴 이유는 하나님의 언약에 대한 믿음 때문인 것입니다.

그의 아들 야곱의 인생도 마찬가지입니다. 창세기에서 가장 긴 스토리를 보여주는 야곱은 스스로 험악한 인생을 살았다고 고백할 만큼(창 47:9) 힘든 삶을 살았지만, 그의 삶 역시 하나님의 언약과 연결된 인생이었습니다. 야곱이 형 에서를 속여 장자권을 빼앗았다는 의미가 뭘까요? 장자권은 당시 아버지로부터 정통성을 이어받는다는 말이었습니다. 단순히 재산을 더 많이 받는다거나 하는 의미가 아닙니다. 신앙적인 관점에서 본다면 야곱은 아버지 이삭이 받은 하나님과의 언약, 그 관계를 자신이 이어받겠다고 욕심을 부린 것입니다. 사실 하나님은 이미 야곱이 태어나기도 전에 그가 어머니 태에 있을 때 "큰 자가 어린 자를 섬기리라"(창 25:23)는 말씀을 주셨건만 야곱은 기다릴 수가 없었습니다. 그 결과 아버지와 형을 속이고 자신은 쫓기는 신세가 됩니다. 겨우 도망간 곳이 삼촌 라반의 집이었지만 그곳에서의 삶도 계속 속임을 당하는 것뿐이었습니다. 자신이 한 행위대로 당하게 된 것이죠.

그렇지만 하나님께서는 야곱에게 신실하게 행하십니다. 신실하게 행하셨다는 말은 아브라함과 이삭에게 이어오셨던 언약을 야곱과 이어가시며 그에 걸맞은 대우, 즉 특별한 언약의 관계로 야곱을 대우하셨다는 의미입니다. 삼촌의 집에서 노예와 같은 시간을 보내는 중에도 아내를 얻게 하시고(비록 그 과정도 순탄치 않았지만) 재산도 크게 늘려주셨습니다. 그리고 도저히 자신의 힘으로 해결할 수

없는 형 에서와의 관계도 해결해주십니다. 그의 이름을 야곱(잡아채는 자)에서 이스라엘(하나님과 겨루어 이긴 자)로 바꿔 주십니다. 딸 디나가 성폭행을 당하고 아들들이 살인을 저지르는 바람에 인생이 무너지는 듯한 암울한 상황 속에서도 "벧엘로 올라오라!"(창 35:1)고 말씀하시며 야곱을 회복시켜 내십니다. 이것(하나님의 붙드심)이 바로 하나님과 언약 맺은 사람이 받는 은혜이고 복입니다.

야곱에게는 열두 명의 아들이 있었습니다. 과연 누구에게 이 언약이 이어질까요? 결론부터 말씀드리자면 열두 명의 아들 모두입니다. 이들은 성경에서 이스라엘 민족, 하나님의 백성이라고 불리기 시작합니다. 다만 그 가운데서도 넷째 아들 유다와 열한 번째 아들 요셉이 중요하게 등장합니다. 먼저 유다를 볼까요? 요셉이 형제들의 시기 질투 때문에 죽을 뻔하자 유다는 그를 도와 위기를 넘길 수 있게 해줍니다. 또 후에 요셉이 애굽의 총리가 된 것을 모르고 그를 만나게 되었을 때 막내 베냐민을 대신해 자신을 인질로 사로잡으라며 중재자의 역할을 감당하는 모습을 보여주지요.

요셉은 어린 나이에 형들로 인해 이집트로 팔려 가 노예 생활을 하지만 하나님의 주권적인 간섭과 역사하심으로 총리의 자리에 오르게 됩니다. 요셉의 이야기를 접하면서 우리는 그의 화려한 삶의 여정이나 그의 개인 신앙에 집중하게 될 때가 많은데, 사실 우리가 좀 더 주의를 기울여야 하는 부분은 따로 있습니다. 사실 그가 애굽의 총리 자리에 올라야만 했던 이유는 본인의 고백대로 야곱과 자신의 형제들, 그리고 그의 가족들을 지키기 위함이었습니다(창 45:5).

> 당신들이 나를 이곳에 팔았다고 해서 근심하지 마소서 한탄하지 마소서.
> 하나님이 생명을 구원하시려고 나를 당신들보다 먼저 보내셨나이다(창 45:5).

왜 이것이 이렇게 중요합니까? 언약 때문입니다. 처음에 아브라함에게 나타나셔서 주셨던 하나님의 말씀이 바로 아브라함의 약속이라 불리는 언약입니다. 하나님 나라의 첫 밑그림을 보여주며, 땅과 자녀와 복으로 대표되는 그 언약을 하나님께서 신실하게 지키고 계심을 보여주신 것이지요.

창세기 12장부터 시작되는 족장 역사는 말 그대로 족장들(아브라함, 이삭, 야곱, 열두 아들 등)의 이야기입니다. 하지만 단순하게 그들이 어떻게 살았는지를 보여주는 것으로 끝나는 것이 아닙니다. 그들의 삶 이면에 '언약'을 통하여 역사하시는 하나님을 보여주고 있는 것입니다. 그래서 언약은 하나님이 사람의 삶에 간섭하시는 끈이라고도 말할 수 있습니다. 야곱이 수명이 다하여 유언을 남길 때 자신의 시신을 막벨라 굴(약속의 땅)에 묻어달라 했던 이유도, 요셉이 자신의 시신을 애굽에 두지 말고 아브라함과 이삭과 야곱에게 맹세하신 땅으로 들고 가라고 했던 이유도 여기에 있는 것입니다.

천지 창조

창세기 1:1~31, 2:1~25

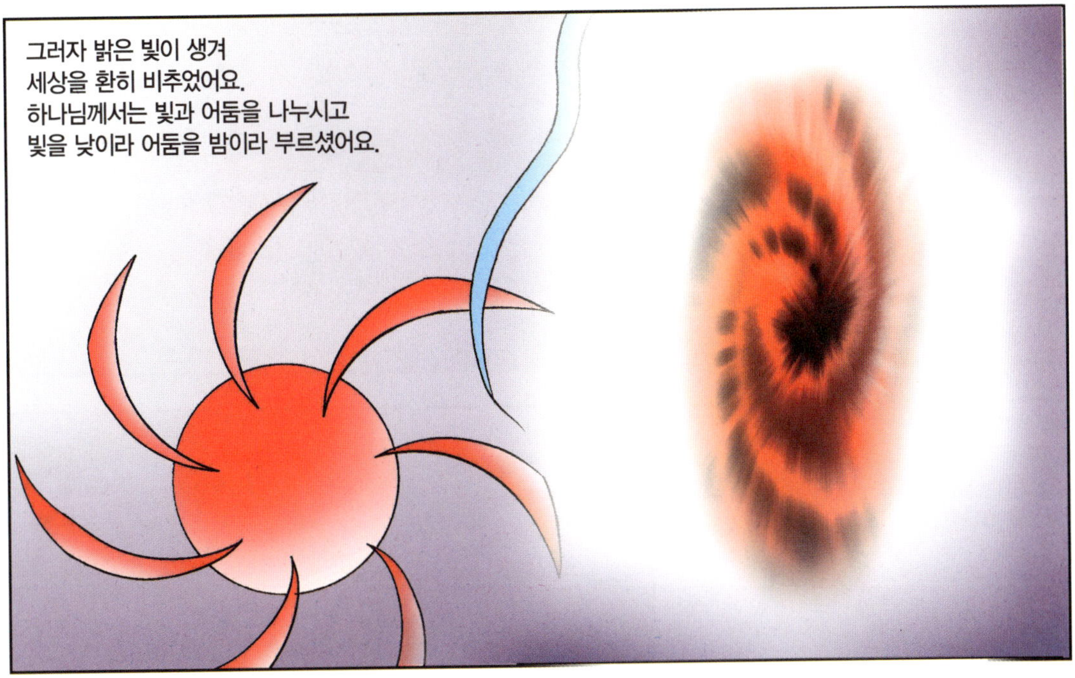
그러자 밝은 빛이 생겨
세상을 환히 비추었어요.
하나님께서는 빛과 어둠을 나누시고
빛을 낮이라 어둠을 밤이라 부르셨어요.

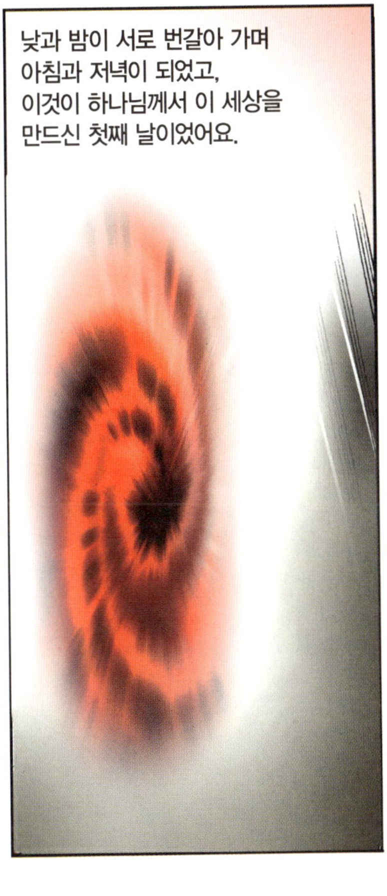
낮과 밤이 서로 번갈아 가며
아침과 저녁이 되었고,
이것이 하나님께서 이 세상을
만드신 첫째 날이었어요.

둘째 날에는 물과 물이 갈라져
파란 하늘이 모습을 드러냈어요.
오~ 이것을
하늘이라
부르겠다.

셋째 날에는 땅과 바다를 갈라
땅에는 풀과 채소와 나무,
과일나무를 만드셨고,

넷째 날에 하나님은
해와 달과 별을 만들어
낮과 밤을 지키도록 하셨어요.
너희들은 하늘에서
봄·여름·가을·겨울을
지켜야 한다.
다섯째 날,
하늘에는 여러 종류의 새를,
바다에는 여러 종류의 물고기를
가득 만드셨으며,
여섯째 날이 되자 하나님은
땅 위에도 동물을 만드셨어요.
그리고 맨 마지막으로 흙을 빚어
하나님을 닮은 사람을
만드셨어요.
자! 이제
너에게 생명을
불어 넣어주마.
훅
너의 이름은
아담이란다.

아담아,
너에게 복을 주고
물고기와 새와
모든 짐승을
다스리게 해주마.
우~와!!
하나님,
넘넘 감사해용~
대신 에덴동산 중앙에
있는 선악과만은 절대로
먹어서는 안 된다.
6일 동안 세상을
만들었으니 7일째에는
안식하도록 하자.
그렇게 일곱째 날을
안식의 날로 정하셨답니다.
하나님께서는
이 날을 축복하여
거룩한 날이라 부르셨어요.
아담은 무엇이든지
마음대로 할 수 있었어요.
하지만…
얘들아,
나랑 놀자.
흥! 넌
못생겨서 싫어~

다들 짝꿍이 있는데
나만 없잖아~
너무 외로워.
하나님!
제발 저에게도
짝꿍 하나 만들어
주세요~
에덴동산
창세기 3:1~24
그래!
알았으니
한숨 자고
일어나거라.
하나님은 아담을 잠들게 한 뒤
갈빗대 하나를 빼서 하와를 만드셨어요.
자~ 이것으로
아담의 외로움도
사라지겠군.
행복한 두 사람은 온종일 동산을 거닐며
하나님이 만드신 자연을 만끽했답니다.
나 잡아봐라.
하와~
기다려~
엄마~ 쟤네
뭐하는 거야?

어느 날, 간교한 뱀이 하와 앞에 나타났습니다.
안녕!
빅뉴스~ 선악과를 먹으면 슈퍼모델처럼 된대.
어머! 하지만 하나님께서 그걸 먹으면 죽는다고 했는데.
죽긴 왜 죽어! 하나님처럼 될까봐 먹지 못하게 하는 거야.
뱀에게 속은 하와는 아담에게도 선악과를 먹이고 말았어요.
아담, 이것 좀 먹어봐요.
이거 정말 먹어도 될까?
선악과를 먹자 두 사람은 자신들이 발가벗은 것을 알게 되어버렸어요.
아악~ 내가 지금 누드로?
허걱! 빨리 가리자!
아담아, 네가 어디 있느냐?
하나님, 제가 지금 벗고 있어서 창피해서 숨어 있습니다.
누가 너희를 벗었다 하더냐. 내가 먹지 말라는 열매를 먹었구나.
하와가 따 가지고 와서 자꾸 먹으라고 해서…
하와는 어찌하여 그런 짓을 했느냐?

원시 복음

하나님의 형상을 닮은 사람이 하나님의 피조물들을 사랑으로 다스리는 나라, 즉 하나님 나라를 세우시는 것이 하나님의 창조목적입니다. 그러나 아담은 스스로 하나님 같이 되고자 하는 교만(창 3:5)으로 인해 언약의 상징인 선악과를 먹었고, 그 결과 이 땅에 죄가 들어왔습니다. 공의로우신 하나님께서 이 문제를 심판하십니다. 아담과 하와에게 죄의 값으로 저주(노동의 고통, 출산의 고통)를 내리시고 뱀(사단)을 저주하십니다. 그러나 이 저주 안에는 저주만 있는 것이 아니라 하나님의 긍휼의 은혜가 함께 들어 있습니다. 특히 창 3:15 말씀은 원시 복음이라고 부르는 구절입니다. 뱀이 여자와 원수가 되게 하고 뱀의 후손도 여자의 후손과 원수가 되게 하십니다. 그리고 결국 여자의 후손이 뱀의 머리를 상하게 할 것을 선언하십니다. 이는 여자의 후손으로 태어나신(성육신) 예수 그리스도께서 사탄의 모든 권세를 이기시고 승리할 것을 선포하시는 복음(기쁜 소식)입니다. 하나님의 말씀은 사람의 말과 다릅니다. 그 말씀은 반드시 이루어집니다!

하나님께서는 에덴동산 입구에
그곳을 지키는 천사를 두고
불을 뿜는 칼로 둘러싸
생명나무가 있는 길목을
지키게 하셨어요.

그렇게
선악과를
먹지 말라고
했는데…
쯧쯧.
팟
이제부터
정식으로
하와라고
부르겠어요.
그러세요.
하와는
인류의 어머니라는
뜻이 있어요.
가인과 아벨
창세기 4:1~26, 5:1~32
아담과 하와는
날마다 힘들게 생활했어요.

응애~
응애~
그리고 이들에게 귀여운 첫 아기가 태어났어요.
여보, 이 아이를 가인이라고 합시다.
가인이 어느 정도 자라자 두 번째 아들 아벨도 태어났어요.
아담! 아이들에게 하나님을 섬기는 법을 가르쳐 주세요.
그래! 같은 죄를 이제는 짓지 말아야지.
너희는 농사를 짓고 양을 칠 때 하나님을 잘 섬기고 늘 감사하거라.
예~!!

내가 키운 양들 중에 흠없는 양의 첫 새끼로 제사를 드려야지. 하나님께서 기뻐하시면 좋겠다.
올해 소산 중에서 대충 몇 가지 골라 드리면 되겠지?
하나님께서는 아벨의 제사만 받으시고 가인의 제사는 받지 않으셨어요.
믿음으로 아벨은 가인보다 더 나은 제사를 하나님께 드림으로 의로운 자라 하시는 증거를 얻었으니 하나님이 그 예물에 대하여 증거하심이라.
(히 11:4)
그러자 가인은 무서운 생각이 들기 시작했어요.
이를 질투한 가인은 들에서 아벨을 돌로 쳐서 죽이고 말았어요.
퍽
바로 그때, 하나님이 가인을 부르셨어요.
가인아! 네 아우 아벨이 어디 있느냐?
모르겠는데요….
어리석은 것! 땅에서 네 아우의 피가 내게 가르쳐주고 있다. 이제 너는 농사를 지어도 곡식을 못 얻을 것이고, 평생 땅을 피하며 살 것이다.
하… 하나님.

사람들이 저를 죽이려고 하면 어떡하죠?
그렇지 않다. 내가 너에게 표를 주어 죽음을 면하게 하겠다.
떠돌이가 된 가인은 에덴 동편 놋땅에서 살며 에녹이라는 아들을 낳았어요.
아담은 백삼십 살에 자기를 닮은 아들을 낳고 이름을 셋이라 불렀어요.
아담은 셋을 낳은 후 팔백 년 동안 살면서 아들 딸을 더 낳으며 모두 구백삼십 년을 살고 죽었답니다.
노아의 방주
창세기 6:9~9:17
오랜 세월이 흐르고 많은 사람이 살다 보니 사람들은 갈수록 타락하여 계속해서 죄만 지었어요.
저 큰 집을 봐. 돈이 많겠는걸!
오늘 밤에 몽땅 훔치자.
이런 모습을 보신 하나님께서는 사람을 만드신 것을 후회하시고 심판을 내리기로 결심하셨어요. 그러나 유일하게 하나님을 올바로 섬긴 노아에게만은 그 사실을 미리 가르쳐주셨어요.
노아야, 내가 세상을 멸망시키려 하니 너는 내가 지시하는 대로 하거라.
네?!

잠시 주목하거라. 하나님께서 죄악으로 가득 찬 이 세상을 물로 심판하신다고 하셨다.
예? 하나님께서…
그럼 어디 피할 데를 마련해야 되잖아요.
하나님께서 어버지께 방법을 알려주셨나요?
그래! 방주를 만들라고 하셨다.
예!?
그래서 노아의 가족들은 방주를 만들기 시작했어요.
아니! 노아네 가족들은 뭐하는 거야?
자기가 믿는 신이 세상을 심판한다고 그랬대.
노망이 들었나 봐~
그래! 얼마 후면 엄청난 비가 내려 온 땅을 쓸어버린다고 했다나?
하지만 노아는 아랑곳하지 않고 마침내 방주를 완성했어요.
두두두둥
돛대도 없고 키도 없는 배 안에 여러 칸, 3층, 방주의 총 길이 132m, 너비 22m, 높이 13.2m...

노아는 하나님 말씀대로 동물들을 일곱 쌍 또는 두 쌍씩 배에 태웠고, 먹을 음식도 준비했어요.
내가 제일 먼저 로열석을 찜해야지롱~
우르르
키 작은 동물들은 큰 동물 위로 올라가도록 해.
코끼리는 이 층으로 올라가라.
알았습니데이~
저것 좀 봐!
방주를 만든 목적이 동물을 집어넣는 거였나?
확실히 미쳤어.
동물들이 모두 들어가자 하나님이 친히 방주의 문을 닫으셨고, 곧 장대 같은 비가 내리기 시작했어요.
쾅
이 빗줄기는 사십 일을 쉬지 않고 내렸습니다.
아이고~ 진작 노아의 말을 들을 걸.
쏴아아
나 좀 살려줘.
저리 비켜. 나 혼자 살기도 힘들어.

마침내 이 세상의 모든 사람들과
집들이 물에 잠기고 물 위에는
노아의 방주만이
떠다녔어요.
쏴아아
출렁
네가
땅을 찾으면
돌아오지 않겠지.
비가 내린 지 사십 일이 되는 날
드디어 비가 그쳤고, 이 물은 백오십 일 동안
땅을 덮었어요.
철썩
또 백오십 일이 지난 후, 물이 점점 줄어들어서
방주가 아라랏 산에 머물게 되었을 때, 노아는
문을 열고 까마귀를 날려 보냈어요.
푸드득
까마귀는 땅 위에 물이 마를 때까지
날아다녔어요.
다시 칠 일 후 이번에는 비둘기를 날려보냈고
비둘기는 무언가를 물고 돌아왔어요.
이건 올리브
잎이잖아!
잘했다.
비둘기야.
그래!
어딘가에 마른
땅이 있다는
증거다.
또 칠 일 후 노아는 비둘기를 날려 보냈고 날아간
비둘기는 돌아오지 않았답니다.
드디어
비둘기가 머물
땅을 찾은 거야.
하나님
감사합니다.
셈,
이것 좀 봐.
흙이다!
이게
얼마만에
보는 파란
하늘이냐~

바벨탑 이야기

창세기 11:1~9

하늘만큼 높은 탑을 쌓아서 하나님처럼 돼보는 거지. 뭐.
우와~ 그럼 다함께 살 수 있겠네?
벽돌을 만들고 역청을 바르면 튼튼하게 만들 수 있지.
빨리 만들어서 빨리 쌓자!!
후후! 하루하루 탑이 높이 올라가는구나.
우리가 하나님보다 못할 게 뭐야!
하나님께서 사람들이 탑을 만드는 것을 보시고 결심하셨어요.
사람들이 쓰는 말을 서로 못 알아듣도록 해야겠다.
뚝딱
뚝딱 뚝딱
서로 말이 달라지자 더는 탑을 쌓을 수가 없었어요. 결국 사람들은 뿔뿔이 흩어졌고, 그 탑의 이름을 바벨(혼돈)이라 불렀답니다.

아브라함
창세기 11:29~12:9
갈대아 사람들이 사는 '우르'라는 동네에 아브람과 사래라는 부부가 있었어요.
우리 하나님께 기도합시다.
그래요. 아이를 달라고 기도해요.
어느 날 하나님이 아브람에게 나타나셨어요.
너는 네 친척 아비집을 떠나 내가 지시하는 땅으로 가라. 내가 너를 창대케하며 복이 되게 하겠다.
예!
아브람! 왜 갑자기 이곳을 떠나자는 거예요!
하나님께서 내리신 명령이요. 어서 준비하고 갑시다. 조카 롯도 준비시켜요.
어디로 가시게요?
나도 모르겠소. 하나님께서 무조건 이곳을 떠나라고 하셨소.
그들이 처음 머문 곳은 가나안 땅이었어요. 그러나 그곳은 너무나 살기 힘든 땅이었지요.
가뭄이 끝날 때까지 애굽에서 지내야겠다.
또 이사를 가요?
사래, 애굽에 가거든 당신이 내 아내라는 것을 말하지 마시오. 그들이 당신을 차지하려고 나를 죽이려 할 거요.
예?

애굽의 바로 왕 궁
창세기 12:10.~17:27
우리는 가뭄이 심하여 이곳에서 당분간 머물고자 왔습니다.
이것 참, 왜 모두들 애굽으로 오는 거야? 이곳이 무슨 오아시스로 보이나?
이봐! 저 여자 예쁜데…
이것 보시오. 저 미인은 누구요?
예, 여동생입니다.
왕이 좋아하는 타입이야.
군사들은 왕에게 사래를 안내했어요.
여동생을 내가 데려가겠다.
그런데 그날 밤 바로의 성에
알 수 없는 전염병으로 사람들이 죽어나가고 있습니다!
아아아~
아브람, 네 부인을 왜 동생이라 했느냐? 부인을 데리고 당장 나가거라.
아브람과 그의 일행은 바로가 준 선물을 가지고 세겜 땅으로 와서 하나님께 제사를 드렸어요. 아브람은 부자가 되었답니다.
하지만 그들이 소유한 재물이 많아지자 아브람의 목자와 조카 롯의 목자가 욕심으로 인해 싸움이 붙었어요.
오늘은 우리 양이 먹어야 할 차례야!
우리 양은 어쩌라구!

네 목자와 내 목자들이 서로 다투니 이곳에서 헤어져 각자의 길을 가도록 하자. 네가 좌하면 내가 우하고, 네가 우하면 내가 좌하겠다.
예! 삼촌. 저는 소알까지 이르는 요단 들을 택하겠습니다.
아브람과 롯은 각자가 정한 곳으로 갔어요.
도대체 이 척박한 곳에서 어떻게 양을 기르라는 거야.
우리 주인님은 아무리 생각해도 이해할 수가 없어.
그날 밤에 하나님이 아브람에게 나타나셔서 말씀하시길
내가 네 자손을 땅의 티끌같이 많게 하겠다. 또한 그 많은 땅도 네게 주겠다.
아브람은 하나님이 말씀하신 곳에서 짐을 옮겨 헤브론에 있는 마므레 상수리 수풀에서 하나님께 제사를 드렸습니다.
그러던 어느 날 이었습니다.
아브람 주인님, 아브람 주인님! 큰일났습니다.
무슨 일인데 그리 호들갑이냐?
소돔의 롯 주인님이 도적들에게 재물도 뺏기고 잡혀 갔습니다.
롯이 포로로?
어서 군사를 소집하여라.
아브람은 집에서 훈련된 군사 삼백십팔 명을 데리고 뒤를 쫓았어요.

다메섹의 호바까지 그들을 쳐부수고
롯과 롯의 재물도 찾았답니다.
그리고, 아브람이
사웨라는 골짜기에 도착하였을 때,
살렘 왕 멜기세덱(제사장)이 그를
맞고 축복해 주었어요.
아브람과 사래는 행복했지만 둘에게는 아이가 없었어요.
여보!
이제 저는
늙어서 아이를
낳지 못해요.
차라리 제 몸종
하갈을 통해
아이를
얻으세요.
흠…
당신의 생각이
정 그렇다면
할 수 없지.
얼마 지나지 않아 아브람과 하갈 사이에 아기가
생겼어요. 그러자 착했던 하갈도 교만해져서
사래를 무시했답니다.
아브람!
하갈이 나를
업신여기고
있어요.
하갈은
당신의 몸종이니
알아서 하시오.
무시당한 사래는 하갈을 괴롭히기 시작했고,
하갈은 견디다 못해 몰래 도망을 쳤어요.
하갈아,
너는 어디서 왔으며,
어디로 가는 것이냐?
저는 여주인
사래를 피해서
도망가는 중
입니다.
너는 다시 돌아가서 네 주인에게
복종하도록 해라. 그러면 너에게서
수많은 자손이 생기게 하마.
하갈은 다시 돌아가서 마침내
아들을 낳았어요.
아들이
태어났어요!
오~ 잘생겼다.
너를 이스마엘이라고
부르마.

성경의 중심 뼈대 – 언약

창세기 12장은 하나님께서 아브람(아직 이름을 바꿔주시기 전)을 찾아오시는 영광스러운 장면입니다. 하나님께서 직접 찾아오셔서 아브람과 '언약'을 맺으십니다. 본격적인 언약 체결식은 15장에서 진행되지만 이미 처음 찾아오셨을 때 그 언약의 모든 내용을 알려주십니다.

여호와께서 아브람에게 이르시되
너는 너의 고향과 친척과 아버지의 집을 떠나
내가 네게 보여 줄 땅으로 가라 내가 너로 큰 민족을 이루고 네게 복을 주어
네 이름을 창대하게 하리니 너는 복이 될지라 너를 축복하는 자에게는 내가 복을 내리고
너를 저주하는 자에게는 내가 저주하리니
땅의 모든 족속이 너로 말미암아 복을 얻을 것이라 하신지라(창12:1~3)

이 말씀의 핵심은 아브람이 하나님의 말씀에 순종하면 땅과 자녀와 복을 주시겠다는 것입니다. '땅'은 하나님이 아브람에게 보여주실 땅(가나안)입니다. '자녀'는 내가 너로 큰 민족(이스라엘)을 이루겠다는 약속입니다. '복'은 "모든 족속이 너로 말미암아 복을 얻을 것이라"는 말씀에 담겨있습니다. 언약신학에서는 이 약속을 ①아브라함 언약이라고 부릅니다.

그렇다면 언약은 아브라함과 맺은 언약이 끝일까요? 그렇지 않습니다. 사실 아브라함 언약 이전에 아담과 맺은 약속(창 2:16–17)도 언약으로 볼 수 있습니다. 이 언약은 '행위 언약' 또는 '아담 언약'이라

고 부릅니다. 그리고 당연히 아브라함 언약 이후에도 언약 체결은 계속 이어집니다. 출애굽 과정에서 하나님은 모세에게 언약을 상기시키십니다(출 6:2-8). '아브라함과 이삭과 야곱에게 주기로 맹세한 땅'을 다시 기억하게 하시고, 그 땅을 주시겠다고 말씀하십니다. 또한 출애굽한 이스라엘 백성이 시내산에 도착했을 때, 하나님께서는 다시 한번 모세를 불러 언약을 맺으십니다. 이것을 ②시내산 언약이라고 부릅니다.

세계가 다 내게 속하였나니 너희가 내 말을 잘 듣고 내 언약을 지키면
너희는 모든 민족 중에서 내 소유가 되겠고
너희가 내게 대하여 제사장 나라가 되며 거룩한 백성이 되리라(출 19:5-6a)

애굽에서 430년 동안 하늘의 별처럼 많아진 이스라엘 백성들(아브라함 언약에서 '자녀' 성취)이 이제 약속의 땅으로 가는 길입니다. 그곳에서 하나님의 나라를 세우려 합니다. 그러자면 법이 있어야겠죠. 이것이 십계명으로 대표되는 율법입니다. 하나님의 백성들은 약속의 땅에서 하나님의 백성답게 살아야 하는 것입니다.

그리고 이어지는 언약은 ③다윗 언약을 생각할 수 있습니다. 다윗의 소원은 하나님의 집, 즉 성전을 짓는 것이었습니다. 그러나 하나님께서는 그것이 다윗의 사명이 아니기에 막으셨습니다. 그 대신 그의 아들 솔로몬이 성전을 짓도록 허락해주셨습니다. 그리고 다윗에게 언약(삼하 7:5-16)을 맺으십니다.

네 집과 네 나라가 내 앞에서 영원히 보전되고
네 왕위가 영원히 견고하리라(삼하 7:16)

다윗의 왕권이 영원히 이어질 것을 약속하신 것입니다. 또 그 후손은 '하나님의 아들'이라고 불릴 것입니다. 일차적으로 그 후손은 다윗의 아들 솔로몬이지만, 궁극적으로는 원시 복음에서 상징되었던 '예수 그리스도'를 말하는 것입니다. 이렇게 하나님의 언약은 계속해서 이어지고 확장되어 갑니다.

구약에서 마지막으로 중요한 언약을 꼽으라면 ④새 언약을 꼽을 수 있습니다. 렘 31:31-33에서 하나님은 예레미야 선지자에게 약속하십니다.

그날 후에 내가 이스라엘 집과 맺은 언약은 이러하니
곧 내가 나의 법을 그들의 속에 두며 그들의 마음에 기록하여

나는 그들의 하나님이 되고 그들은 내 백성이 될 것이라.
여호와의 말씀이니라(렘 31:31)

돌판에 새겼던 언약들은 다 깨어졌지만, 영원히 깨어지지 않을 마음 판에 새 언약을 새기시겠다는 것입니다. 예수 그리스도의 보혈로 죄 씻음 받은 성도들은 이 새 언약을 근거로 말씀이신 주님을 마음에 모시고, 예수의 영이신 성령님과 함께 살아갈 수 있게 된 것입니다. 그래서 언약은 하나님께서 자신의 백성들의 삶을 인도해가시는 방법이라고도 말할 수 있습니다.

내가 일 년 후에 다시 오마. 그때는 사라에게 아들이 있을 것이다.
쿡쿡쿡… 내 나이가 몇인데… 말도 안 돼.
사라야! 어째서 웃느냐. 여호와께 불가능한 일이 있겠느냐? 분명 아들이 생길 것이다.
저… 저는 웃지 않았습니다.
그런데 지금 어디로 가시는 길이십니까?
우리는 지금 소돔으로 가는 중이다. 그곳이 죄가 많은 곳이라 확인하기 위해서…
그러다가 선한 사람이 죽으면 어떡합니까? 그 성에 선한 사람이 오십 명이 있어도 멸망시키시겠습니까?
오십 명이 있다면 용서하겠다.
오십 명이 안 되고 삼십 명… 열 명이면 어떻게 하시겠습니까?
그곳에 의인 열 명만 있어도 내가 멸망시키지 않겠다.
아브라함은 소리 없이 기도를 드렸고, 하나님의 사자들은 그를 떠나 소돔 성으로 갔어요.

이곳은 소돔 성. 여기에 사는 롯은 죄 많은 백성들을 바라보며 안타까운 마음을 가졌어요. 그때, 하나님의 사자들이 나타났어요.
집이 누추해도 들어오셔서 하룻밤 쉬어 가십시오.
이쪽으로 들어오세요.
그때였어요.
이봐! 롯!! 문 열어! 네 집에 수상한 사람이 있다는 소리를 들었다. 어서 밖으로 보내!!
내가 그들을 혼내주겠어!
이게 무슨 짓이오. 이분들은 나의 손님이니 당신들과는 관계가 없소.
잔소리 말고 빨리 내보내지 못해? 안 그러면 너부터 혼내 주겠다.
어서 내보내!
사람들이 롯을 해치려 하자 사자들이 롯을 집안으로 데려가고 문을 닫아버렸어요.
롯! 걱정말고 어서 들어 오너라.
저들은 들어오지 못할 것이니 가족들을 데리고 이곳에서 피하도록 해라.
하나님께서 이 소돔 성을 불로 심판하실 것이다.

이삭을 낳은 사라

창세기 21:1~21

여보
아들이에요!!
오! 그래.
하나님께서
정말 약속을
지키셨구나.
하나님께서
약속하신 기쁨의
아들이므로 이름을
이삭이라 했어요.
하나님이
약속을 지키셨어.
주인님의 나이
벌써 백 살이신데.
아브라함의
진짜 상속자가
태어난 거야.
이삭은
여드레 만에
할례를 받고
무럭무럭
자랐어요.
축하합니다.
주인님!
자! 오늘은
내 아들 이삭의
생일이니 모두들
맘껏 먹어라.
하지만 형 이스마엘이
이삭을 괴롭히는 것을 본
사라는
이스마엘이 항상
이삭을 괴롭혀요.
그들을 쫓아내
주세요.
아… 둘 다
내 아들인데
어쩐다…
아브라함아,
사라의 말을 들어
주어라. 이삭에게서 나는
자식만이 네 후손이라
할 수 있을 것이다.
하갈, 당신이 가는
길을 하나님께서
지켜주실 것이니
두려워 말고 가시오.
우리는
어디로 갑니까?
오직
하나님만
아시오.

뜨거운 사막에서 두 사람은 목말라 했어요.
어머니, 목이 말라요. 물, 물 좀 주세요.
이 뜨거운 사막 어디서 물을 찾는단 말이냐. 오~ 하나님!
그러자 하나님의 음성이 들렸어요.
하갈아, 일어나라. 네 손으로 네 아들의 손을 붙잡아라. 내가 이스마엘로 하여금 큰 민족을 이루게 하겠다.
벌컥
하나님께서는 하갈의 눈을 밝히셨어요.
물… 물이다! 하나님께서 우리를 구해주셨다.
자! 이스마엘, 어서 마셔라. 하나님이 우리와 함께 해 주시겠다고 하셨다.
이젠 살 것 같아요.
그래. 이제 우리 두려워하지 말자.
하갈과 이스마엘은 다시 사막을 걸어갔어요.
이스마엘은 광야에서 활 쏘는 자가 되었고, 애굽 여인과 결혼했어요. 그리고 큰 부족의 지도자로 성장했답니다.

제물로 이삭을 드린 아브라함

창세기 22:1~18, 24:1~67

아브라함은
이삭을 묶고 제단에 올렸어요.
너와 나는
지금까지 하나님께
순종해왔다
안타깝지만
하나님의 뜻을
따라다오.
아브라함아,
멈춰라.
그 아이에게
손을 대지
마라!
네가
얼마나 나를
경외하는지
알았노라.
깜짝!
아브라함이 고개를 들자, 수풀 속에 양 한 마리가
걸려 발버둥치고 있었어요.
하나님은 이삭
대신 쓰실 양을
예비하셨구나!
아브라함은 양을 잡아 제사를 드렸습니다.
이곳을
여호와 이레(하나님께서 예비
하셨다)라고 일컬을 것이다.
그때 두 번째 음성이 들렸어요.
네 자손이
하늘의 별과 같이,
땅의 모래와 같이
많아질 것이니
너로 인하여
모든 사람이 복을
받을 것이다.
아브라함은 이삭을 데리고 종들과 함께 브엘세바로 갔어요.
이후에 사라는 백이십칠 살로 죽었답니다.

아브라함도 점점 나이가 많아졌어요.
그는 늙은 종을 불러 말했어요.
이삭의 결혼을 위해 하란으로 가서 신부감을 찾아보게.
하나님께서 자네의 길을 지켜주실 것일세.
아브라함은 기도드렸고,
그의 종도 하란을 향해 가며 기도드렸어요.
하나님, 도련님에게 맞는 신부감을 예비해 주세요.
하란의 한 우물가에 도착한 종은 또 기도했어요.
하나님! 저 여인이 저와 제 낙타에게까지 물을 준다면 제 주인 이삭을 위해 예비하신 신부감인 줄 알겠습니다.
리브가, 나 먼저 갈게.
응, 잘 가.
제가 목이 말라 그러는데, 물 좀 마실 수 없을까요?
예, 그러세요. 제가 당신의 낙타에게도 물을 줄게요.
아, 찾았다. 주님 감사합니다.
리브가는 낙타에게도 물을 주었어요.
물 맛 캡!!
당신 이름이 무엇입니까?
브두엘의 딸 리브가입니다.
혹시 당신 집에서 하룻밤 쉬어갈 수 있겠소?
예, 그렇게 하세요.

그 종은 자신이 이곳까지 찾아온 이유를 자세히 말했어요.
예, 저는 내일이라도 당장 가겠어요. 하나님의 뜻이라면.
리브가야! 네 생각은 어떠냐?
됐습니다. 그럼, 리브가를 데려가십시오.
이것은 저의 주인 아브라함이 보내신 것입니다. 받으십시오.
감사합니다. 내일 아침에 출발하십시오.
종은 리브가를 데리고 돌아오는 길에 브엘라해로이에서 이삭을 만났어요.
아! 저분이 이삭 도련님 이십니다.
우와! 눈이 부시다. 정말 내 아내가 되어 주시는 건가요?
당신도 정말 멋진 분이세요. 오히려 제가 잘 부탁드립니다.
이삭의 결혼식은 아주 성대하게 치루어졌어요.
좋아하시는 주인님 얼굴 좀 봐.
이삭 도련님의 얼굴은 또 어떻구.
자, 어서들 먹어요.
아브라함은 죽기 전, 자신의 모든 재산을 이삭과 리브가에게 주고 그들을 축복해 주었어요. 둘은 시간이 지날수록 너무나 행복했답니다.

야곱과 에서 이야기

창세기 25:21~34

야곱은 오늘도 변함없이 죽을 끓이고 있었어요.
야곱아, 맛있는 냄새구나. 그 죽 좀 내가 먹으면 안 될까?
형! 이런 날은 장남으로서 집안일 좀 돌봐야 하지 않아?
나는 들판을 뛰어다니며 사냥하는 게 좋아. 집안일은 네가 잘하고 있잖아? 배고프다, 죽이나 빨리 줘봐.
그럼, 형이 가진 장자권을 죽하고 바꿀래?
지금 배고파 죽을 지경인데 장자권이 무슨 소용이냐. 전부 줄게.
맹세해.
그래, 맹세한다.
에서는 배가 고픈 나머지 앞일을 생각하지도 않고 덥석 맹세를 했어요.
그 후 이삭이 머무는 곳에 가뭄이 들었고, 이삭이 애굽으로 가려고 했을 때, 하나님은 그를 막았어요.
애굽으로 가지 말고 내가 지시하는 땅으로 가라.
이 년이 지난 뒤 하나님은 그들에게 큰 풍년을 주셨어요.

야곱을 축복한 이삭

창세기 27:1~30:43

이삭은 에서처럼 꾸민 야곱에게 축복하였어요.
내가 너에게 하나님이 주신 많은 곡식과 포도주를 주마. 모든 나라가 너에게 굴복하고 모든 사람이 너를 섬기게 될 것이다.
너를 저주하는 자는 저주를 받고, 네게 축복하는 자는 복을 받으리라.
이삭에게 축복을 받은 야곱이 기뻐하며 리브가에게 달려가는데 갑자기 에서가 들어오는 것이 보였어요.
어머니! 형이에요. 어쩌죠?
걱정마라. 한 번 내린 축복은 거둘 수 없는 거야.
아버지! 에서가 지금 막 돌아왔습니다. 제가 준비한 별미를 잡수시고 마음껏 축복을 내려 주십시오.
응? 조금 전에 축복을 내려주지 않았느냐?
네? 아버지! 저는 지금 들에서 오는 길입니다.
이런! 야곱이 들어왔던 거로구나.
미안하다. 네게 빌어줄 복이 남아 있질 않구나.
야곱! 전에는 내 장자권을 가로채더니 이제는 아버지의 축복까지 가로채 갔구나.
에서야! 너는 칼을 의지하고 살 것이며, 너의 아우를 섬길 것이다. 그러나 애써 힘을 기르면 너는 야곱이 네게 씌운 멍에를 부술 것이다.
두고 보자, 야곱! 절대로 용서하지 않을 거야.

리브가는 다급하게 야곱을 불렀어요.
야곱아! 너의 외삼촌이 계시는 하란으로 빨리 가라. 네 형의 화가 풀리면 너를 다시 부르마.
예! 어머니.
이삭, 야곱을 장가보내야겠어요. 그러나 헷 여인은 싫습니다.
나도 같은 생각이요. 야곱을 하란으로 가게 해서, 라반의 딸 중에서 아내를 삼게 하시오.
야곱은 짐을 싸 가지고 길을 떠났어요.
이제 아버지와 형을 언제 다시 만날 수 있을까?
해가 저물어가니 오늘밤은 여기서 쉬어가자.
마침 이 돌이 베개로 딱 좋겠다. 하~암 피곤해…
야곱은 자면서 꿈을 꾸었어요.
사다리가 땅에서부터 하늘 끝까지 있어서 천사들이 오르락내리락하는 꿈이었어요.

야곱아! 네 자손이 모래알처럼 많아져서 동서남북에 퍼지며, 땅의 모든 족속이 네 자손으로 인해서 복을 받게 되리라. 내가 너와 함께 있어 너를 지키겠다.
하나님께서 여기에 계시는데 내가 그것도 모르고 잤구나.
이곳은 하늘의 문이 틀림없어.
야곱은 자리에서 일어나 자신이 베고 잤던 돌을 기둥으로 세워 기름을 붓고 그곳의 이름을 벧엘이라 했어요. (벧엘 : 하나님의 집)
제가 세운 이 돌이 하나님이 계신 곳입니다. 하나님이 주신 모든 것의 십분의 일을 하나님께 드리겠습니다.
야곱은 하란에 도착한 뒤 삼촌 라반을 도와 열심히 일했어요.
라반은 이십 년을 수고하여 일한 야곱에게 많은 재물을 주었고 두 딸도 주었지요.
야곱은 두 아내 레아와 라헬, 그리고 그녀들의 여종인 실바와 빌하에게서 열두 명의 아들을 낳았고 큰 부자가 되었습니다.

야곱이 라반의 집을 떠나다

창세기 32:1~35:29

어서 너희들이 먼저 가서 나의 용서를 구하고 이 선물을 전하여라.
암염소 이백, 숫염소 이십, 암양도 이백, 숫양 이십, 암소, 황소, 낙타에 나귀들까지... 어휴 많다.
자! 어서 가자.
이제 너희들이 얍복 나루를 건널 때다.
르우벤, 어머니와 동생들을 부탁한다.
네! 아버지, 염려 마세요.
야곱의 가족과 그 종들은 얍복 강을 건넜어요
야곱은 혼자 남아서 무언가를 생각하고 있었는데, 그 때 누군가가 다가왔어요
저기 에서 형 같은데…
그러나 그는 에서가 아니였어요. 그 사람은 갑자기 야곱을 잡고 씨름을 시작했습니다.
그가 사람이 아니라는 것을 알아차린 야곱은 밤새도록 그와 힘을 겨루었어요. 마침내 동이 터 오자 그 사람은 야곱을 이길 수 없음을 알고는
어서 놓아라!
저를 축복하십시오. 그러면 놓겠습니다.

네 이름이 무엇이냐?
제 이름은 야곱이라 합니다.
당신의 이름은…
내 이름은 무엇 때문에 묻느냐? 이제부터 네 이름을 야곱이라 하지 말고 이스라엘이라 하여라. 네가 하나님과 및 사람들과 더불어 싸워 이겼음이니라.
야곱은 이곳에서 하나님의 얼굴을 보았기에 이곳을 브니엘이라 하였어요.
야곱이 다리를 절며 브니엘을 떠날 때 햇빛 속으로 큰 무리가 다가오는 것이 보였어요.
절뚝
에서 형님이시다. 하나님의 축복을 받았으니 자신 있게 맞이하자.
야곱!
야곱은 가족을 자신의 뒤에 세운 후 일곱 번을 절하며 에서에게 다가갔어요.
야곱, 잘 와주었다.
기쁘게 맞아주셔서 감사합니다, 형님.
네 뒤의 사람들은?
제 아내와 자식들입니다.
안녕하세요, 큰아버지.

형님 이건 제 마음 입니다.
오, 하나님께서 너와 네 가족을 축복하셨구나. 나는 부족함이 없으니 선물은 다시 가져가렴.
결국, 에서는 야곱의 선물을 받고 돌아갔답니다. 야곱은 다시 여행을 했고 세겜 땅에서 제사를 드렸어요.
하나님은 야곱을 벧엘로 부르셨어요.
야곱아!
야곱아, 일어나서 벧엘로 올라가라. 거기서 네 하나님께 단을 쌓으라.
하나님의 부르심을 받은 야곱은 자신과 함께 한 모든 사람들에게 이방 신상들을 버리라고 말했어요.
나는 아스다롯 신을 섬겼는데 이젠 버리겠어유.
나는 해와 달을 믿었는디 확 바꿀겨.
그리고 벧엘에서 단을 쌓고 제사를 드렸어요.
오~ 내 아들 야곱이 이십 년 만에 돌아왔구나.
이삭은 야곱을 만나 기쁨을 나누고 백팔십 살의 나이를 끝으로 숨을 거두었어요. 그 뒤 야곱은 아버지 뒤를 이어 족장이 되었답니다.

요셉과 그의 형제들

창세기 37:1~8

요셉의 꿈 이야기
창세기 37:9~11
형님들! 제가 꿈에서 보니, 제가 묶은 곡식 단은 일어서 있고 형님들 단은 둘러서서 제 단에 절을 하더라구요.
그럼, 네가 우리 형제의 지도자라도 된다는 거냐?
쓸데없는 소리 하지 말고 일이나 해.
아버지가 하도 오냐오냐해서 그런 거야. 혼내줘야 해.
며칠 후 요셉은 또 꿈을 꾸었어요.
어젯밤 꿈에는 해와 달과 별 열한 개가 내게 절을 했어요.
엄청 편하니까 맨날 그런 꿈만 꾸지.
제발 꿈 깨라.
한 번만 더 하면 가만 안 둘 거야.
요셉은 아버지 야곱에게 꿈 얘기를 했어요.
요셉, 너무 교만하지 말아라.
죄송합니다. 아버지, 야단치시니까 너무 무서워요.
하나님께서 요셉의 미래를 꿈을 통해 보여주시는구나.
애굽에 팔려간 요셉
창세기 37:12~35
요셉아, 네 형들이 세겜에서 양을 치고 있지 않느냐. 가서 네 형들과 양떼가 잘 있는지 보고와서 내게 알려다오.
예.
여기가 세겜 땅 맞는데 형들의 모습은 안 보이네.
형들 못 봤어요?
저기 도단으로 간다고 하던데.
요셉은 형들이 있는 도단으로 갔습니다.
흥! 꼴 보기 싫은 녀석이 왔군.
형~!
옳지, 잘됐다. 녀석을 없애고 아버지에게는 들짐승이 잡아먹었다고 하자.

그건 안 돼. 그냥 구덩이에만 던지고 요셉을 죽이지 말자.
그렇게 하고서 요셉이 꾼 꿈이 어떻게 되는지 보자구.
쉿! 요셉이 가까이 왔다. 아무 일 없는 척 해.
형님들! 아버지가 보내서 왔어요.
요셉, 어서 채색옷을 벗어라!
어서 구덩이에 밀어버려.
다행히 그 구덩이는 마른 우물이었어요.
형님들, 왜 그러는 거예요? 저 좀 꺼내 주세요.
하하하, 거기서 좋아하는 꿈이나 실컷 꾸고 혼자 왕놀이나 해라.
어! 저기 애굽으로 가는 노예 상인들이다!
오! 정말이네?
형제들은 요셉을 죽이기보다는 노예 상인들에게 팔자고 의견을 모았어요.
그리고는 우물에서 요셉을 끌어올려 노예 상인에게 팔아버렸어요.
잘 생기긴 했지만 힘은 못쓰겠어.
아~ 아니에요. 얘는 통뼈라 일 잘해요.

양을 돌보던 르우벤이 돌아와 요셉을 찾았지만 구덩이에는 아무도 없었어요.
요셉! 요셉! 어디 간 거야? 동생들은 또 어디에 있는 거지?
아~ 너희들 요셉이 어딜 갔는지 아니?
죽지는 않았으니 염려 마시고 형 몫이나 받아요.
은화 두 냥? 그럼 요셉을 노예 상인들에게 팔았단 말이냐?
죽이는 거보다 낫죠. 뭘 그래요. 캬하하하!
어차피 이렇게 된 것, 요셉이 입던 이 옷에 피를 발라 아버지께 갖다 드리고 짐승들에게 물려 죽었다고 얘기하자구요.
아~ 요셉.
르우벤과 형제들은 요셉의 피묻은 옷을 야곱에게 주며 벌판에서 발견했다고 얘기했어요.
이 옷에 묻은 것은 피가 아니냐?
예~ 짐승이 물어 갔나봐요.
요셉아!!
네가 없으니 이제 어쩌란 말이냐.
흑흑... 전부 내 잘못이야.

보디발의 종이 된 요셉

창세기 37:36 , 39:1~19

감옥에 갇힌 요셉

창세기 39:21~23, 40:1~23

무슨 꿈을 꾸셨는지요? 하나님께서 알려주실 것입니다.
내 앞에 있는 포도나무의 세 가지에 꽃이 피었고, 포도송이가 익어 그 포도로 술을 짜서 바로 왕에게 드렸다네.
하나님께서 말씀하셨어요. 그 꿈의 내용은 앞으로 사흘 후에 바로 왕이 당신의 죄를 용서한다는 것입니다.
감옥에서 나가시면 저를 기억해 주세요.
그 말이 정말일까? 그렇게 된다면 왕에게 자네 이야기를 함세.
예.
내 꿈도 해석해 주게. 흰 떡 세 광주리가 내 머리에 있고, 그 위의 광주리에 바로를 위하여 만든 식물이 있는데 내 머리의 광주리에서 새들이 그것을 먹었다네.
지혜의 하나님, 이 꿈 내용을 알게 하소서.
꿈 내용은 사흘 후에 바로가 당신의 머리를 자르고 당신은 나무에 매달리게 되어 새들이 당신의 시체를 먹는다는 겁니다.
뭐야? 그걸 말이라고 하는 거야! 그 말이 틀린다면 내 너를 가만두지 않겠다!
사흘 후 두 사람은 요셉의 말대로 되었어요. 한 사람은 관직을 다시 회복하고 한 사람은 죽었답니다.

바로의 꿈을 해몽한 요셉

창세기 41:1~36

애굽의 총리가 된 요셉

창세기 41:37~43:34

흉년이 들기 전에 요셉은 그의 아내 아스낫(제사장 보디베라의 딸)을 통해 므낫세와 에브라임을 낳았어요.
요셉의 말은 틀림없었어요. 칠 년 풍년이 든 후 기근과 함께 흉년이 들기 시작했어요.
이런 흉년에도 우린 아무 걱정 없어요.
이게 다 바로 왕과 요셉 총리 덕분이지요.
흉년이 계속되는 가운데 애굽에 양식이 있다는 소문을 듣고 여러 나라 사람들이 곡식을 사려고 앞다투어 몰려왔어요.
곡식을 못 사면 가족들이 굶게 돼.
곡식을 많이 사가야 할 텐데.
마음 좋은 총리가 곡식을 판다니 많이 살 수 있을 거야.
야곱의 집
너희들은 왜 가만히 있는 거냐? 내가 듣기로 애굽에서 곡식을 팔고 있다 하니 어서 가서 사오도록 해라.
베냐민은 집에 남고 열 형제가 갔다오너라.
예, 아버지. 다녀오겠습니다.
아버님은 잃어버린 요셉 때문에 막내 베냐민을 더 사랑하시는 거야.
형제들은 식량을 사러 애굽으로 떠났어요.
형님, 애굽 총리가 우리한테도 곡식을 팔까요?
돈을 주는데 당연히 팔겠지.

이분이
애굽의 총리시다.
인사드려라.
너희는 어디서
왔느냐?
예, 저희는
야곱의 아들들인데
곡식을 사려고
가나안에서 왔습니다.
총리님께 인사드립니다!
너희들은
이 나라의 동정을
살피러 왔구나.
아, 아닙니다.
너희들은
첩자가
분명하다!
저희는 야곱의 아들이고
고향엔 막내와 아버지가
계십니다.
그렇다면
너희 중 하나가 가서
막내를 데려오겠느냐?
요셉은 형제들을 사흘 동안
감옥에 가둔 후
너희가 살기 원한다면
한 사람만 옥에 남고 돌아가서
동생을 데리고 와라. 그러나
너희가 돌아오지 않으면
그는 죽임을 당할 것이다.
알겠느냐?
이 모든 것이
옛날에 요셉에게
행한 일로 받는
벌이야.
그가 애걸할 때
살려주었어야 했어.
그래,
내가 한 말을
들었더라면…

요셉은 형제들의 말을 듣고 마음속으로 많이 울었어요.
네가 누구냐?
시므온이옵니다.
네 형제들이 돌아오지 않으면 너는 감옥에서 죽게 될 것이다.
예~?
곡식을 받은 형들은 허겁지겁 애굽의 성문을 나와 가나안으로 돌아갔어요.
흑~ 형님 용서해 주십시오.
르우벤 형님, 유다야, 레위야 꼭 돌아와서 나를 살려다오.
아버지, 베냐민을 데려가지 않으면 시므온은 죽고, 우리는 정탐꾼 누명을 쓰게 돼요.
안 된다. 베냐민만은 못 간다. 곡식 값은 나중에 주어라.
너희들이 요셉과 시므온을 잃게 하더니 이번에는 베냐민마저 빼앗아가려는 것이냐?
만약 베냐민을 데려가지 않으면 곡식을 살 수 없을 것입니다.
그럴 수가!!
안 되겠다. 너희는 우선 베냐민을 데리고 가되 곡식의 값을 곱절로 주고 애굽 총리에게 특산물을 선물로 가져가거라.
하나님, 부족한 아이들이 무사히 돌아오도록 은총을 베푸소서.

애굽 성
총리 각하, 그 자들이 어린 소년을 데리고 왔습니다.
알았다. 점심 준비를 하라.
긴장 속에서 기다리는 르우벤과 형제들을 향해 요셉이 와서 말했어요.
자! 식사합시다.
저 총리의 속뜻이 뭐지?
그래, 전에 얘기했던 아버지는 안녕하시더냐?
예! 지금까지 건강하게 계십니다.
이상하다. 우리 형제들이 앉는 순서를 어떻게 알았지?
네가 베냐민이냐? 하나님께서 네게 복 주시기를 원한다.
베냐민을 만난 요셉은 끓어오르는 기쁨에 잠시 자리를 피했어요.
병사가 시므온을 데리고 왔어요.
시므온!!
르우벤 형님!

요셉과 형제들의 상봉

창세기 44:1~45:24

내 동생 베냐민을 영원히 내 곁에 두려했는데 그 일로 아버님을 돌아가시게 하면 안 되지.
더 이상 형들을 괴롭히면 죄악이 될 거야. 내 신분을 밝혀 불안에 떠는 형들과 아버지를 보호해야겠구나.
호위병은 나가 있고 내가 부를 때까지 들어오지 말아라.
예!
형님들, 가까이 오세요.
지금 총리 각하가 뭐라고 하셨지?
히브리어로 우리에게 형님이라고 부른 것 같은데…
나는 형님들이 상인에게 팔아 넘긴 베냐민의 형 요셉입니다.
엣~! 요셉이라구?
이 사실을 속히 돌아가셔서 아버님께 말씀드리고, 앞으로도 흉년이 오 년이나 남았으니 아버님과 형님들의 가족과 모든 식솔들을 데리고 와서 저와 같이 살자고 하세요.
바로 왕은 요셉이 형제들을 만났다는 소식을 듣고
총리의 형제들과 부친 일족은 애굽에서 함께 살도록 하시오.
황공하옵니다.
요셉의 형제들은 많은 선물과 짐을 마차에 싣고 가나안으로 향했어요.

요셉의 삶 –하나님과의 동행

요셉은 야곱의 열두 아들 중 열한 번째로 태어난 아들입니다. 요셉의 친어머니는 라헬입니다. 아버지 야곱이 가장 많이 사랑했던 아내였습니다. 라헬과 그의 언니 레아의 자식 경쟁은 잘못된 방식으로 이루어졌고, 그 결과 요셉은 10명의 형들과 1명의 동생이 생기게 됩니다. 요셉의 어린 시절이 성경에 많이 기록되지는 않았지만 아마도 많이 힘들지 않았을까요? 그리고 그의 형제들은 더 힘들었을 것입니다. 아버지 야곱이 일방적으로 요셉을 아끼는 부분은 아쉬움이 많이 남기도 합니다. 결국 형제 사이는 날로 벌어지고 나빠져서 요셉을 죽이려는 계획을 세우기도 하지요. 다행히 지나가는 장사치에게 팔리게 되면서 요셉은 목숨을 구하기는 하지만요.

이후 요셉은 종살이를 하면서 지내고, 누명을 써 감옥에도 가게 됩니다. 그러나 성경은 그 모든 어려운 순간에도 하나님께서 요셉과 동행하셨고 그때에 “요셉이 범사에 형통했다”고 기록하고 있습니다(창 29:2, 3, 23). 여기서 말하는 ‘형통’은 고생이 많았지만 결국은 잘되었다는 말이 아닙니다. 또한 여기서 하나님과 함께했다는 말은 힘든 순간들을 전혀 어렵지 않게 지났다는 말도 아닙니다. 여기서 말하는 형통은 “하나님의 뜻을 이루어가고 있다!”는 의미가 더욱 강합니다. 비록 겉으로 보기에는 종으로 팔리고, 형제들과 원수가 되었고, 누명을 써서 감옥에 들어와 있지만 하나님과 함께 ‘하나님의 뜻을 이루어가고 있다’는 것입니다. 이것을 어떻게 알 수 있나요? 요셉은 이렇게 고백합니다.

> 하나님이 큰 구원으로 당신들의 생명을 보존하고
> 당신들의 후손을 세상에 두시려고 나를 당신들보다 먼저 보내셨나니(창 45:7)

즉 자신이 우여곡절 끝에 애굽의 총리가 되고 큰 흉년을 대비하게 된 것은 다 아버지와 형제들(언약 백성)의 생명을 보존하기 위함이라는 말입니다.

왜 야곱과 그의 아들들의 생명을 보존해야 합니까? 하나님께서 세우신 언약 때문입니다. 하나님께서는 아브라함에게 그의 자손이 하늘의 별과 같이 많게 하시겠다고 약속하셨기 때문입니다. 그래서 어떤 신학자는 “창세기의 주인공은 아브라함과 야곱이다. 이삭과 요셉은 이 두 명의 이야기에 포함되어 있을 뿐이다”라고 이야기하기도 합니다. 즉 요셉의 삶을 통해 야곱과 그의 후손들을 구원하시고, 자신의 언약을 신실하게 지키사 하나님의 나라를 준비하시는 하나님을 만나게 되는 것입니다. 요셉은 하나님과 함께 하는 삶을 살았습니다. 요셉은 하나님께 쓰임 받는 삶을 살았습니다. 겉으로 성공할 때도 있었고 실패할 때도 있었지만, 그 가운데서도 하나님만 의지하는 삶을 살았습니다. 이것이 형통입니다.

야곱이 애굽으로 가다

창세기 45:25~50:26

요셉은 아버지와 형제들을 바로 왕에게 안내했어요.
너희의 생업이 무엇이냐?
목자들이라 양을 지키고 있습니다.
가족들의 거처는 요셉이 알아서 하고, 형제 중에 유능한 사람이 있거든 추천하도록 하라.
예, 폐하.
요셉은 왕의 명령대로 아버지의 가족들을 고센의 풍요로운 땅에서 살게 했어요.
그 후로도 흉년이 계속 되었으나 요셉은 사람들이 가져온 돈을 창고에 쌓았고… 그 뒤로 칠 년 동안 넉넉함과 풍요 속에서 지냈어요.
보기만 해도 배 불러
올해도 풍족하네!
네 자손이 번성하여 이 땅을 네 후손에게 주어 영원한 기업이 되게 하리라.
남은 힘을 다해 야곱은 열두 형제들에게 축복을 기도하고 조용히 숨을 거뒀어요.
요셉은 아버지의 유언대로 시신을 바로 왕의 승낙을 받아 할아버지 이삭과 증조할아버지 아브라함이 잠들어 있는 헤브론의 막벨라 동굴에 안장시켰어요.

애굽으로 돌아온 형제들은 걱정하기 시작했어요.
레위 형님, 아버님이 안 계신데 요셉이 가만 있을까요?
그렇구나! 유다, 네가 요셉의 마음을 물어보도록 해라.
다음 날
아버님께서는 생전에 악한 짓을 했어도 그 사람을 용서하라 했단다. 우리들의 죄를 용서해 주지 않겠니?
아버지를 잃은 것도 서러운데 가슴 아프게 어찌 형님들을 탓하겠어요.
그 뒤 형제들이 다시 찾아왔어요.
요셉 총리님, 저희는 당신의 종들입니다.
두려워하지 마세요. 형님들의 잘못을 하나님께서 선으로 바꾸어 주셨습니다. 많은 백성의 생명을 구원해 주시지 않았습니까?
요셉과 형제들은 행복하게 살았고, 요셉이 백열 살에 죽자 그의 몸에 향 재료를 넣고 입관했답니다.

출애굽기

아브라함으로부터 시작된 언약 백성의 후손들은 야곱의 대에 이르러 70명이 되었습니다. 당시 7년의 큰 기근이 찾아왔을 때 그들은 이집트(애굽)로 피난을 갑니다. 요셉의 비호 아래 정착하게 된 그들은 약속의 땅에서 벗어나 약 400년의 세월을 지내게 됩니다.

요셉을 전혀 모르는 새로운 왕(바로)이 이집트를 다스리게 되면서 이스라엘 백성들은 탄압을 받게 되었습니다. 바로가 히브리 민족이 자신의 나라를 위협할 만큼 강대해졌다고 생각하여 그들을 핍박하기 시작한 것입니다. 이 일을 계기로 야곱의 후손들은 여호와 하나님께 부르짖기 시작합니다. 하나님께서는 일찍이 한 인물을 준비하고 계셨고, 이스라엘의 가장 위대한 지도자라 불리는 모세를 통해 '출애굽'을 이루어 내십니다. 애굽을 나오는(出) 과정에서 이스라엘이 한 일은 아무것도 없습니다. 이스라엘이 한 행동을 꼽아보라면 첫 유월절을 지킨 정도일까요? 모든 것이 하나님께서 행하신 일의 결과였습니다. 열 가지 재앙을 통해 진짜 신이 누구인지, 이 땅을 통치하시녀 섭리하시는 분이 누구인지, 생명의 주인이 누구인지 분명히 보여주십니다. 홍해를 갈라 자신의 백성들을 건너게 하시고는 바로의 강력한 군대까지 물리치셨습니다. 처음부터 끝까지 하나님이 행하셨습니다. 바울은 이 장면을 '홍해 바다에서 이스라엘 백성들이 세례를 받았다!'라고 표현합니다(고전 10:2). 세례는 예수님께서 교회에 명하신 두 가지 예식(세례와 성찬)중 하나로써, 거듭남의 표시입니다. 이스라엘 백성들은 영적인 의미에서 세례를 받은 것입니다!

여기까지가 출애굽기 14장의 내용입니다. 여기서 끝나면 참 좋겠지만, 이상하게 출애굽기는 40장까지 있습니다. 이미 출애굽을 했는데 말이죠! 이런 출애굽기의 구조가 보여주는 메시지는 이것입니다. 출애굽보다 출애굽 한 이유가 더 중요하다는 것입니다. 그들은 왜 출애굽 했습니까? 하나님은 왜 히브리 민족을 끄집어내셨을까요? 약속의 땅에 보내기 위함입니다. 아브라함에게 주셨던 자신의 언약을 이루기 위함입니다. 그러나 그 전에 해야 할 일이 있습니다. 하나님이 약속하신 땅에 들어가 하나님의 백성답게 살기 위해서는 법이 필요했습니다. 이방 나라들의 법처럼 잘 살기 위한 법이 아닌 하나님의 백성답게 살기 위한 법입니다. 그래서 하나님은 시내산으로 그들을 인도하십니다. 불타오르는 '그 산'에서 짐승들은 뛰쳐나오고 산 중턱부터는 하나님의 영광을 상징하는 구름이 뒤덮고 있었습니다. 그곳에서 모세는 40일 밤낮을 금식하며 백성들이 반드시 지켜야 할 열 가지의 말씀을 받아오는데, 이것이 바로 '십계명'입니다(출 20장).

십계명은 예수님께서 대계명으로 정리하셨던 것처럼 결국은 '하나님 사랑, 이웃 사랑'입니다. 하나님을 신뢰하고 사랑하면 자연적으로 지키게 되는 말씀인 것이죠. 이렇게 하나님의 백성으로서 갖추어야 할 모습들이 준비되고 있습니다.

그리고 출애굽기의 후반부를 장식하는 중요한 주제가 있습니다. 어떤 면에서 보면 '이것'을 위해 출애굽 시키셨고, 이것을 위해 십계명도 주셨고, 이것을 위해 언약을 주신 것입니다. 심지어 이것을 이루시기 위해 천지를 창조하셨다고도 말할 수 있습니다. 바로 '성막'입니다. 성막은 이후 '성전'으로 연결되고, 신약으로 넘어가면 예수님의 십자가 죽음과 부활로 인해 이제는 장소의 제약이 없어지게 되었습니다. 예수의 영이신 성령을 통하여 거듭난 자는 누구든지 예수를 모시는 거룩한 성전이 되는데(고전 3:16), 이 시초가 출애굽기에서 처음 나타나는 성막입니다.

이렇게 중요한 성막은 어떻게 생겼을까요? 요즘 우리가 쉽게 떠올려 볼 수 있는 것은 바로 텐트입니다. 그저 조금 크고 화려한 텐트라고 할까요? 치고 거두는 데에 손이 많이 가는 종교적 의미를 담은 텐트라고 생각하면 됩니다. 하지만 정말 중요한 것은 겉모습이 아니라 내용이겠죠. 성막은 '하나님의 임재'를 상징합니다. 하나님께서 직접 이스라엘 백성들 한가운데로 들어오셨으며 그들이 이동할 때 함께 가셨습니다. 십계명 돌판, 만나 항아리, 그리고 아론의 지팡이를 넣어 두었던 법궤는 지성소(至聖所, 지극히 거룩한 장소, the Holy of Holies) 안에 놓여서 대제사장이 아니고서는 보지도 만지지도 못했습니다. 대제사장만이 일 년에 딱 한 번, 속죄일에 지성소로 들어갈 수 있었습니다. 지성소는 성막 가운데 있는 성소의 안 쪽 가장 깊숙한 곳에 있는 장소입니다. 출애굽한 이스라엘은 12지파로 나뉘어 진을 이루며 이동했는데, 그 진영 한 가운데에 성막이 세워집니다(112쪽 참조).

하나부터 열까지 세세하게 디자인하시고, 자신의 영을 브살렐과 오홀리압에게 부어주셔서 완벽히 만들게 하셨습니다. 어떤 학자는 이것을 "하나님께서 이스라엘과 지낼 신혼집을 지으셨다!"고 표현하기도 했습니다. 맞습니다. 십계명은 하나님과 이스라엘 백성의 혼인 서약입니다. 성막은 하나님과 이스라엘 백성이 만나는 신혼집입니다. 이것을 위해 하나님께서는 이스라엘 백성들을 출애굽 시키신 것입니다.

성막의 구조

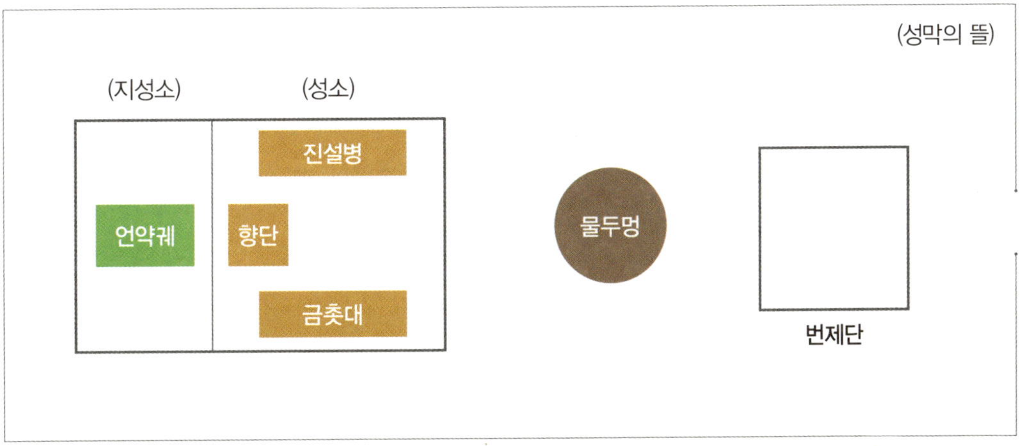

모세가 십계명을 받아오는 40일 동안 아론을 중심으로 한 이스라엘 백성들은 금송아지를 만들고 "이것이 우리를 애굽에서 인도하여낸 하나님"이라고 먹고 마시며 축제를 벌입니다. "나는 너희의 하나님이 되고, 너희는 내 백성이 되리라"는 언약식이 체결된 지 며칠 지나지도 않은 시점입니다. 비유하자면 하나님과 혼인식을 올린 지 얼마 되지도 않아서 남편이 신혼집을 짓고 있는데, 신부가 다른 남자(금송아지 우상)를 만나고 있는 것입니다. 어떻게 이런 일이 있을 수 있을까요? 현실에서 이런 일이 일어난다면 당연히 파혼 아니겠습니까? 말도 안 되는 일이 버젓이 일어나고 있습니다. 그리고 부끄럽지만, 이것이 연약한 우리의 모습입니다.

이스라엘을 쓸어버리시고 "너로 다시 시작하겠다!"하시는 하나님 앞에 모세의 절절한 중보기도가 울려 퍼집니다. 하나님의 진노를 풀고 이스라엘의 회개를 촉구하는 위대한 지도자의 기도입니다. 이후 이스라엘은 온 힘을 다해 성막을 제작했고, 성막이 완성되던 그 날, 구름이 그 위에 덮였습니다. 그리고 하나님의 영광이 성막에 가득 찼습니다(출 40장).

하나님께서는 아무리 부족하고 연약하여도 그분의 자녀를 끝까지 보살피십니다. 결코 버리지 않으십니다.

이대로는 안 되겠다. 이스라엘의 모든 남자 아이들을 태어나는 대로 죽여라!
그러나 이스라엘 사람들은 태어나는 남자 아이를 살려주었어요… 왕은 화가 났습니다.
이스라엘 사람이 남자 아이를 낳거든 무조건 죽여라. 한 놈도 남기지 말고…
옛!?
이스라엘 사람 가운데 한 레위인이 세 번째 아이를 낳았어요.
여보, 이집트 병사들이 발견하면 바로 죽일 텐데…
아이를 살려야 하는데.
동생이 생겨서 참 좋다.
난 매일 업어줄 거야.
그 무렵, 병사들은 이스라엘 사람들 집을 샅샅이 뒤져서 남자 아이들을 찾아 죽였어요.
안 돼요… 제 아이를 살려주세요.
그 레위인은 아들을 삼 개월간 잘 숨겼으나 점점 위기를 느꼈어요.
안 되겠어요. 역청과 나무 진을 주세요. 물이 스며들지 않게.
이렇게 해서라도 살릴 수만 있다면 좋겠어요. 하나님, 돌봐 주십시오.
미리암, 네 동생을 잘 지켜보아라.
알았어요. 엄마.

그때 마침 강가에는 공주가 산책 나와 있었어요.
어머! 저 갈대 사이에 있는 것이 바구니 같은데…
예, 그런 것 같사옵니다.
응애~ 응애
가서 건져오너라.
이 아이는 히브리인 아기가 분명하다. 엄마 젖도 못 뗀 것 같은데 불쌍하구나. 내가 길러야겠다.
옛? 히브리인의 남자아이는 다 죽이라고 했잖아요.
네가 서둘러서 이 아이를 잘 돌봐줄 유모를 찾아 보아라.
예, 공주님.
이때 지켜보던 미리암이 나와서 말했어요.
그 아이를 잘 키울 만한 유모를 제가 알고 있는데요.
그래? 그럼 지금 당장 데리고 오너라.
미리암의 연락을 받고 그의 어머니가 달려 왔답니다.

삯은 후하게 줄 터이니 이 아이에게 젖을 먹여 길러다오.
예, 공주님. 제 친자식처럼 보살피겠습니다.
하나님께서 엄마의 간절한 기도를 들어주셨구나. 감사합니다.
유모가 된 엄마의 보살핌 속에 아이는 씩씩하고 영리하게 자라났어요. 아이가 세 살이 되었을 때 유모는 아이를 공주에게 데려갔어요.
어서 오너라, 내 아들아. 네 이름을 지어놨다. 물에서 너를 건졌으니 모세라고 부르기로 했단다.
모세가 물에서 건져냈다는 뜻이구나.
모세는 어느덧 성년이 되었고 이집트의 많은 학문을 배웠어요.
어느 날 모세가 히브리인들이 일하고 있는 공사장을 지날 때였어요.
내 동족은 중노동에 시달리는데 나는 사치를 즐기고 있다니…

출애굽기

무슨 일로
일하는 사람을
때리느냐? 멈춰라!
지금 벌을 주는
중입니다.
살려주세요.
모세는 홧김에 군인을 죽여
모래에 파묻어 버렸어요.
이튿날
어쩌자고
동족끼리
싸우지…
싸우지
마시오!
당신이 언제부터
우리의 재판관이
된 거요?
애굽인을
죽인 것처럼
우리도 죽일
작정이로구나.
음… 애굽인을
죽인 것을 이들이
안다면 다른 사람도
당연히 알겠지.
바로에게 잡혀
반역자로
처형되기 전에
애굽을
떠나야겠다.
소문은 드디어 바로 왕의
귀에까지 들어갔어요.
모세가 우리
애굽 사람을 죽였다고?
당장 모세를 잡아
사형에 처하도록
하라!
그러나 모세는 벌써 미디안 땅으로 도망가고 있었어요.

떨기나무의 부르심
출애굽기 2:16~4:18
모세는 우물가에서 어려움을 당한 제사장 이드로의 딸들을 도와주고, 이드로의 사위가 되어 아들 게르솜(타국의 객)을 낳아서 잘 살고 있었어요.
어느 날 모세가 장인의 양 떼를 몰고 하나님의 산 호렙 기슭에 올라갈 때였어요.
이상하다. 저렇게 오래 타면서 찬란한 광채를 내는 나무가 있다니.
모세야 모세야
오~ 주여, 말씀하십시오.
더 이상 가까이 오지 마라. 네가 선 곳은 거룩한 땅이다. 신발을 벗어라.
나는 네 조상의 하나님이니 곧 아브라함의 하나님, 이삭의 하나님, 야곱의 하나님이니라. 이스라엘 자손이 부르짖는 것을 내가 들었다. 또 애굽 사람이 이스라엘 사람들을 학대하는 것을 보았다.
내가 네 조상 아브라함과 이삭과 야곱에게 약속한 대로 그들을 가나안으로 인도해 낼 것이다. 그러므로 모세야, 네가 가서 이스라엘 자손들을 이집트에서 건져 내도록 하여라.
하나님이 저를 보냈다고 해도 그들은 믿지 않을 것입니다. 만일 하나님이 누구냐고 하면 무엇이라 답해야 합니까?
나는 스스로 있는 자니라. 스스로 있는 자가 너를 그들에게 보냈다 하라.

모세는 두려움에 하나님의 말씀을 거역하고 싶었어요. 그러자 하나님이 모세에게 말씀하셨어요.
네 손에 있는 것이 무엇이냐?
지팡이입니다.
그것을 땅에 던져라.
모세가 지팡이를 던지자 지팡이는 뱀이 되었어요.
모세가 뱀의 꼬리를 잡자 뱀은 다시 지팡이가 되었어요.
네 손을 내밀어 뱀의 꼬리를 잡아라.
이… 이럴 수가!
그것을 보면서도 모세는 자신이 없었어요. 그래서 또 핑계를 대기 시작했어요.
저는 말을 잘 못합니다. 혀가 둔하다고요.
네 형 아론이 말을 잘하지 않느냐. 네가 애굽으로 가면 그가 너를 마중 나올 것이다.
모세는 더는 핑계 댈 것이 없어 하나님께 순종을 약속했어요.
하나님 뜻대로 하소서.
모세가 지팡이를 쥐고 일어나자 떨기나무의 불은 꺼지고 주위는 불탄 흔적조차 보이지 않게 되었어요.
모세는 장인께 인사를 하고 애굽으로 길을 떠났어요.

모세와 바로의 대결

출애굽기 4:27~12:36

너희들의 하나님이라는 신의 이야기를 하니 어디 능력을 보여봐라.
원한다면 보여주겠소.
아론이 지팡이를 던지자 던진 지팡이가 뱀으로 변했어요.
그 정도는 우리 마술사도 얼마든지 할 수 있다.
마술사 나와라!
바로의 마술사들도 지팡이로 뱀을 만들었답니다. 그러나 모세의 뱀이 그 뱀들을 잡아 먹었어요.
맛있다.
흥! 어쨌든 절대 너희들을 보내지 않겠다.
지당하신 말씀입니다.
어느 날 바로가 신하들과 함께 나일 강에 나왔을 때였어요.
아론, 하수를 지팡이로 치시오.
앗! 하수가 피로 변했다.
저 정도 마술은 우리도 할 수 있지.
하지만 바로의 마술사도 비슷하게 할 수 있었어요.
휴
우리 마술사 캡~!

봤지? 이젠 더 이상 나를 피곤하게 하지 말고 물러가라.
……
하지만 물이 피로 변한 지 칠 일이 지나 백성들이 물을 마시지 못하자 바로가 모세에게 말했어요.
어서 너희가 원하는 곳으로 가서 제사를 지내라. 그리고 나를 위해서 기도해다오.
알겠소. 그리하리다.
그러나 바로는 이스라엘 백성들을 보내주지 않았어요.
아직 혼이 덜 난 모양이오.
……
바로가 피의 재앙을 당해도 말을 안 듣자 모세는
우리 백성들을 보내주지 않으면 애굽 땅이 개구리로 가득 찰 것이오.
개구리? 그건 식용으로 좋~지.
아론이 손을 펴자 애굽이 개구리들로 가득 차기 시작했어요.
제발 개구리가 안 보이게 해라. 내가 너희 백성을 보내주겠다.
지당하신 말씀!
모세가 기도하자 개구리 떼들이 모두 없어졌어요. 그러자 바로의 마음이 다시 변했답니다.
조금 전의 약속은 없었던 걸로 해.
그럴 줄 알았어.

출애굽기

바로님,
모세가 또
왔습니다.
또 나타났어?
이번엔 또
뭐지?
모세가 아론에게
지팡이로 티끌을
치라고 하자
온 애굽이 이로
가득 찼어요.
칵
그래도 바로의 마음이
변치 않자 이번에는
파리 떼가 나왔어요.
그래, 가라! 가!
그리고 이 파리 떼 좀
없애다오.
그런데 바로는 이번에도 약속을 지키지 않았어요. 그러자 난데없이
애굽의 모든 가축이 병들어 죽었어요. 그리고 모세가 다시 화덕의
재를 뿌리자 애굽의 모든 사람들은 피부병에 걸리게 되었어요.
아이구,
우리 암소.
새끼 가졌는디.
아이구!
가려워!
또 바로가 다시 변덕을 부려 이스라엘 백성들을 보내지 않자,
모세는 우박을 내리게 하고 메뚜기 떼가 들끓게 했어요.
으악!
주먹만한
우박이다!
으악~
메뚜기 떼다!

우와~
정신을 차릴 여유를
안 주는구나.
그리고 온 세상에 어둠이
삼 일간 계속 되었어요.
도저히 못 참겠다.
빨리 가서 모세와 아론을
불러들여라.
너희는 떠나도 좋다.
그러나 너희의 양과 가축을
이곳에 두고 가라.
그렇게는 못 합니다.
우리가 데려가겠습니다.
그러자 바로가 또다시 안 보내겠다고
고집을 부려 하나님은 모세를 통해
마지막 재앙을 경고하셨어요.
당신의 고집으로 인해서
애굽 안에 바로 당신의 장자로부터
맷돌 뒤에 있는 여종의 장자까지,
그리고 가축의 첫 새끼도
다 죽을 것이오.
헛소리 그만하고
좋게 이야기할 때
당장 나가라!
아이고~ 바로야.
그만해. 고생하는 백성을
생각하라구.
유월절의 시작
모세와 아론은 급하게 이스라엘
민족의 지도자들을 불러모으고
여호와께서 오늘 밤에
죽음에서 우리를
구원할 것입니다.
집집마다 양
한 마리를 잡아 제물로
준비하십시오.
……
양 잡은 피를 좌우
문설주와 인방에
발라야 합니다. 그것을
보고 하나님이 보내신
죽음의 사자가 그냥
지나칠 것입니다.
그리고 오늘 밤에는
양고기와 무교병과 쓴
나물을 먹고 그 음식을
아침까지 남겨두지 마시오.
오늘은 우리 민족이
기념해야 할 유월절이
시작되는 것입니다.

출애굽기

출애굽과 열 재앙

출애굽은 모세라는 한 인물이 나타나면서 함께 진행이 되는데 여기서 우리는 하나님이 일하시는 방법을 보게 됩니다. 40세까지는 바로의 왕궁에서 자라고, 80세까지는 미디안 광야에서 목자가 되어 양떼를 치는 모세를 하나님께서 부르십니다. 그리고 그의 지팡이를 통해 열 가지 재앙을 애굽에 내리심으로 이스라엘 백성을 出(출) 애굽 시키십니다. 열 가지 재앙은 몇 가지 중요한 의미를 담고 있습니다. 첫째는 열 가지의 재앙을 통해 이방 민족인 애굽 사람들에게 참 신이 누구인지 보여주는 것입니다. 당시 애굽은 다신교 사회였는데, 동식물을 비롯해서 수많은 자연 현상들을 신으로 섬겼습니다. 애굽에 임한 열 가지 재앙은 애굽 사람들이 신으로 섬기던 대표적인 것들을 무력화시키는 일이었던 것입니다. 둘째는, 400년 이상 이방 민족의 땅에서 살면서 이방 문화에 익숙해져 자신의 조상들이 섬겼던 하나님, 즉 아브라함의 하나님, 이삭의 하나님, 야곱의 하나님을 다 잊어버린 그들에게 여호와 하나님의 능력과 그 존재를 일깨우는 일이었습니다. 또한 세 번째로 근동 지역 일대에 이스라엘 백성이 섬기는 여호와 하나님의 이름을 널리 알게 하는 의미가 있었습니다. 실제로 이스라엘 백성이 가나안에 들어가려 할 때, 여리고에서 만난 라합은 정탐꾼들에게 이스라엘의 하나님이 가진 능력을 소문으로 들었고, 여리고 백성들의 마음이 이미 녹았다고(수 2:9) 말했습니다.

하나님은 당신의 언약을 성실하게 이루어 가십니다. 그 길을 가로막는 악한 세력들을 하나님께서 물리치시는 것이지요. 홍해를 건너 시내산으로 가는 길목을 가로막아 백성들이 움직이지 못하게 만든 아말렉 족속을 향해 하나님께서는 친히 "천하에서 기억도 못 하게 하겠다!"(출 17:14)고 선언하시는 것입니다.

여기서 정말 중요한 질문이 있습니다. 하나님은 이스라엘 백성들을 '왜' 출애굽 시키시는 겁니까? 일차적으로는 애굽의 폭압과 폭정에 괴로워하는 이스라엘 백성을 구원해 내시는 것입니다. 종에서 자유인으로 변화시키시는 과정입니다("나는 너를 애굽 땅, 종 되었던 집에서 인도하여 낸 네 하나님 여호와니라" 출 20:2). 그러나 언약의 관점에서 보면 더욱 선명해지는 대답이 있습니다. 바로 약속(언약)의 땅, '가나안'으로 들어가야 하기 때문입니다. 애굽을 나와야만 하는 이유, 다시 애굽으로 돌아가면 안 되는 이유, 하나님께서 아브라함에게 약속하신 그 땅으로 가야 하기 때문입니다. 하나님은 자신의 언약을 반드시 이루십니다.

모세가 기도를 하자
이스라엘 진 앞에서 길을
안내하던 구름이 뒤로 물러나
애굽 사람들이 이스라엘 사람들을
못 보게 했어요.
하나님,
우리를 구원하소서!
앗! 앞이
안 보인다.
구름이 걷히자 바로 군사가 본격적으로
쳐들어오기 시작했어요.
어찌해야
되겠습니까?
하나님!
네 손에 든
지팡이를 바다 위에
내밀어라. 내가 그곳을
갈라지게 하여 내 백성이
바다를 육지같이
건널 것이다.
모세가 홍해를 향해 손을 내밀었을 때
하나님은 강한 동풍이 불게 하셨어요.
그리고 바다가 갈라져 마른 땅이 나타났어요.
한 놈도
놓치지 마라!!

애굽 군대가 갈라진 바다 가운데로 쫓아오자 하나님께서는 바로의 군대를 번개로 혼란시키셨어요.
우왓, 무섭다!
쿠두두두
이스라엘 백성들이 홍해를 모두 건넜을 때였어요.
네 지팡이를 들어 홍해를 다시 쳐라!
예, 하나님!
모세가 홍해를 다시 치자 바닷물이 합쳐지며 군대를 몰살시켰어요.
으악~ 난 수영을 못해.
으윽~ 나의 죽음을 적에게 알리지 말라.
이스라엘 백성들은 홍해를 보며 춤추고 기쁨의 찬양을 불렀어요.
할렐루야~
와
홍해를 건넌 이스라엘 백성들은 수르 광야에 도착했지만 물이 없었고, 사흘을 걸어서 겨우 발견한 우물은…
이 물은 너무 써서 먹을 수가 없잖아. 퉤!
하나님! 저와 이 백성을 구원하소서!
저 나무를 연못에 던져라. 그러면 물이 달게 될 것이다.
모세가 하나님께서 가리키신 나무를 연못에 던지자 물이 달아졌어요.

만나와 메추라기
출애굽기 16:1~36
그들은 넓은 광야를 다시 걸어 엘림에 도착했어요.
이곳이 하나님이 약속하신 땅인가요?
이곳은 우리가 잠시 장막을 치고 쉬어 갈 곳이오.
엘림을 출발하여 행진은 계속 되었지만, 모세에 대한 원망은 갈수록 심해졌어요.
모세, 당신 때문에 우리가 지금 굶어죽기 직전이야!
무슨 대책이라도 세워봐요!
당신들을 이곳까지 인도하신 하나님을 믿으시오. 하나님이 우리를 구원할 거요.
하나님, 이 백성을 버리시나이까.
내가 너희 백성에게 아침에는 떡을 주고 저녁에는 고기를 줄 것이니 그들은 나를 믿고 의지하게 될 것이다.
그날 저녁 무렵, 메추라기 떼가 이스라엘 백성의 장막에 날아왔어요.
와~ 도망가지도 않네?
일단 잡아먹자구!
그리고 아침에…
광야 지면에 작고 둥글며 서리같이 작은 이것이 무엇일까?
약속의 땅에 도착할 때까지 하나님이 주시는 만나요!
웅성 웅성
식구 수만큼 만나를 가져가 아침까지 남기지 마시오.
욕심을 부린 사람은 아침이 되었을 때 만나에 벌레가 생겨서 버려야 했어요.
일곱째 날은 안식일이니 여섯째 날만 두 배를 거두라고 하셨소.

아말렉을 물리친 이스라엘

출애굽기 17:8~16

모세가 재판관을 세우다

출애굽기 18:13~27

시내산에 오른 모세

출애굽기 19:1~24:18

1. 나 외에는 다른 신을 섬기지 말라.
2. 너를 위하여 새긴 우상을 만들지 말고 그것을 섬기지 말라.
3. 내 이름을 망령되게 부르지 말라.
4. 안식일을 거룩히 지켜라.
5. 네 부모를 공경하라.
6. 살인하지 말라.
7. 간음하지 말라.
8. 도둑질 하지 말라.
9. 네 이웃에 대하여 거짓 증거 하지 말라.
10. 네 이웃의 집을 탐내지 말라.
하나님은 그 밖에도 이스라엘 백성들이 지켜야 할 많은 율법을 주셨어요.
꼼꼼하게 정리하는군.
이제 너희는 내려가서 이스라엘 백성들에게 이 계명을 전하라. 그리고 모세만 다시 올라오너라.
계명이 씌어진 두 돌판을 네게 주겠다.

출애굽기

다음날 모세는 산에서 내려와 하나님과의 계약의 증거로 열두 부족을 상징하는 돌기둥 열두 개를 세우고 수송아지를 잡아드렸어요.
모세는 수송아지의 피를 제단 뿔에 바르고 남은 피는 제단 바닥에 부었어요. 그리고는 이스라엘 사람들에게 말했답니다.
이것은 하나님께서 우리와 맺으시는 계약의 피다!
예!
목숨을 걸고 하나님의 계명을 지키겠습니다.
모세는 다시 여호수아와 같이 산 위로 올라갔어요.
모세가 또 산에 올라가네요?
하나님께서 주신 계명을 친히 두 돌판에 새겨 주신다고 하셨지. 그래서 올라가는 거야.
금송아지를 만들다
출애굽기 32:1~6
모세가 산에 올라간 지 며칠이나 지났는데 왜 안 내려오지?
모세가 없으니 자꾸만 불안해져.
우리는 불안해서 더 이상 기다릴 수 없어요.
우리가 볼 수 있는 새로운 신을 만들어야겠어.
당신들의 아내와 자녀의 금고리를 모두 빼어 가져오시오. 우리를 위하는 새로운 신을 만들겠소.

아론은 그들의 금고리를 녹여 금송아지를 만들었어요.
이제부터 이것이 우리를 지키는 신이 될 것이오.
다음 날 아침, 그들은 일찍 일어나서 송아지 앞에 제물을 드리고, 먹고 마시며 춤추었어요.
모세는 하나님도 보여주지 않고 말로만 했는데 이 황금 소는 얼마나 든든하냐!
믿음이 팍팍 생기잖아!
거기다 금으로 되어 있어서 품격도 있잖아. 짱이야!
두 돌판을 깨뜨리다
출애굽기 32:7~29
하나님의 진노하신 목소리가 무릎을 꿇고 있는 모세에게 들려왔어요.
교만이 가득한 저들을 내가 더 이상 두고 보지 않으리라. 당장 쓸어버리리라. 저들은 악이 가득한 자들이다.
주의 종 아브라함과 이삭과 이스라엘에게 약속하신 언약을 기억하셔서 저들을 용서하소서.
내가 너로 인하여 저들을 용서하겠다. 그리고 약속한 두 돌판을 줄 것이니 이것을 가지고 속히 내려가거라. 저들은 악을 행하고 있다.
모세는 두 돌판을 가지고 급히 내려와 여호수아를 찾았어요.
여호수아! 우리 장막에서 들려오는 저 소리는 뭐냐.
아마도 싸움이 난 모양입니다.
당카
카야
와~
컥! 저것들이 금송아지를 앞에 두고 뭐하는 것이냐!
자… 잠깐. 참아요.
너희가 하나님을 속이다니… 에…잇!
쾅

모세는 화가 나서 들고 있던 두 돌판을 내던져 깨뜨렸어요.
당장 금송아지를 부수어 버려라. 그리고 너희들의 죄를 하나님께 회개하라.
모세가 진짜 화났나 보다.
으으!
아론, 어떻게 하였기에 백성들이 이런 중죄를 지었습니까?
자네가 산에서 내려오는 것이 늦어 자신들을 지켜줄 신을 만들어 달라기에… 나를 용서해 줘.
모세가 레위 사람들을 불러 말했어요.
이 일을 행한 자들을 모두 잡아 죽이도록 하여라. 하나님의 명령이다.
네! 알겠습니다.
그래서 이날 이스라엘 백성 중에 삼천 명이 죽었어요.
모두가 우상을 만든 우리의 죄야!
하나님은 우리를 사랑하시기 때문에 이런 벌을 주신 거야.
하나님이 죄를 용서하시다
출애굽기 32:30~33:23
여러분의 죄를 용서해 주시기를 하나님께 구하기 위해 산에 갔다 오겠소.
이번에는 정신 차리고 있을게.
염려 마세요. 이번에는 기도하며 기다리겠습니다.
하나님! 저들이 죄를 지었으나 이제는 용서해 주시길 원하옵니다.
누구든지 내게 죄를 지으면 그를 내 책에서 지워버리겠다. 너는 이제 내려가서 내가 지시하는 곳으로 백성들을 데리고 가라.

나는 너희와 함께 올라가지 아니하리니

하나님께서 하나님의 백성들에게 내리실 수 있는 가장 큰 벌은 무엇일까요? 우리가 정말 두려워해야 할 하나님의 진노는 무엇일까요? 사업이 망하는 것? 재산을 다 잃게 되는 것? 혹은 건강을 빼앗기거나 심지어 가족을 잃게 되는 것? 정말 생각만 해도 두렵고 마음이 아픈 일들이지만, 그런 것들은 하나님의 진노에서 비롯되는 것이 아닙니다. 우리가 정말 두려워해야 하는 가장 큰 하나님의 진노는 하나님께서 우리를 떠나시는 것입니다. 하나님께서 우리와 함께 하시지 않겠다 선언하시는 것입니다.

사실 인간은 아담의 범죄로부터 하나님과 단절되었습니다. 그것이 곧 죄요 (영적) 죽음입니다. 사랑의 하나님께서 그 관계를 회복하시기 위해 이스라엘을 택하시고 언약 백성의 모형으로 삼으셔서 구속의 역사를 이루어 가십니다. 그것이 구약의 역사인 것이지요.

그런 의미에서 출애굽기 33장에서 나타나는 하나님의 진노는 하나님께서 얼마나 분노하셨는지, 얼마나 마음 아파하셨는지를 여실히 보여줍니다. 하나님께서는 이스라엘 백성들을 그 약속의 땅으로 보내주시겠다고 말씀하십니다. 그곳에 있는 가나안 사람들도 다 쫓아내 주시겠다고 말씀하십니다. 그 젖과 꿀이 흐르는 땅에 이스라엘 백성들이 당도하도록 해 주시겠다 말씀하시면서 하나님께서는 이렇게 말씀하십니다.

나는 너희와 함께 올라가지 아니하리니(출 33:3)

하나님께서 함께 가시지 않으면 가나안이 무슨 소용일까요? 하나님께서 함께 가시지 않으면 젖과 꿀이 다 무슨 소용일까요? 하나님이 떠나시는 것, 하나님께서 우리와 함께 하시지 않겠다 하시는 것보다 더 두려운 것은 없습니다. 그만큼 이스라엘 백성들의 죄가 컸던 것입니다. 그들이 지은 죄는 다름 아닌 우상숭배였습니다. 하나님께서 십계명 돌판에 "나 외에 다른 신을 네게 있게 하지 말라"는 첫 계명을 써서 모세에게 주시고 있는 동안 이스라엘 백성들은 산 밑에서 금송아지를 만들어 거기에 절하고 있었던 것입니다.

하나님 앞에서 큰 죄를 짓고 참회의 기도를 드리는 다윗 왕의 시에는 이런 기도가 있습니다.

나를 주 앞에서 쫓아내지 마시며
주의 성령을 내게서 거두지 마소서(시 51:11)

하나님과 동행하기를 가장 기뻐했던 다윗은 주의 성령을 거두어 가시는 것보다 두려운 것은 없다는 것을 잘 알았던 것 같습니다. 반대로 생각해보면 하나님과 함께 하는 것, 하나님과 동행하는 것이 가장 큰 복이며, 하나님의 백성들이 누리는 가장 영광스러운 은혜라는 것을 깨닫게 됩니다.

우리의 삶에 온갖 시련과 고통이 찾아온다 하더라도 하나님께서 나와 함께 하신다면, 요셉의 삶에서 우리가 봤던 것처럼 그렇게 하나님께서 우리와 함께 하신다면 그것이 가장 큰 복이요 은혜인 것입니다.

두 돌판을 다시받다

출애굽기 34:1~35:19

하나님의 성막을 만들다

출애굽기 35:20~40:33

새치기하지 마시오.
아론 제사장님, 더 이상 재물을 넣을 자리가 없습니다.
그런데도 저렇게 줄을 서 있단 말인가?
성막을 지을 물품이 남으니 이제 그만 가져오라.
언약궤는 되었는가?
예, 말씀하신 대로. 다 됐습니다.
언약궤를 어서 성소에 모시도록 하게.
자… 조심하라구.
저 언약궤를 만드는 데 내 금이 들어갔다구.
자기 금이 안 들어간 사람도 있나?
없지! 없고 말고.
모세, 제사장이 입을 옷을 다 만들었습니다.
그래, 수고했다.
제사장의 옷은 누가 입나요?
하나님께서 아론과 그의 아들들에게 제사장 직분을 주라고 하셨다.

출애굽기

레위기

레위기는 한 마디로 '거룩'에 대한 책입니다. 이 거룩은 하나님과 언약을 맺은 백성이 지녀야 할 마땅한 자질이며 언약 당사자이신 하나님께서 언약 상대편인 이스라엘 백성에게 요구하시는 것입니다. 그 거룩을 지키고, 유지하고, 회복하는 방법들이 소개된 책이 바로 레위기입니다.

레위기의 전반부(1~16장)는 제사와 정결한 삶으로 '하나님과 만나는 것'에 대해 이야기하고 있고, 후반부(17~27장)는 절기를 지키고 책임 있는 삶으로 '하나님과 동행하는 것'에 대해 말하고 있습니다. 전반부인 1~7장은 각종 제사법(번제, 소제, 화목제, 속죄제, 속건제)과 그 취지를 설명하고 있고, 8~10장은 제사장과 관련해서 제사들을 다시 설명하면서 제사장을 어떻게 세울(위임할) 것인지 설명합니다. 11~15장은 정결 예식들에 대한 설명이며, 16장은 대속죄일을 어떻게 지내는 것인지 이야기합니다. 언약 백성은 거룩하신 하나님 앞에서 하나님의 거룩하심을 따라 거룩한 삶을 살도록 부르심 받습니다(레 11:44-45; 19:2; 20:7~8, 26 등). 그리나 그 거룩함에 온전히 도달하는 것은 불가능합니다.

레위기의 후반부(17~27장)는 정결한 삶에 대한 좀 더 실천적인 지침들과 연중에 지켜야 하는 각종 절기들에 대해 설명합니다. 여기 소개되는 각종 정결법들은 예수님 당시 유대인들에게는 물론이요, 오늘날의 일부 정통 유대인들에게까지 아주 중요하고 소중하게 여겨지는 것들입니다. 그렇다면 오늘날 우리 그리스도인들에게는 어떤 의미일까요? 교파와 교단의 전통에 따라서 이 정결법을 이해하고 적용하는 데 있어서 상당한 차이를 보이기도 합니다. 구약의 정결법들을 전체적으로든 부분적으로든 그대로 실행해야 한다고 믿는 그리스도인들도 있는가 하면, 예수 그리스도로 말미암아 구약의 그러한 규율들은 이제 자유해도 된다고 생각하는 그리스도인들도 있습니다. 그 정결법들을 지키든지 그렇지 않든지 정말 중요한 것은 그 절기의 정신, 하나님께서 그 정결법들을 주신 의도를 이해하고 그 의도를 우리의 삶에 구현하며 살아가는 것입니다. 그 의미와 의도는 여전히 하나님의 뜻이며, 하나님의 백성들에게 주시는 삶의 원리이기 때문입니다.

구약 전체를 훑어봐도 "나는 너희의 하나님"이라는 말의 절반 이상이 레위기에서 등장합니다. 레위기는 하나님께서 이스라엘 백성에게 약속하신 언약의 관계 "너희는 내 백성이 되고, 나는 너희의 하나님 여호와가 되리라"는 말씀의 실천 지침 그 자체라 해도 과언이 아닙니다. 그래서 죄를 속하는 일에, 깨어진 관계를 회복하는 일에, 그리고 하나님께 감사하는 일에 이 레위기가 필요한 것입니다. 레위기가 강조하는 하나님 백성의 삶의 원리, 즉 "내가 거룩하니 너희도 거룩할지어다"(레 11:45b)를 우리의 삶에서도 기억하며 실천하는 것은 여전히 너무나 중요하다고 할 수 있습니다.

새로운 출발
출애굽기 40:34~38, 레위기
성막 공사를 마치고 기물들을 다 넣었을 때 성막 위에는 하나님의 영광을 상징하는 구름이 덮였어요.
저 성막 위의 구름은 하나님의 영광의 상징이므로 우리는 이제부터 저 구름이 성막 위에 떠오를 때만 움직일 것이다!
그럼, 하나님이 친히 앞장서서 가신다는 것이네?
그렇지. 우리는 그분만 따라가면 되는 거야.
가나안에 들어갈 시간도 얼마 안 남았다!
성막이 완성된 후 이스라엘 백성들은 오십 일 동안 시내 산에 머물면서 하나님께서 가르쳐주시는 여러 가지를 배웠어요.
먼저 제사 제도에는 번제와 소제, 화목제와 속죄제와 속건제 등의 규례와 성결에 관한 법이 있다.
빨랑 빨랑 적어.
거룩한 백성이 되려면 어떻게 살아야 되는지를 배웠어요.
안식년과 희년과 구제를 하는 것 등을 배웠습니다.
드디어 구름이 떠올랐다!
백성의 수가 많으니 나팔을 불어 알리도록 은나팔을 만들어라. 너희는 저 구름이 가는 데로 따라가라.
우리는 레위인~
빠밤바
라

레위기

구름이 떠오르면
길을 가고 하나님의
구름이 머물면
우리도 쉬어가요.
하나님은
어떻게 아시는지
우리가 힘들면 쉬게
하신단 말야!

여호와여, 일어나사
주의 대적들을 흩으시고
주를 미워하는 자를 주의
앞에서 도망하게 하소서.
아멘,
할렐루야.

이제 조금만 가면
가나안 땅에
도착할 거야.
열심히 행진하자구!

민수기

이렇게 성막과 약속의 땅에서 지켜야 할 법들을 배우고 난 뒤, 이스라엘은 다시 약속의 땅으로 출발합니다. 하나님의 구름이 앞장서서 전진해 나갑니다. 이야기로 들을 때는 신비롭고 멋진 장면이지만, 막상 우리의 삶에 이런 일이 일어난다면 기쁘지만은 않을 것입니다. 광야를 걷는다는 것 하나만으로도 충분히 힘들고 괴로울 테니까요. 그뿐 아니라 이스라엘에게는 먹을 것과 마실 것이 늘 부족한 이동 생활, 채워지지 않는 욕심이 따라다녔습니다. 작은 것부터 불평을 시작하더니 점점 더 큰 것으로 발전합니다. 처음에는 목이 말라서 물을 가지고 불평을 하고 다음에는 고기가 먹고 싶어서 불평을 합니다. 그러더니 모세의 리더십에 반역을 하고 결국에는 하나님의 직접적인 명령, 가나안 땅을 점령하라는 말씀(민 13장)에 10명의 정탐꾼을 앞세워 반역합니다. 이것은 단순히 말씀 하나에 불순종한 사건이 아닙니다. 하나님의 나라가 세워지는 데 반역을 일으키는 중차대한 사건입니다. 다시 애굽으로 돌아가길 원하는(역 출애굽) 어리석은 이스라엘을 하나님께서는 정신이 번쩍 들도록 혼내십니다. 그리하여 결국 40년 동안 괴로운 광야 생활을 하게 되는 것이죠.

그러나 동시에 이 사건은 이스라엘을 정결하게 다듬는 시간이 됩니다. 광야 40년 동안 이스라엘이 세대교체가 되는 것입니다. 출애굽 1세대가 광야에서 다 죽고, 광야 2세대가 주축이 됩니다. 이들은 비록 하나님의 큰일들(10가지 재앙, 홍해 사건 등)을 직접 보지는 못했지만, 모세의 가르침 속에 '순종하는 백성'들로 성장합니다. 이 장면을 가장 잘 보여주는 것이 요단 동편의 땅을 점령한 사건(민 21:21–35)입니다. 출애굽 세대들은 가나안 땅 정복도 못하겠다며 반역했지만, 광야 2세대들은 요단 동편의 땅 점령에 순종하는 세대가 된 것입니다. 당연히 전쟁은 승리로 끝나고 목축하기에 좋은 비옥한 땅을 얻게 됩니다. 그런데 여기서 르우벤 지파와 갓 지파, 므낫세 반지파가 이기적인 요청을 합니다. 이 지파들이 모세에게 나와서 요단 동편의 땅을 달라고 요구(민 32장)한 것입니다. 모세는 이를 매우 걱정하면서 과거 부모 세대가 그랬던 것처럼 요단강을 건너 약속의 땅을 차지하지 않으려 한다고 혼을 냅니다. 다행히 르우벤 지파와 갓 지파, 므낫세 반 지파는 이 권면을 받아들이고 약속의 땅 가나안을 차지하는 전쟁의 선봉에 서기로 약속합니다. 그들은 신실하게 약속을 이행했고, 그 결과 모든 정복 전쟁이 끝났을 때 풍성한 전리품들과 함께 요단 동편의 땅으로 돌아올 수 있었습니다.

민수기 2장과 3장, 그리고 10장에는 성막과 관련해서 중요한 지침들이 기록되어 있습니다. 이동하지 않을 때 이스라엘 백성들이 어떤 모양으로 진영을 갖추어야 할지, 그리고 이동할 때는 어떤 순서와 어떤 역할들을 수행하며 이동해야 할지에 관한 지침입니다.

이스라엘 지파별 진 배치도(민 2, 3장)

이스라엘 지파별 행진 순서(민 10장)

이 구조는 이스라엘 모든 백성이 성막을 중심으로 움직여야 한다는, 성막을 중심으로 움직일 수밖에 없다는 것을 시각적으로 보여주는 것입니다. 그들의 광야에서의 삶 자체가 성막을 중심으로 이루어졌습니다. 이 자체로 하나님의 임재와 함께 하는 하나님 백성의 삶(동행)을 형상화한 것이라 할 수 있습니다.

이스라엘 백성들의 원망

민수기 11:1~3

아론과 미리암이 불평하다

민수기 12:1~16

가나안으로 간 정탐꾼

민수기 13:1~14:25

이번에 그들이 도착한 곳은
에스골 골짜기였어요.
과일 크기만 봐도 이 땅의 비옥함을 알 수 있잖아.
정말 크다 이게 포도라는 거구나.
자! 그만들 먹고 이것을 꺾어 모세에게 갖다 드립시다.
그럼, 그래야지. 쩝쩝.
사십 일을 가나안을 정탐한 그들은
다시 장막으로 돌아왔어요.
정탐 나갔던 부대가 돌아 왔어요.
우와! 엄청 큰 열매다.
꿀꺽~.
우리가 들어가서 본 가나안은 정말 젖과 꿀이 흐르는 땅이었어요.
여기 있는 과일이 그 땅에서 난 것입니다.
어떤 종족들이 살고 있던가?
남방에는 아말렉이 있고 산지에는 헷, 여부스, 아모리 사람이, 해변과 요단강가에는 가나안 사람이 살고 있었습니다.
그런데 거인인 아낙 사람들이 있어서 우리가 들어갈 수 있을까요?
그들 앞에 우리는 메뚜기 같은 존재…
우리 힘으로는 들어갈 수 없어요.
가나안으로 가는 걸 포기합시다.
안심하세요. 우리를 인도하신 하나님이 그 땅을 주실 것입니다.

하나님께서 함께 하시니 우린 할 수 있소.
저 갈렙과 여호수아를 제외한 모든 사람이 불가능하다고 하는데?
결국 이 일을 위해 애굽에서 나왔단 말이야?
괜히 애매한 백성들 죽이지 말고 사실을 얘기해요, 갈렙.
한 지파의 족장이라는 사람들이 어찌 그리 믿음 없는 얘기를 할 수 있소?
우리를 이곳까지 인도하신 분은 하나님이란 말이오.
우리가 죽기 위해서 왔나?
어째서 하나님이 우리를 죽이시는 거지?
모세가 우리를 이렇게 만들었어요. 그냥 애굽에 있어야 했는데.
지금이라도 애굽으로 돌아갑시다!
그만들 하시오! 이곳까지 우리를 인도하신 하나님이 저 땅을 차지하게 하실 겁니다.
젖과 꿀이 흐르는 저 땅을! 적들을 두려워하지 말고 믿음을 가지십시오.

민수기

저들의 신은 저들을 떠났어도 하나님은 우리와 함께 하십니다. 저들은 우리의 밥입니다.
그럴까요?
여기까지 잘 온 걸 보면 하나님이 지키실 것 같은데.
여러분! 저들에게 속지 마시오. 저곳은 죽음의 땅입니다.
당신들이 저들 앞에 서는 순간, 저들 발 밑에 깔릴 거요.
우리를 죽게 하려는 저 여우들을 돌로 쳐야 합니다.
옳소!
우씨~ 나는 몽둥이다.
못된 여호수아와 갈렙을 죽여!
백성들이 그들을 돌로 치려 할 때였어요.
앗! 저… 저길 봐. 회막에 웬 불이지?
여러분, 회막이 불타는 것이 아니라 하나님이 모세와 말씀하고 계시기에 회막 위에 그 영이 나타나고 있는 것입니다.
저… 정말이냐? 갈등되네.
그랬어요. 회막 안에서는 하나님이 모세에게 화를 내고 있었어요.
그 많은 기적을 보았음에도 저들이 나를 멸시하니 내가 전염병으로 저들을 죽게 하고 모세네 나라를 크게 하리라.
하나님께서는 저들을 가나안으로 인도하시기 전에 애굽에서 나오게 하시지 않습니까?

여호수아와 갈렙의 믿음

이스라엘이 출애굽 할 때 이동한 숫자를 따져 보면 장정만 60만 명이라고 봅니다. 학자들에 따라 조금씩 다르지만 약 200만 명이 이스라엘 백성의 전체 숫자라고 말을 합니다. 여기에 끌고 나온 양과 가축들, 그리고 짐을 나르는 수레들을 상상해보십시오. 어마어마한 인원이 뿌연 모래 먼지를 일으키며 광야를 횡단하고 있는 것입니다. 이미 이스라엘 백성들은 광야에서 많은 일을 경험했습니다. 바위가 갈라져서 물이 터져나오는 것을 보기도 했고, 단물로 변한 쓰디 쓴 물을 직접 맛보기도 했습니다. 이길 수 없는 전쟁에서 이겼을 뿐 아니라, 매일 매일 만나와 메추라기를 먹으며 구름기둥과 불기둥의 보호를 받기도 했습니다. 그리고 드디어 약속의 땅 앞까지 왔습니다. 이제 요단강을 건너가면 가나안 땅을 밟을 수 있습니다. 바로 그 문턱에서 12명의 정탐꾼을 보냈는데, 그 결과는 광야 생활을 40년 연장하는 것이 되고 말았지요. 그들은 눈앞에 보이는 현실의 장애물에 마음을 빼앗겨 하나님께서 그들에게 주셨던 약속, 젖과 꿀이 흐르는 땅에 들어가게 하시겠다는 그 말씀(출 3:17)을 잊어버리고 만 것입니다.

그리고 그 40년의 기간에는 불순종한 출애굽 첫 세대의 죽음이 포함되어 있었습니다. 출애굽 첫 세대 중 단 두 명인 여호수아와 갈렙을 제외한 나머지, 즉 200만 명이 넘는 사람들은 모두 광야에서 죽습니다.

이 놀라운 사건은 우리에게 많은 생각을 하게 만듭니다. 믿음이란 무엇입니까? 히브리서 기자는 "믿음은 바라는 것들의 실상이요, 보지 못하는 것들의 증거"(히 11:1)라고 말합니다. 여호수아와 갈렙의 믿음은 바로 이런 믿음이었습니다. 눈에 보이는 것이라고는 대적들의 거대함과 강대함뿐이었지만, 이들은 현실적인 어려움을 뛰어넘어 '승리'를 약속하신 '하나님의 말씀'을 바라본 것(민 13:30)입니다. 갈렙은 40년 후 가나안 땅에 들어가서도 "이 산지를 내게 주소서"(수 14:12)라고 외칩니다. 눈앞에 보이는 상황보다 약속하시고 약속을 이루시는 하나님의 크심을 바라보며 신뢰하는 것. 여호수아와 갈렙이 보여준 모습은 변함없는 믿음의 본보기가 됩니다.

하나님의 징계

민수기 14:26~45

죽기 살기로 한다면 못 이길 것도 없지 않겠소!
힘만 낭비할 뿐이야. 하나님이 안 계시면 너희들은 들어가지 못해!
고럼 고럼
그건 두고보면 알겠지!
그때 가서 애원하면 내가 가만 안 놔두겠소.
백성 중의 일부가 군대를 만들어 가나안 정복을 꿈꾸며 떠났어요.
어서 가자! 저 광야를 넘어!
이곳은 가나안
야곱의 자손들이 저기 광야에서 진을 치고 있는데 이 땅을 정탐하고 갔다는 얘기 들었나?
우리 땅을 침략한다는 거냐?
침략? 그렇다면 이렇게 앉아서 당하고 있을 수는 없지!
우리가 먼저 기습을 하자.
그들에게 우리의 본때를 보여주자고.
우리의 힘을 모두 보여주마. 받아라!
창
기습한다는 우리 정보가 해킹당했다!
이스라엘 민족에게 본때를 보여주자!

안 되겠다. 도망가자!
목숨부터 건지고 보자.
저기 도망가는 것 좀 봐. 꼴 좋다!
저게 하나님 군대라는 거야? 결국 지고 나서 도망가는구나.
결국 그들은 아말렉과 가나안의 기습에 패하고 말았어요.
가나안을 정복하러간 사람들이 돌아 옵니다.
헉 헉
갈 곳이 없으니 다시 돌아오는구나.
모세, 우리가 잘못했소.
용서해 주시오.
우리를 받아주시오.
받아 줄 테니 두 번 다시 하나님을 진노케 하지 마라.
그들의 모습을 보며 이스라엘 백성들은 또 귀한 것을 깨달았어요.
모든 일에는 하나님이 함께 하셔야 하는구나.
순간의 선택이 사십 년을 좌우하는구나.
그들은 다시 광야를 걸어갔어요.

아론의 싹 난 지팡이
민수기 17:1~13
하나님이 모세에게 백성들의 원망하는 소리를 그치게 할 방법을 알려주셨고 또한 열두 지파의 지도자들을 부르셨어요.
너희들은 제각기 지팡이를 준비하고 그 지팡이에 각 지파의 이름을 써서 내게 가져 오거라!
왜 그러시는 데요?
하나님께서 너희들을 위해 제사장을 확실히 해서 백성들의 원망하는 소리를 그치게 하시겠다고 하셨다.
각 지파에서 가져온 지팡이 중에 하나님이 택하신 자의 지팡이에서 새순이 돋을 것이다.
새순?
죽은 나무에서 정말 새순이 나올까?
그들은 열두 개의 지팡이를 모세에게 가져왔어요.
그런데 누구의 지팡이에서 싹이 나올까요?
지팡이들을 장막에 두셨어.
아침에 모세가 장막에 다시 들어가 보니 아론의 지팡이에 싹이 돋았어요.
저것 봐. 꽃이 피고 살구 열매가 열렸어.
아론
싹이 난 아론의 지팡이를 들어 보이며 모세가 얘기했어요.
모든 사람들에게 증거가 되도록 법궤에 이것을 보관하라 하셨다.
히야~ 신기하다.

하나님의 마음이 얼마나 아프시면 이런 표징까지 보여 주실까?
모세가 바위를 쳐 물을 내다
민수기 20:1~13
끝없는 광야 길에 사람들은 지쳐 있었어요. 거기다 가데스라는 곳에서는 물마저 떨어지자 모세를 다시 원망하기 시작했어요.
샘이 말랐어요.
갈증 때문에 아기가 죽으려고 해요.
이런 상황인데도 모세는 왜 아무 말이 없는 거야?
모세가 하나님께 기도드렸어요.
바위에게 명령해라!
내가 그들과 그들의 짐승에게 마시우리라.
바위를 치려나 봐.
화풀이하려고 그러나?
이봐요, 모세! 우리가 물을 달라고 했지, 언제 바위 구경하고 싶다고 했어요?
모세는 화가 나 바위를 쳤어요.
콱
봐라, 물이 여기 있다!
무… 물이다.
정말 물이다!
콸콸
하나님이 모세에게 화를 내셨어요.
네가 어찌하여 화를 내어 내 영광을 가리느냐!

길을 막는 에돔과 아론의 죽음

민수기 20:14~29

민수기

아이고 힘들어. 하루면 가는 길을 얼마나 돌아가야 하는 거야!
힘을 내십시오, 아론!
나는 더 가기가 힘들구나.
모세 일행이 호렙 산에 이르렀을 때 하나님의 말씀이 모세에게 들렸어요.
모세야, 이제 아론이 죽어 그의 조상에게로 돌아가리니 너는 그의 아들 엘르아살과 함께 호렙산으로 오르라.
저것 봐. 모세가 아론과 엘르아살을 데리고 호렙산에 올라간다.
아론 제사장의 때가 다 된 거요. 곧 죽게 된다 말이오.
그래서 제사장의 자리를 엘르아살에게 물려주려는 것이라 이거지?
저것 봐! 모세가 아론의 옷을 벗겨 엘르아살에게 입히고 있어.
그리고 아론이 죽었어요. 이스라엘 백성들은 그의 죽음을 삼 일 동안 슬퍼했어요.
우리를 위해 애를 많이 쓴 아론인데…

놋뱀을 쳐다보라

민수기 21:4-9

여호수아가 후계자가 되다

민수기 27:12~23

신명기

신명기는 '두 번째 율법'이라는 의미를 가지고 있습니다. 출애굽한 백성들과 모세가 시내산에서 하나님께 받았던 율법을 '첫번째 율법'이라고 할 수 있는데 그것은 출애굽기 후반부와 레위기 대부분의 내용들로써, 주로 십계명과 성막, 제사, 정결/부정결 등과 관련된 율법들입니다. 이제 40년의 광야생활을 마치고 가나안에 들어가야 하는 이스라엘 백성들에게 노년의 모세가 그 율법들을 다시 선포하면서 상기시켜주고 있는 책이 바로 신명기이기 때문에 '두번째 율법'이라고 부르는 것입니다. 이스라엘은 이제 약속의 땅 가나안에 들어가야 합니다. 하나님께서 정하신 시간이 다 되어 갑니다. 위대한 하나님의 종 모세를 떠나보내고 그의 후계자, 눈의 아들 여호수아의 지휘 아래 전쟁을 치러야 합니다. 모세는 자신의 삶과 사역을 정리하며 자식 같은 이스라엘 백성들에게 간곡히 당부합니다. 이스라엘이 약속의 땅을 눈앞에 둔 이곳 '모압 평지'까지 올 수 있었던 것은 오로지 전적인 하나님의 은혜 때문이었으며, 이스라엘이 얼마나 연약하고 부족한지, 얼마나 자주 하나님을 거역하려 했었는지 이야기해줍니다. 그리고 가끔 얻은 승리조차 하나님의 도우심 때문이었다는 것을 분명히 가르칩니다.

이스라엘아 이제 내가 너희에게 가르치는 규례와 법도를 듣고 준행하라 그리하면 너희가 살 것이요
너희 조상의 하나님 여호와께서 너희에게 주시는 땅에 들어가서 그것을 얻게 되리라(신 4:1)

이와 같은 권면은 신명기서 내내 계속 반복되어 나옵니다. 이스라엘이 약속의 땅에 들어가 하나님의 백성답게 살 수 있는 길은 이것뿐입니다. 모세의 권면을 받아들여 여호와 하나님의 율법을 신실히 지켜나가는 것 말입니다. 신명기에 기록된 말씀을 따라 살아가는 것이 제사장 나라로써 살아가는 길이요, 약속된 번성과 축복에 이르는 길입니다.

신명기에서 가장 많이 반복되는 단어 중 하나는 '선택하다'라는 단어입니다. 하나님은 이스라엘 '백성'을 선택하셨고, 또한 '땅'을 선택하십니다. 이 땅이 약속의 땅 가나안입니다. 신명기 후반부에는 그중에서도 한 장소를 택하셔서 제단을 쌓게 하실 것이라는 말씀이 계속 반복됩니다. 그리고 그 장소에 자신의 이름을 두시고 그곳에 계실 것을 약속하십니다. 이제 이스라엘은 바로 이곳에서 제사를 드리고, 이곳에서 절기를 지키며, 이곳에서 신앙을 고백해야 합니다. 바로 예루살렘입니다. 훗날 다윗이 오르난의 타작마당을 사서 제사드릴 때 하늘에서 불이 내립니다. 솔로몬은 바로 그곳에 성전을 건축했습니다. 무엇을 보여주는 것일까요?

선택받은 한 백성이, 한 분이신 하나님을, 선택받은 한 장소에서 만납니다. 하나님의 나라가 이 땅에 세워지는 것입니다!

모세의 죽음

신명기 32:48~34:12

인간 모세에 대하여

모세는 구약성경의 대표적인 영적 거인들 중에서도 가장 두드러진 인물이라 할 수 있습니다. 그의 출생은 예수님을 닮았습니다. 그의 사역은 민족을 이끄는 위대한 지도자(왕)이면서, 하나님과 백성 사이에 서 있었던 제사장이고, 하나님의 말씀을 그대로 전한 선지자의 전형이었습니다.

우선 모세의 출생부터 범상치 않습니다. 모세가 태어날 즈음 애굽의 왕 바로는 이스라엘 백성들을 통제하기 위해 영아 살해를 명령합니다. 이것은 예수님의 탄생 소식을 들은 헤롯이 저지르게 되는 사건의 그림자입니다. 아기의 부모는 석 달 동안 키운 아기를 더는 감출 수 없게 되자 결국 갈대 상자에 담아 나일강에 띄워버립니다. 바로의 딸이 그 갈대 상자를 건지면서 아기를 발견하게 되지요. 그리고는 '물에서 건져내었다'라는 뜻의 '모세'라는 이름을 지어 줍니다. 그리고 아기는 자라서 그 이름의 뜻처럼 자신의 민족을 애굽에서 건져내는 인물이 됩니다.

이렇게 바로의 궁에서 왕자로 자라게 된 모세는 40세가 되기까지 당시의 최신 교육과 문물들을 접합니다. 역사적인 사료에 대한 해석의 차이가 있지만, 당시 모세도 왕권 후보였을 것입니다. 세상 권력의 중심에 서 있었다는 말이죠. 그러던 어느 날 애굽 사람이 자신의 민족인 히브리 사람을 치는 것을 보고 자신도 애굽 사람을 쳐서 죽이게 됩니다. 이것이 탄로 나서 모세는 미디안 광야로 도망치게 되고, 거기서 인생의 제 2막이 열립니다.

40세부터 80세까지 모세는 십보라와 결혼하여 타국에서 나그네처럼 살아갑니다. 애굽의 왕위 계승자 중 한 명이었던 모세가 황량한 광야에서 장인의 양 떼를 치는 목자가 되었습니다. 왕자가 목자가 되어 40년의 시간을 보냅니다. 애굽에서의 영광은 까마득한 일이 되었고, 자신에게 그런 인생이 있었는지 반추하는 것조차 부질없는 일이 되어버렸을 바로 그때, 모든 인간적인 힘과 세상 권세가 다 사라진 그때, 하나님은 모세를 부르십니다. 가장 높아져 있을 때 부르시지 않고, 낮아지고 낮아져서 더이상 낮아질 수 없을 때 부르십니다. 불이 붙은 떨기나무에서 모세를 만나시고 격려하시며 사명을 주십니다. 모세 인생 3막의 시작입니다.

이제 모세는 하나님의 손에 붙들려 애굽 왕 바로 앞에 서서 말씀을 전합니다. 그리고 그의 지팡이는 하나님의 이적을 일으키는 도구가 되고 그의 말과 행동은 마치 바로에게 '신'같이 됩니다(출 7:1). 열 가지 재앙을 통해 애굽의 거짓 우상들을 물리치고 참 신이 하나님뿐임을 분명히 합니다. 특히 마지막 열 번째 재앙을 통해 생명의 주인이 누구인지 바로에게 보이심으로 자신의 백성들을 애굽에서 이끌어내시는 것입니다.

이스라엘 백성들은 애굽에서 나오면서 빈손으로 나오지 않고 그 땅의 백성들에게 금은보화를 받아서 나옵니다. 이 재물들은 정당하지 못한 노예 생활을 한 대가이면서 동시에 성막에 쓰일 물건들을 위한 것입니다. 유월절을 지키고, 구름기둥과 불기둥을 따라 이동하여 하나님의 산에 도착합니다. 모세를 만나실 때 떨기나무를 태우셨던 하나님이 이번에는 산을 태우십니다. 그곳에서 하나님과 백성이 언약을 맺고, 십계명의 두 돌판을 받습니다. 중간에 백성들의 마음이 돌아서는 바람에 금송아지 우상을 섬기기도 하여 언약이 깨어질 뻔하지만, 위대한 중보자 모세의 기도를 통해 다시 두 돌판을 받습니다. 이후 성막을 만들고 레위기의 제사제도들과 두 번째 유월절을 지키며 장로 70인을 뽑습니다. 나라의 기틀을 잡아가는 것이죠. 노예에서 하나님 나라의 백성으로 변화하고 성장해 갑니다.

그렇지만 좋은 일만 일어나지는 않았습니다. 백성들의 계속되는 불평과 불만은 결국 하나님께서 채워주셨지만, 그럼에도 불구하고 좋은 징조는 아닙니다. 그들은 하늘에서 만나와 메추라기를 먹었지만 불평했고, 모세의 리더십을 불신했습니다. 민수기 12장에 등장하는 미리암의 불신은 하나님의 진노를 일으켰습니다. 여기서 모세에 대한 하나님의 평가를 살펴볼 수 있습니다.

> 이르시되 내 말을 들으라. 너희 중에 선지자가 있으면 나 여호와가 환상으로
> 나를 그에게 알리기도 하고 꿈으로 그와 말하기도 하거니와
> 내 종 모세와는 그렇지 아니하니 그는 내 온 집에 충성함이라.
> 그와는 내가 대면하여 명백히 말하고 은밀한 말로 하지 아니하며
> 그는 또 여호와의 형상을 보거늘(민 12:6-8a)

하나님께서 직접 하신 평가입니다. 또 성경은 모세를 "이 사람 모세는 온유함이 지면의 모든 사람보다 더하더라"(민 12:3)라고 말합니다. 아마 모세가 아니라면 어느 누가 이스라엘 백성들을 이렇게 출애굽시킬 수 있었을까요? 물론 하나님께서는 다른 사람을 들어서 사용하실 수 있습니다. 출애굽은 모세 개인의 능력이 아닌 하나님의 능력입니다. 그렇지만 하나님의 평가를 들어보십시오. 위대한 인물, 겸손의 사람, 한 시대의 영적 거인인 모세를 하나님께서 얼마나 사랑하시는지 느껴지지 않습니까?

그런데 모세의 삶을 보면 이해하기 어려운 점이 있습니다. 바로 이렇게 대단하고 위대한 모세가 약속의 땅 '가나안'에 들어가지 못했다는 점입니다. 정탐꾼 12명을 보내고 그들의 보고를 받을 때 여호수아와 갈렙을 제외한 다른 정탐꾼들은 모두 '불가능'을 말했습니다. 그 땅의 거민들은 거인 같아서 우리는 안 된다는 것입니다. 그 말 속에는 '하나님도 안 된다'는 불신앙이 깔려있었습니다. 열 가지 재앙을 보았고, 하늘에서 매일 만나가 떨어졌으며, 고기가 먹고 싶다 할 때 메추라기를 내려 주셨습니다. 홍해가 갈라지는 것을 보았고, 반석이 깨져 물이 나오는 것도 보았습니다. 그런데도 백성들은 '안 된다'는 것입

니다. 하나님은 이런 백성의 불신앙에 대한 대답으로 "너희 말이 내 귀에 들린 대로 내가 너희에게 행하리니"(민 14:28)라고 하시며 광야에서 40년을 방황케 하십니다. 여호수아와 갈렙을 제외한 모든 이스라엘 백성 1세대가 전부 광야에서 엎드러졌고 바로 여기에 모세도 포함이 된 것입니다. 이를 위해 모세가 간절히 기도하지만 하나님은 "그만해도 족하니 이 일로 다시 내게 말하지 말라"(신 3:26) 하십니다.

언뜻 보기에는 이해하기가 어렵습니다. 성경에 분명한 설명이 없기에 더욱 그렇습니다. 모세의 삶을 돌아보며 그 이유를 생각해 본다면, 먼저 첫 번째 이유는 모세가 하나님의 종으로써 불순종한 때가 있기 때문일 것입니다. 반석에서 명하여 물을 내라 하셨는데 지팡이로 두 번을 내리치며 명하였습니다. 백성들 앞에서 하나님의 영광을 드러내고 그분의 말씀이 이루어지는 것을 보여야 함에도 불구하고 자신의 성정대로 행한 것입니다. 두 번째 이유는 모세의 사명이 여기까지였기 때문입니다. 즉 가나안 땅에 들어가 전쟁을 치루며 땅을 차지하는 사명은 '여호수아'에게 주어진 것입니다. 마치 다윗의 사명이 전쟁을 통해 약속의 땅을 차지하는 것이기에 손에 피를 흘려야 했고 그래서 성전을 지을 수 없었던 것처럼, 모세의 사명도 가나안 땅에 들어가기 전까지 백성들을 준비하는 것까지였습니다.

모세는 가나안 땅에 들어가지는 못했지만, 그 누구보다 약속의 땅에 어울리는 사람이었습니다. 그는 삶의 마지막까지 하나님을 사랑하고 백성들을 사랑했습니다. 느보산에서의 마지막 설교와 축복의 노래는 영원토록 하나님의 백성들이 가슴에 새겨야 할 말씀입니다.

여호수아

모세가 죽었습니다. 그는 80세의 나이에 여호와의 지팡이를 들고 200만 명에 가까운 이스라엘 백성을 출애굽시킨 인물이었습니다. 하나님과 얼굴을 대면한 사람, 온 지면에서 가장 온유한 사람, 40년 동안 하나님과 이스라엘 백성 사이에 서 있던 사람 모세를 이제는 더 볼 수 없습니다. 이스라엘 백성에게 이 사건은 어마어마한 충격이었을 겁니다. 인간적으로 모세를 대체할 수 있는 사람, 대체할 수 있는 방법은 없습니다. 그러나 하나님은 여호수아를 세우시고 '모세와 함께 있었던 것 같이 여호수아와 함께' 있어 주십니다. "내가 너와 함께 하며 약속한 땅을 백성들에게 줄" 것이라고 약속하십니다(수 1:5-6). 사람은 바뀌어도 하나님의 약속은 변하지 않습니다. 모세가 위대한 인물인 것은 분명하지만, 하나님의 약속은 사람이 이루는 것이 아니고 하나님이 이루신다는 것을 여호수아를 통해 다시 한번 보여줍니다. 이것은 3,500년이 지난 지금도 마찬가지입니다. 하나님은 신실하셔서 변하시지 않습니다. 이스라엘의 삶도, 성도의 삶도 하나님이 이끌어 가십니다.

이렇게 여호수아서는 그 주도권이 하나님께 있음을 분명히 합니다. 이것을 가장 잘 보여주는 본문이 5장 마지막에 나오는 '칼을 든 여호와의 군대 대장' 사건입니다. 여호수아가 여리고에 가까이 갔을 때 한 사람이 칼을 들고 서 있습니다. 여호수아는 이렇게 묻습니다. "너는 누구의 편이냐?" 그러자 그는 이렇게 대답합니다. "나는 이쪽 편, 저쪽 편이 아니고 여호와 하나님의 편이다!" 그때 여호수아가 즉시 얼굴을 땅에 대고 엎드려 말씀을 듣습니다. 즉 이 전쟁은 여호수아와 여리고의 싸움이 아니라 하나님의 싸움이라는 것입니다. 하나님이 내 편에 서시는 것이 아니라, 내가 하나님 편에 서는 것! 이것을 가장 잘 보여주는 전쟁이 '여리고 성 전투'입니다. 또 이것을 못했을 때를 보여주는 전쟁이 바로 '아이성 전투'입니다. 여호수아의 지도 아래 이스라엘은 약속의 땅을 차지하기 시작합니다. 재미있는 것은 정복 전쟁이 여호수아 12장에서 끝난다는 점입니다. 13장부터는 정복하지 못한 지역들이 나옵니다. 그리고 요단 동편부터 시작해서 요단 서편까지 땅을 분배합니다. 하나님이 창세기 12장에서 아브라함에게 약속하신 언약이 몇 백 년을 지나 성취되고 있습니다. 하나님은 자신의 언약을 잊지 않으시고 결국 이루어 내십니다.

이제 중요한 것은 이스라엘이 '남은 땅을 믿음으로 순종하여 정복할 것인가, 아니면 여기서 만족하고 가나안 민족과 같이 살 것인가'입니다. 하나님은 분명히 가나안 땅 백성들을 진멸(헤렘)하라고 명령하셨는데, 철 병거를 가지고 있고 군사가 많은 지역에는 이스라엘이 쳐들어가지 않습니다(수 17:16,18). 살만한 땅을 얻었으니 이제는 힘든 전쟁은 피하겠다는 것입니다. 이것이 두고두고 이스라엘의 발목을 잡습니다. 여호수아가 늙어 고별설교를 할 때 이 부분을 언급합니다. 율법을 지킬 것이며 남아있는 가나안 백성과 함께 하지 말고 그들과 결혼하지 말라고 선을 긋습니다. 그리고 모세가 그랬던 것처럼 백성들과 다시 언약을 맺습니다(수 24:25–28).

그 날에 여호수아가 세겜에서 백성과 더불어 언약을 맺고
그들을 위하여 율례와 법도를 제정하였더라(수 24:25)

부평초처럼 떠돌던 이스라엘에게 정착할 땅이 생겼습니다. 꿈에도 그리던 젖과 꿀이 흐르는 가나안 땅입니다. 이제 성경은 가나안 땅에서 이스라엘이 과연 하나님의 백성답게, 언약 백성답게, 제사장 나라답게 살아가는가에 초점을 맞춥니다.

너희들은
여리고로 들어가
성 주변을 속속들이
조사하라.
예.
가나안에
들어갈 날이
가까이 왔구나.
성의 둘레와 문의 크기,
지키는 군사 규모, 보초
교대 시간은 점심 식사 후,
출입구는 하나.
응?
이봐.
거기 수상한 놈
이리와!
이크~
도망가자!
숨을 곳을
찾아 도망쳐!
왼쪽
골목으로
들어가!
아, 막다른
골목이다!
그때 라합이라는
기생이 그들에게
말을 걸었어요.
여보세요.
당신들 앞에 있는
문으로 빨리
들어오세요.

여리고 병사들이 곧
따라올 테니
당신들은 지붕 위로
숨으세요.
알겠소.
감사합니다.
멀어지는 병사들의 뒷모습을 확인한 라합은
문을 잠그고 지붕 위로 올라갔어요.
그들이 갔어요.
고맙소. 덕분에
살았습니다.
우리를 왜
돕는 것이오?
쫓기는 것을 보고
당신들이 이스라엘
사람이라는 것을
알았어요.
당신들이 이 성을 차지할 때 오늘
내가 베푼 은혜를 기억하여 우리
가족을 살려주시길 바랍니다.
절대로 잊지
겠습니다.
이 창문이
성 밖으로
바로 연결되어
있어요.
쉽게 나갈 수
있겠군요.
며칠간은 저들의 수색이
계속 될 테니 조용해질 때까지
앞에 보이는 산 속에
숨어 있다가 돌아가세요.

여호수아

요단강을 건너가다

여호수아 3:1~4:24

제사장들은 언약궤를 앞세우고 요단강으로 출발하라.
자! 가자!
제사장들이 요단강물을 향하여 발을 내밀었어요.
첨벙
그러자 거세게 흐르던 물이 멈추고 마른 땅이 드러나 길을 냈어요.
언약궤를 맨 제사장들은 백성들이 다 건널 때까지 요단강 중간에서 기다려라.
백성들은 저 언약궤를 따라 어서 건너가라.
저… 저것 봐. 요단강에 길이 생겼어.
꿈이냐, 생시냐?
백성들은 놀라움을 진정시키지 못한 채 요단강을 건넜어요.
아버지에게 말로만 듣던 모세의 기적을 내가 경험하다니…
하나님이 놀라운 기적을 우리에게 보여주신 거야.
이스라엘 백성들이 안전하게 길을 모두 건넜어요.
야호~ 무사히 여기까지 도착!

여호수아

요단강을 건널 때 제사장이 머물렀던 자리에서 각 지파의 수대로 돌 열두 개를 가져다가 각 장막에 놔두고 언약궤가 멈추었던 자리에도 열두 개의 돌로 탑을 쌓아라!
열두 개의 돌이 요단강 가운데 언약궤가 있는 곳에 세워졌어요.
저… 저것 봐라. 이스라엘 사람들이 요단강을 걸어서 건넌다.
저들이 믿는 하나님은 정말 대단한 신인 것 같다!
제사장들이여! 이제 그대들도 언약궤를 메고 어서 나오시오!
제사장들이 언약궤를 메고 나오자 강물이 다시 흐르기 시작했어요.
저… 저것 봐라. 강물이 다시 흐르고 있어!
콰아아
하나님의 놀라운 기적이야.

여리고 성이 무너지다

여호수아 5:1~6:25

이스라엘 백성들은 길갈에서
유월절을 지켰어요.
유월절 이튿날에는 길갈에서 곡식과 과일을 얻었어요.
이 풍성하고 기름진 곡식을 봐요.
과일도 이렇게 많이 있어요.
이제 여호와가 만나를 더 이상 내리지 않으시겠다는 얘기!
여호수아가 여리고에 더욱 가까이 다가간 어느 날,
여호수아 앞에 칼을 든 한 사람이 나타났어요.
너… 너는 누구냐? 우리 편이냐? 적의 편이냐?
나는 여호와의 군대 장관이니 너는 놀라지 말라.
네 발에서 신을 벗으라! 네가 선 곳은 거룩한 곳이니라.
내가 너에게 여리고 성을 빼앗는 방법을 알려주겠다.
여호수아는 제사장을 불러 여호와의
군대 장관이 알려준 여리고 함락 작전을
이야기했어요.

그러니까 저희 군대가 제일 앞에 서라는 말인가요?
우리 일곱 제사장은 각각 양각(양뿔) 나팔을 불며 그 뒤에 서고
그 뒤를 네 명의 제사장이 언약궤를 메고 따른다구요?
그리고 백성들이 그 뒤를 따르고요!
그 순서대로 여리고 성을 한 바퀴씩 엿새 동안 돌고 일곱째 날에는 일곱 바퀴를 돌아 한 목소리로 함성을 질러야 합니다!
그러면 여리고 성이 무너진다 하였소.
소리지르는 것이라면 나도 한소리 해유.
염려 마세요. 제가 칠 옥타브는 올라가니까요.
내가 함성을 지르라고 명하기 전엔 절대 소리를 내서는 안 될 것이오!
다음 날 여리고 성에 도착한 이스라엘 군대는 여호수아의 지시대로 침묵하며 하루에 한 바퀴씩 성을 돌았어요.
쟤네들 지금 뭐하는 거야?
저러고 있으니까 더 무섭잖아.
쟤들이 우리를 저주하고 있는 거야.
뿌우우

다음 날도 이스라엘 군대는 아침 일찍 일어나 여리고 성을 돌았어요.
한 바퀴! 두 바퀴!
뿌우
여섯! 일곱 바퀴다! 이스라엘아, 일제히 함성을 외쳐라!!
와아아
이스라엘 군대의 함성 소리에 튼튼하던 여리고 성이 힘없이 무너져 내리기 시작했어요.
크윽~ 이건 이스라엘 하나님의 저주다!!
서… 성이 무너진다!
쿠르릉
와르르릉

성이 무너져 내렸다.
성 안에 있는 것은 모두
없애버리겠다.
돌격!
너희는 라합을 찾아가서
그의 가족들을 우리
진으로 데려오너라.
예, 알겠습니다.
붉은 줄이라고
했지?
이스라엘 백성들아,
성 안의 모든 금과
은과 구리, 철은
여호와의 것이다.
여호와의 진으로
가져오고 하나라도
너희 것으로
취하지 말라!
아간의 범죄
여호수아 7:1~26
아간이라는 사람이
하나님의 말씀을 듣지않고
몇 가지 물건들을 감추었어요.
외투 한 벌,
은 이백 세겔, 오십 세겔
무게의 금덩이 하나,
흐흐흐!
그리고 여리고 성은 불바다가 되었어요.
여리고 성이
불탄다!
누구든지 이 성을 다시
세우고자 하면 그는
여호와께 저주를
받으리라!
온 세상이
여호수아의 명성에
무릎 꿇은 순간.
여호수아는 다시 아이 성으로
두 명의 정탐꾼을 보냈어요.
그곳의 사정을
잘 보고 오너라.

정탐꾼은 아이 성을 돌아본 뒤 여호수아에게 보고했어요.
삼천 명이 올라가면 충분하겠군.
예, 백성들까지 올라가 고생할 필요가 없을 것 같습니다.
당근! 힘든 여정이 계속될 텐데 쉴 때 쉬어야지…
그러나 그들의 생각은 여지없이 무너졌어요. 당당하게 올라갔던 이스라엘 병사들은 크게 지고 도망쳐왔어요.
이스라엘 병사들은 겁쟁이들이냐!
상대가 안 될 땐 도망치는 게 상책이다!
여호수아는 예상치 못한 패배에 장로들과 함께 언약궤 앞에 무릎을 꿇었어요.
하나님, 이스라엘 백성이 적에게 패하여 도망쳐 왔으니 제가 무슨 말을 하리이까.
여리고 성을 정복할 때에 내게 바치라 한 물건을 훔친 자가 있다. 그를 잡아 멸하기 전에는 내가 너희와 함께 하지 않으리라.
패배의 원인이 거기에 있었구나!
여호수아는 백성 중에서 하나님의 물건을 훔친 아간을 찾아냈어요.
훔친 물건을 장막 안 땅 속에다 묻어두고 있었습니다.
제… 제가 죽을 죄를 지었습니다. 흑흑…

네가 어찌 여호와께 범죄하여 우리 백성들이 적들에게 패하게 하였느냐!
당장 아간과 그 가족을 골짜기로 끌고 가 돌로 쳐죽이고 불사르라!
옙!!
꺼흑~ 내가 왜 그런 짓을 해가지고…
두 번째 아이 성 공격
여호수아 8:1~35
여호수아가 하나님의 말씀을 듣고 족장들을 다시 소집했어요.
우리가 정면 공격을 했다가 후퇴하면 아이 성 사람들이 쫓아 나올 것이오!
그 때 뒤쪽에 숨어 있던 저희가 성으로 들어가 그곳을 불 지르고 점령하고,
옆에서 숨어 있던 저희는 여호수아님의 군대와 연합하여 아이 성 군대를 처치하는 것이란 말이죠?
그렇지!
이것은 작전이 아니라 완전 예술입니다.
그리고 아이 성에서 탈취한 물건은 모두 우리가 나누라 하셨소!
와 신난다
야자

여호수아

우리는 싸우지 않고 적들이 성에서 나오도록 유인만 하는 것이다.
적들이 또 몰려온다. 오늘은 한 놈도 남기지 마라. 아이 성의 매운 맛을 보여주마.
앞으로 진격!
아이 성 사람들은 여호수아의 유인책에 말려들어 갔어요.
저 꽁무니 빼는 것 좀 봐라.
하아
나왔다. 후퇴하라!
지금이다! 아이 성을 정복하자. 들어가는 즉시 온 성에 불을 질러라!
그때 숨어 있던 군사들이 아이 성으로 뛰어들었어요.
왕이시여! 우리 성이 불타고 있습니다. 우리가 속았습니다!
퇴각하던 아이 성의 왕과 병사들은 여호수아 군대에 완전히 패하고 말았어요.
이제는 갈 곳이 없습니다.
여기가 내 무덤이 될 줄이야.

하늘에 멈춰선 해와 달

여호수아 9:1~12:24

여호수아

이스라엘은 즉시 진을 출발해서 기브온에 도착하자마자 침략자들을 크게 무찔렀어요.
기브온이 우리의 종인 줄 알고도 침략했으니 가만 안 두겠다.
으악! 기습의 천재들!
우리의 종을 건드린 대가다!
침략자들은 오히려 도망치기 시작했고, 벧호론의 골짜기에 다다랐을 때 하늘에서 우박이 내려서 그들을 벌했어요.
우… 우박이다.
엄마야!
우악! 이건 우박이 아니라 쇠뭉치다!
으악! 사람 살려~
머리를 막는 방패조차 무용지물!
벌써 해가 지는구나. 전쟁은 아직 끝나지 않았는데…
태양아! 달아! 너희는 사라지지 말고 우리를 지켜주어라!

하나님께서 여호수아가 외치는 소리를 들어주셔서 이스라엘은 큰 승리를 거두었어요.
여호수아, 이번 전쟁을 일으킨 다섯 나라의 병사들을 모두 물리쳤습니다!
수고했다! 다섯 왕들을 반드시 찾아라!!
어느덧 많은 시간이 지나고 그에 따라 이스라엘의 땅도 사방으로 넓어졌어요.
계속 밀어붙여!
모든 전쟁이 끝나고 이스라엘 백성들은 하나님께 감사의 제사를 드렸어요.
이 모든 땅을 우리에게 주신 것을…
감사드립니다.
지금까지 점령한 성이 모두 서른한 개나 되는데 이 땅을 어떻게 하실까?
각 지파별로 분배하신다잖아.
가나안 땅의 분배
여호수아 13:1~24:30
여호수아도 나이가 들어 많이 늙었어요.
이젠 나도 한계가 왔소.
지금 추진력이 붙어 한창 잘 나가고 있는데…
여호수아의 후계자 문제는…
하나님의 뜻을 따라 지금까지 점령한 땅을 지파별로 분배하겠소!
기대! 기대!
궁금! 궁금!

하나님 나라 신학으로 보는 가나안, 그리고 땅의 개념

'땅'은 인간이 살아가는 데 있어서 가장 중요한 요소라고도 할 수 있습니다. 인간이 두 발로 일어서서 걷는다는 것은 '땅'이라는 토대가 있어야만 가능합니다. 하나님께서 태초에 온 우주 만물을 창조하시면서 땅과 하늘과 바다를 나누셨습니다. 그리고 태초의 인간을 땅에 두셨습니다. 그 인간이 땅에서 살면서 하는 일은 땅을 지키며 풍성하게 하는 것이었습니다. 시간이 지나 하나님께서 믿음의 조상 아브라함을 찾아오시면서 하셨던 약속도 "땅을 주겠다"는 것이었습니다. 아브라함은 기근이 찾아올 때마다 다른 지역들로 피했지만 이방 땅에서 결국 아내 사라를 누이라고 속여야 하는 일들이 발생했고, 결국에 다시 약속의 땅으로 돌아왔습니다. 그리고 자신의 약속의 자녀인 이삭의 아내를 구할 때도 자신이나 자신의 아들이 직접 가지 않고 믿을 수 있는 종을 보냅니다. 자신과 자신의 아들(이삭)은 이 약속의 땅을 벗어나지 않겠다는 믿음입니다. 이후로 아브라함의 후손들은 모두 약속의 땅을 중심으로 인생이 흘러갑니다. 아브라함과 하나님의 언약에서 '땅'은 그야말로 핵심적인 매개체라고 할 수 있습니다.

야곱 대에 이르러서 이 언약에 큰 위기가 찾아옵니다. 요셉이 애굽에 있다는 소식을 듣게 되었고 가뭄이 한동안 계속될 것이며, 그래서 애굽으로 모든 식솔을 이끌고 내려가야 하는 상황이 된 것입니다. 창세기 46장에는 그렇게 약속의 땅을 떠나 애굽으로 내려가는 야곱의 심정을 헤아리시는 하나님 아버지의 위로가 소개되고 있습니다. 그뿐 아니라 약속을 신실하게 지켜주시겠다고 다시 한번 다짐해 주십니다.

이스라엘이 모든 소유를 이끌고 떠나 브엘세바에 이르러
그의 아버지 이삭의 하나님께 희생제사를 드리니
그 밤에 하나님이 이상 중에 이스라엘에게 나타나 이르시되
야곱아 야곱아 하시는지라 야곱이 이르되 내가 여기 있나이다 하매
하나님이 이르시되 나는 하나님이라 네 아버지의 하나님이니
애굽으로 내려가기를 두려워하지 말라 내가 거기서 너로 큰 민족을 이루게 하리라
내가 너와 함께 애굽으로 내려가겠고 반드시 너를 인도하여 다시 올라올 것이며
요셉이 그의 손으로 네 눈을 감기리라 하셨더라(창 46:1-4)

야곱이 특별한 기도를 하기도 전에 하나님께서는 야곱의 두려움을 알고 계셨습니다. 노년의 몸으로 아버지와 할아버지의 기업이었던 그 약속의 땅을 떠나는 것이 야곱에게 얼마나 큰 두려움이었는지, 그리고 그렇게 두렵지만 요셉을 보기 위해 길을 나서야만 했던 야곱의 애정과 그리움이 얼마나 컸는지도 하나님은 이미 아셨던 것입니다. 그래서 하나님께서는 야곱에게 "두려워하지 말라"(3절) 하시면서, "민족"(거기서 너로 큰 민족을 이루게 하리라)과 "땅"(너를 인도하여 다시 올라올 것이며)에 대해서도 분명한 약속을 주십니다. 뿐만 아니라, 요셉이 야곱의 눈을 감길 것이라는 선물과도 같은 말씀을 주십니다.

요셉이 가나안 땅을 떠나 형들에게 팔려 애굽으로 가게 된 것은 생명을 살리시기 위한 하나님의 준

비였습니다. 430년이라는 시간이 지나자 결국 야곱의 후손들은 출애굽 하여 약속의 땅으로 돌아옵니다. 아브라함의 후손들이 약속의 땅을 얻게 되는 것입니다. 그래서 이스라엘이 땅을 차지하는 일은 사실상 '유산'을 받는 것이고, 하나님과의 관계가 이어지는 것입니다. 심지어 이방 여인 라합도 하나님이 약속하신 땅을 차지하기 위해 이스라엘이 오는 것을 알 정도였습니다(수 2:9). 출애굽기는 이 약속의 땅으로 첫 발을 내딛는 이야기입니다. 레위기는 그 약속의 땅에 들어가서 하나님과 만나는 방법(제사)을 담고 있습니다. 민수기는 이 땅으로 가는 여정이며, 동시에 백성 개개인이 땅을 소유할 수 있는 방법을 이야기합니다.

여호수아서는 이 약속의 땅을 차지하고 정결하게 하는 이야기입니다. 백성들이 스스로의 힘으로 차지한 땅이 없습니다. 여리고 성 전투와 아이 성 전투가 이것을 가장 잘 보여줍니다. 이들이 전쟁에서 얻은 땅을 잘 지키고 경작하고 풍성하게 하려면 율법을 지켜야 했습니다(수 2:9–1). 하나님께서는 백성들이 차지한 땅의 첫 소산물을 요구하십니다. 훗날 남유다가 바벨론에 멸망 당하지만 70년 포로 세월 이후 다시 약속의 땅으로 돌아옵니다. 그리고 가장 먼저 행한 일이 그 땅의 중심에 '성전'을 세우는 것이었습니다.

이와 같이 땅은 하나님이 천지를 창조하시던 때부터 인간과는 떼려야 뗄 수 없는 관계입니다. 또 땅은 하나님의 백성이 언약으로 받아 반드시 지키고 누려야 했던 기업입니다. 대대로 땅을 물려주었고, 아무도 이 땅을 함부로 사고팔 수 없었습니다. 또 백성들은 이 땅에서 하나님의 영광과 임재의 상징인 '샬롬(안식)'을 드러내야 하는 사명이 있는 것입니다.

신약시대로 넘어와 물리적인 땅의 경계는 사라지고 주님만이 남으셨습니다. 예수님은 벽돌 성전을 허무시고 자신의 육신으로 새 성전을 지으셨습니다. 땅의 경계가 상징했던 '왕의 통치'는 성령과 함께 살아가는 모든 새 백성들이 그들의 발로 밟는 모든 땅으로 확장되었습니다. 즉 신약의 성도는 자신이 밟고 서 있는 그 땅에 하나님의 통치와 정의와 사랑이 드러나게 하는 사명을 가진 자들인 것입니다.

사사기

사사기는 여호수아가 죽은 뒤부터 사무엘 선지자가 태어나기 전까지의 기간을 다루고 있습니다. 약속의 땅을 차지하는 큰 전쟁들은 이제 끝났습니다. 각 지파는 약속의 땅을 기업으로 받았습니다. 아직 그 가운데 정복하지 못한 땅들을 진멸해야 하는 숙제가 남아있긴 했지만 여리고성 전투가 그랬던 것처럼 하나님이 함께 하실 것이기에 이뤄낼 수 있는 과제입니다.

유다 지파와 시므온 지파는 연합해서 가나안 족속과 싸워 예루살렘과 헤브론을 정복합니다. 요셉 자손들도 벧엘을 공격해서 정복합니다. 믿음으로 전쟁을 치르러 가면 하나님께서 승리를 주셨습니다. 그런데도 여전히 점령하지 못한 땅들이 남아있습니다. 여호수아의 권면대로 하나님이 약속하신 땅에 선택하신 백성들만 머물러야 하는데 그렇게 하지 못하고 이방 민족과 함께 살게 된 것입니다.

이것은 가나안 땅에 하나님의 다스림이 완전히 선포되지 못했다는 것을 의미합니다. 결국 이스라엘 백성은 하나님만 사랑하고 그 말씀에 순종하는 삶에 실패합니다. 이제 이스라엘 백성은 하나님의 말씀이 아니라 자신들이 원하는 대로 살기 시작하고, 마지막엔 이방인들보다 못한 모습이 됩니다. 그래서 사사기에서 가장 핵심적인 말씀이 "그때에 이스라엘에 왕이 없으므로 사람이 각기 자기의 소견에 옳은 대로 행하였더라"(삿 21:25)입니다.

사사들의 시대에 총 12명의 사사들이 등장하는데요. 이들의 역할은 이방의 압제 속에서 이스라엘을 구원하는 것입니다. 즉 사사 시대는 하나님께서 사사들을 통해 이스라엘을 다스리시고 구원하신 시대라고 할 수 있습니다. 흥미롭게도 사사기에서 반복되는 패턴이 하나 있습니다.

이스라엘의 범죄 → 하나님의 진노 → 이방의 압제 → 이스라엘의 부르짖음 →
사사를 세우셔서 구원 → 평안한 기간 → 이스라엘의 재범죄

이 패턴이 사사기에서 6번 반복되는데 그냥 반복이 아니라 점점 깊이 타락해가는 '나선형 구조(spiral cycle)'로 반복됩니다.

첫 사사는 옷니엘입니다. 이스라엘을 유혹한 이방 신의 대표로는 '바알'을 들 수 있습니다. 약속의 땅에서 농사를 시작한 이스라엘에게 가장 중요한 것은 비였습니다. 그런데 이방 민족들은 바알이 비를 주관한다고 믿었고, 이스라엘이 이러한 우상숭배 사상을 받아들이기 시작했습니다. 우상을 숭배

하는 이스라엘을 하나님께서 메소보다미아 왕 구산 리사다임의 손에 넘겨주십니다. 고통 가운데 백성들이 여호와께 부르짖자 사사 옷니엘을 보내셔서 구원해 내십니다. 옷니엘은 가장 모범적인 사사로서 모든 사사들의 귀감이 되는 인물입니다.

그런데 옷니엘이 죽자 이스라엘은 다시 우상숭배에 빠지고 똑같은 패턴이 반복됩니다. 몇 명의 사사들이 계속해서 이스라엘을 구원하고, 다시 타락합니다. 그러다가 기드온이 사사로 세움을 받습니다. 반항적이고 의심이 많은 기드온의 집은 우상숭배의 중심지였습니다. 그곳에서 바알의 제단과 아세라의 우상을 찍고, 두 번에 걸친 양털 사건(삿 6:36-40) 이후 용기를 얻어 전쟁에 나갑니다. 그리고는 300명의 용사들과 함께 전쟁을 대승리로 이끌었습니다. 그런데 사사인 기드온이 점점 타락합니다. 자신의 아들 이름을 '아비멜렉'(나의 아버지는 왕이다)이라고 지은 것을 보면 그가 어떤 생각을 가졌는지 알 수 있을 것 같습니다. 결국 기드온이 죽고 아비멜렉이 왕의 자리에 오르려 하자 이스라엘에 분쟁이 일어나고 아비멜렉은 비참하게 죽습니다. 이 사건 이후로 "그 땅이 평안했다"는 말이 사사기에서 다시 나타나지 않습니다.

사사기의 '나선형 구조'(spiral cycle)

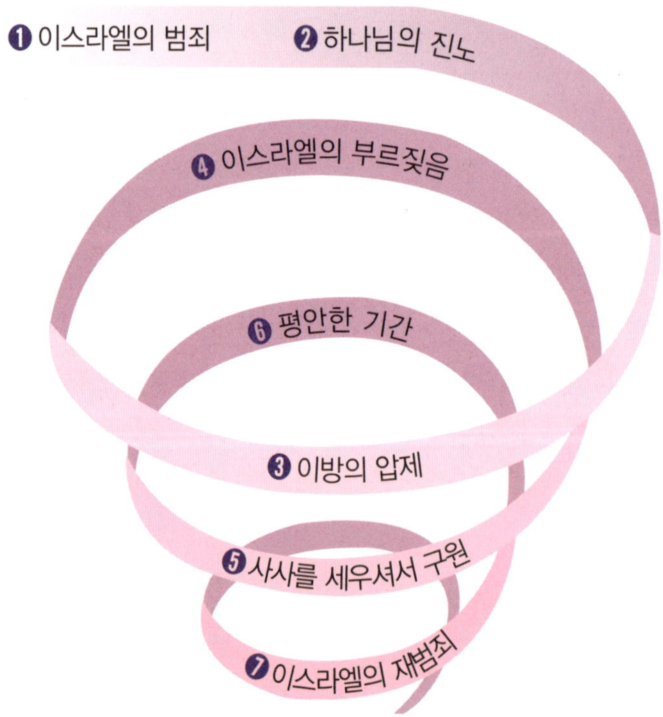

계속해서 반복되는 타락의 패턴 속에 그 유명한 삼손이 사사로 세움을 받습니다. 여기서 또 한 가지 특징은 이방에게 압제를 받을 때 이스라엘은 늘 여호와 하나님께 부르짖었었는데, 삼손 시대부터는 부르짖는 모습이 등장하지 않는다는 것입니다. 이제는 기대도 하지 않는 것 같습니다.

하나님께서 먼저 사자를 보내셔서 삼손의 출생을 알려주십니다. 그런데 나실인으로 세움받은 삼손은 나실인답게 살지 않습니다. '여호와의 영'이라는 말이 사사기에 7번 등장하는데 그중 4번이 삼손에게 쓰입니다. 그런데도 삼손은 여자를 따라다니고 자신의 욕망에 따라 삽니다. 결국 그의 마지막은 두 눈이 뽑혀 블레셋 사람들과 함께 죽는 모습으로 마치게 됩니다. 삼손을 끝으로 사사가 나타나지 않습니다.

사사기의 마지막에는 레위인 첩의 이야기가 나오는데, 더 타락할 수 없을 만큼 타락한 이스라엘의 영적, 육적 상태를 보여줍니다. 약속의 땅에서 창조주 여호와 하나님을 섬기는 선택받은 백성으로서의 모습은 단 하나도 보이지 않습니다. 왜 이렇게 가슴 아픈 모습이 되어버린 것입니까? 하나님께서 기쁘신 뜻 가운데 선택하신 이들이 왜 이렇게까지 되어 버렸을까요? "자기 소견에 옳은 대로 행하였기"(삿 17:6; 21:25) 때문입니다.

이것을 보고 괘씸하게 여기신 하나님께서 이스라엘 민족이 남긴 주변 나라들이 오히려 그들을 침략하여 괴롭히게 했어요.
너희를 죽이지 않고 살려 주었는데 왜 우리를 괴롭히는 거야~
그때는 우리가 살기 위해서 그랬지. 우리 땅을 다시 찾아야 할 거 아냐!
와~
우리 조상이 섬겼던 하나님! 우리 민족을 구원해 주세요!
하나님께서 이스라엘 백성들이 부르짖는 소리를 들으시고 옷니엘이라는 사사를 보내주셨어요.
너희는 올라가서 적들을 물리쳐라! 하나님이 너희와 함께 하신다!
메소보다미아 왕에게 지배 당한 지 벌써 팔 년, 싸우자!
옷니엘은 이스라엘 백성들과 함께 메소보다미아를 몰아내었어요.
옷니엘이 죽은 후 마음이 해이해진 이스라엘 민족은 다시 우상을 섬기며 하나님을 떠났어요.
바알이 비를 내려서 우리를 풍요롭게 해준대잖아.
그러니까 바알이 우리의 참 신이네.
이스라엘 백성들이 하나님 앞에 다시 악을 행하므로 하나님은 모압 왕이 그들을 탄압하게 했어요.
내가 이스라엘 백성들을 통치하며 공물을 받기를 이제 겨우 십팔 년!

오늘 공물
접수자는 오백 명
입니다.
좋아!
이스라엘 백성들이 다시 기도하자 이번에도 하나님은 에훗을 사사로 보내셨어요.
나는
왼손잡이 사사 에훗!
모압 왕을 없애고
이스라엘을 해방시키는
것이 내 임무! 바지
속에 칼을 숨겼지.
사사 에훗님,
꼭 성공하세요.
에훗, 우리에게
당신의 능력을
보여주세요.
힘내세요!
다음!!
예!
왕이시여!
제가 왕에게
긴히 드릴 말씀이
있습니다.
그게
뭔데?
단둘이만
얘기했으면
합니다.
얼마나
좋은 보물이길래
그러는 거냐. 저기 저
방으로 들어가자!
사사기
왕과 단둘이 있게 된 에훗이
숨겼던 칼을 뽑았어요.
윽~
이럴 수가…
나를 죽이려고
그랬구나!
알면 됐어!!
파앗

여자 사사 드보라

사사기 4:1~5:31

그러자 하나님은 그들을 하솔 왕 야빈에게
핍박받게 하셨어요.
야빈 왕께 공물을 바치라는데 이게 뭐야.
바칠 공물이 없어유. 살려줘유.
빠박
백성들의 탄식을 들으신 하나님께서 여선지자
드보라(꿀벌이라는 뜻)를 보내셨어요.
바락, 그대는 납달리 자손과 스불론 자손 만 명을 거느리고 다볼 산으로 가시오.
가나안 군대장 시스라에겐 철 병거가 구백 승이나 되는데 우리가 그들을 어떻게 이길 수 있겠습니까?
하나님이 시스라와 그 병거를 기손 강으로 끌어내서 그대 손에 주겠다고 하셨소.
당신이 나와 동행하시지 않는다면 나는 갈 수 없습니다.
염려 마시오! 하나님이 그대와 함께 한 것처럼 나도 그대와 함께 동행하겠소.
그럼 그렇게 하겠습니다.
전쟁이 시작되자 드보라의 말대로
시스라의 철 병거가 기손 강에 진을 쳤어요.

하나님께서 시스라를 당신 손에 붙이셨소. 군사들을 거느리고 내려가 저들을 물리치시오!
나는 이곳에서 그대와 이스라엘을 위해 기도하겠소.
적… 적들의 기습이다! 도망가라!
이스라엘 용사의 칼을 받아라!
큭~ 갑옷이 무거워서 제대로 싸워보지도 못했어.
챙 챙
분하다! 이곳이 내 무덤이 될 줄이야.
이게 왠 날벼락이야. 마차가 진흙에 빠지니까 쓸모없네.
그것을 지켜보던 드보라가 승리의 노래를 불러 그들을 축하했어요.
여호와여! 주의 적들을 모두 망하게 하시고 주를 사랑하는 자는 해가 힘차게 떠오르듯이 보호하소서!
아멘! 아멘! (그대로 이루어지길 원합니다.)
영원토록 주님만을 의지케 하소서.
이스라엘과 우리 민족을 축복하소서.
기손 강 전투에서 간신히 목숨을 건진 시스라는 도망치다가 야엘에게 잡혀 죽었어요.
그 후 이스라엘은 사십 년 동안 평온하게 지냈어요.

사사 기드온

사사기 6:1~7:25

사사기

여호와의 사자가 지팡이 끝을 제물에 갖다대자 제물에 불이 붙었어요.
제… 제물에 불이 붙었다.
그리고 하나님의 사자는 사라져 버렸어요.
앗!
어… 어떡하지? 내가 멋모르고 하나님의 사자를 얕보았는데…
기드온아! 두려워 말아라! 네가 죽지 않을 것이다.
하나님이 응답해 주셨다. 나를 용사로 부르신 거야!
기드온이 그곳에서 하나님께 제사를 드리고 이름을 지었어요.
여호와 샬롬! 평강, 평화… 이것이 이곳의 이름입니다.
그날 밤 기드온이 열 명의 종을 데리고 산 위에 있는 제단에 올라가 아세라 상과 바알 상을 부숴버렸어요.
쾅

이방신의 흔적을 남기지 말고 모두 부숴버려라!
아세라 상은 제가 망치로 부쉈습니다.
아이고 이 일을 어쩌나… 신이 노하시겠다.
그리고 그곳에 여호와를 위한 제단을 다시 만들고 칠 년 된 둘째 수소를 번제로 드렸어요.
하나님, 가장 값진 제물을 주님께 드립니다.
다음 날 미디안 사람이 다시 쳐들어 왔어요.
미디안 사람이 요단을 다시 건너 이스라엘 골짜기까지 쳐들어왔다.
이게 모두 바알 신을 부쉈기 때문이야.
바알 신에게 용서를 빌어야 해.
기드온이 그 소식을 듣고 이스라엘 지파들을 향해 나팔을 불었어요. 그러자 므낫세와 아셀과 스불론, 납달리 사람이 그를 따라왔어요.
뿌우우
그날 밤 기드온이 하나님께 기도했어요.
이스라엘을 구원하려 하신다면 양털 한 뭉치를 타작 마당에 두겠사오니 이슬이 양털에만 있고 주변 땅은 마르게 해주소서!
다음 날 아침 일찍이 기드온이 일어나 양털을 짰더니 한 그릇의 물이 나왔어요.

그러자 기드온이 다시
주여! 화내지 마시고 저에게 한 번만 더 증거를 보여 주소서. 이 양털은 마르고 주변 땅만 이슬에 젖게 하소서! 그리하시면 여호와께서 저를 부르신 줄 확실히 믿겠습니다.
다음 날 아침 일어났을 때 양털은 기드온의 기도대로 되어 있었어요.
물을 잘 빨아들이는 양털만 마르다니… 하나님을 확실히 믿겠습니다.
기드온과 삼만 이천 명의 용사들이 모레 산 앞 골짜기에 진을 쳤어요.
저렇게 많은 사람들과 싸우라구요?
싸움은 웬만큼 수가 맞아야 하는 거지. 이렇게 차이가 나면 무슨 수로 싸워!
힘들 텐데 정말 싸울 겁니까?
저들을 물리칠 방법은 하나님께서 알려 주실 것이오.
기도를 마치고 나온 기드온이 백성들에게 말했어요.
누구든지 싸우기가 두려운 사람은 돌아가시오.
정말 가도 돼요?
나도 올 생일상 차려먹어야겠어.

뭐하는 거야.
지금도 우리 군대의
숫자가 턱없이 부족한데
돌아가라니…
도대체
기드온의 생각을
알 수가 없어!
이제 남은 사람은
모두 나를 따르시오.
만 명뿐인데?
지원자들만
데리고
싸우자는
거구나.
남은 만 명을 데리고
기드온이 우물가로 갔을 때
였어요.
목이 많이 마를 것이니
이곳에서 물을
마시고 가자!
만 명이라는 인원이
다 마시려면 시간이
꽤 걸리겠는데.
이럴 때 적이
쳐들어오면
안 되는데.
졸졸
이들 중 손으로 물을 떠서 핥아
마신 용사는 삼백 명이었어요.
하나님이 부른
용사는 삼백 명이오.
그대들은 이제
여호와와 이스라엘을
위해 힘써 싸우시오.
그날 밤
작전 회의를
진행하겠소.
그대들은 세 개의
부대로 나누어
미디안에
들어가시오.
준비물은
나팔과 횃불과
빈 항아리요.
빈 항아리?
그게 무기야?

사사기

내가 먼저 들어가서 나팔을 불거든 그대들도 따라와서 나팔을 불고 이렇게 외치시오!
여호와와 기드온의 칼을 받아라!
밤이 되었어요. 기드온의 신호를 따라 삼백 명의 용사들이 한 손에는 나팔을, 한 손에는 횃불을 들고 미디안 군대를 기습했어요.
하나님과 기드온의 칼을 받아라!
내 항아리 좀 깨줘!
돌격 앞으로~!! 이스라엘 최정예 군사들의 칼을 받아라!
나팔 소리와 함성 소리, 그리고 항아리 깨지는 소리에 놀라 잠이 깬 미디안 군대는 정신도 못 차리고 자기들끼리 싸우기 시작했어요.
정신이 멍해 누가 적군인지 잘 모르겠다.
일단 아무나 죽어랏!
그 중에 일부가 살아서 도망갔으나 요단 나루터에서 에브라임 지파에게 멸망을 당했어요.
퍽
윽~ 다된 밥에 코 빠뜨린 다더니…
그 후 사십 년 동안 이스라엘은 평화로웠답니다.

기드온과 300 군사

여호수아가 죽고 이스라엘은 사사들이 통치하는 시기를 맞이합니다. 이 시기는 사무엘 선지자가 태어나기 전까지의 시기로 12명의 사사들이 다스리던 시대입니다. 그중에서도 가장 유명한 사사를 꼽으라면 삼손과 기드온이 뽑힐 것 같습니다.

특별히 기드온은 사사들 가운데 가장 많은 분량을 차지하는 인물로서 하나님께서 주권적으로 그를 찾아오셔서 사명을 주셨습니다. 그러나 기드온은 하나님의 말씀을 믿지 못하겠다고 고백합니다. "이스라엘과 언약을 맺으신 하나님이 살아계신다면 어찌 우리에게 이런 일이 일어날 수 있습니까?" 이것이 기드온의 질문이었습니다. 그러면서 하나님을 두 번이나 시험합니다. 당돌하기까지 한 기드온의 시험에 하나님께서는 모두 반응해주십니다. 이후 기드온은 하나님을 신뢰하며 사사로서의 직분을 감당합니다. 특히 미디안과의 전쟁을 위해 모인 이스라엘 백성들을 다 돌려보내고 300명만 남겼다는 사실에 사사 시대의 가장 중요한 특징이 담겨있다고 할 수 있습니다. 바로 사사가 뛰어난 것이 아니고, 그 사사를 통해 일하시는 하나님이 뛰어나시다는 것을 보여주기 위함입니다. 또 300명이 사용한 '무기'에 의미가 있습니다. 그들은 각각 손에 횃불이 숨겨진 항아리와 나팔을 들었습니다. 3만 명이 아닌 300명, 칼과 창이 아닌 항아리와 횃불. 이것은 전쟁을 할 때에 하나님을 의지하고 나아가는 전투자의 자세를 보여줍니다. 아말렉과의 전투가 그러했고, 여리고에서의 싸움이 그러했듯이, 인간적인 방법으로 승리하는 것이 아니라 전적인 하나님의 도우심과 능력으로 적을 이기는 전쟁입니다. 하나님을 의지하는 것이 힘입니다.

그렇게 승리한 기드온은 모든 영광을 하나님께 돌리며 백성들의 눈을 하나님께 향하도록 하는 것이 마땅합니다. 그러나 기드온은 미디안과의 전쟁을 치르면서 자신의 영광을 추구하기 시작합니다. 그는 전쟁을 시작하면서 병사들에게 "여호와를 위하라!"라고 외치게 했습니다. 그런데 동시에 "기드온을 위하라!"(삿 7:18)라고도 외치게 했습니다. 전쟁이 끝나고 백성들이 기드온을 왕으로 삼으려고 하자 그는 그 자리에서 거절했지만 사람들에게 금귀고리를 가져오게 해서 그것으로 금으로 된 에봇을 지어 자신의 마을(오브라)에 가져다 둡니다. 성경은 사람들이 "그것(금 에봇)을 음란하게 위하므로 기드온과 그의 집에 올무가 되니라"(삿 8:27)라고 말해줍니다. 그는 또한 자신의 아들의 이름을 '아비멜렉'이라고 지으면서 실질적인 왕으로 행세를 했습니다. 그 이름은 '나의 아버지는 왕이시다'라는 뜻이이요. 가장 하나님의 도우심을 많이 받은 사사가 가장 교만한 모습으로 변질되어 간 것입니다. 참으로 아이러니한 일이 아닐 수 없습니다. 우리의 교회 사역에서, 우리의 일상 속에서 이러한 교만의 죄가 나타나지 않도록 주의하고 또 주의해야 할 것입니다.

사자를 죽인 삼손

사사기 13:1~14:20

삼손이 어느덧 성장하여 청년이 되었어요. 하나님은 그를 아주 멋지고 힘센 청년으로 만들어 주셨어요.
어느 날
삼손, 어디 가니?
블레셋이 어떻게 생긴 곳인지 보고 오려고 그래.
거기는 이방 사람이 사는 곳이야. 자네 죽으려고 그러나?
염려 마. 내 금방 갔다 올 테니.
블레셋에 거의 다 왔구나. 아~ 갈증난다.
저~ 물 좀 얻어먹을 수 있습니까?
예, 여기 있습니다.
정말 예쁘다. 저 여자와 결혼해 이곳에 살면서 블레셋을 쳐서 없애야겠다.
후루룩~

삼손이 그의 부모에게 돌아와 블레셋 여자와 결혼하겠다는 이야기를 했어요.
안 돼!
말도 안 된다! 우리 이스라엘 여자도 많은데, 하나님도 알지 못하는 이방 민족 여자와 결혼하겠다는 거냐?
삼손아, 단념하면 안 되겠니?
단념할 수 없습니다. 아버지, 어머니 제 결혼을 허락해 주십시오.
이제 우리 삼손을 통해 이스라엘이 구원받기는 다 틀렸다.
우리가 먼저 가서 네 처가 될 사람을 만나 볼 테니 너는 뒤따라오너라.
예.
삼손이 부모님의 뒤를 이어 포도원에 도착했을 때 난데없이 사자 한 마리가 튀어 나왔어요.
엥~! 사자!

배가 아무리 고파도
사람을 잘 보고 덤벼야지.
하나님의 삼손이 너를
혼내주마!
에잇!
쿵
쳇!
싱겁게
끝나버렸군.

블레셋을 향한 삼손의 복수

사사기 15:4~8

삼손과 들릴라
사사기 15:9~16:22

사사기

이런
야비한 놈들.
하나님, 저에게
힘을 주세요!
우두둑
우두둑
야!
저게 단단히
묶은 거야?
헉! 저럴 수가!
몇 번이나 꽁꽁
묶었는데!!
삼손은 나귀 턱뼈로 블레셋 사람 천 명을 죽였어요.
약속을 어긴
짐승들, 혼 좀
나봐라!
살려줘!
으악~!
아무리 삼손이라도 천 명이나 죽이고 나서는
몹시 지치고 말았어요.
헉
하나님!
목 마릅니다.
물 좀 주세요.
헉
기도를 들으신 하나님께서는 삼손에게 물을
주셨어요. 그 후 얼마의 세월이 지난 어느 날,
블레셋의 가사 성에서는 비밀 회의가 진행되고
있었어요.
삼손을
확실히 잡는
방법이 뭐냐?
우리 블레셋 사람
들릴라가 삼손의
애인이잖아.
그래! 들릴라에게
보상을 미끼로 삼손의
약점을 알아보게
하는 거야.
그들은 삼손의 눈을 피해 들릴라를 만났어요.
그대가
삼손의 약점을
우리에게 알려주면
은 천백 개를
주겠소.
은화 천백 개!
이게 웬 횡재야!

돈이 욕심 난 들릴라는 그날부터 부지런히 삼손을 졸랐어요.
삼손! 궁금한 게 있어요. 어떻게 하면 당신을 못 움직이게 묶을 수 있어요? 당신이 나를 사랑한다면 나에게만 알려주세요.
만일 마르지 않은 푸른 칡 일곱 가닥으로 나를 결박하면 내가 보통 사람처럼 변할 것이오.
그러나 그것은 삼손이 꾸며낸 말이었어요. 삼손은 그렇게 세 번 거짓말을 했어요.
세 번이나 속은 들릴라는 더욱 삼손을 재촉했어요.
당신은 나를 세 번이나 속였어요! 당신이 나를 사랑한다는 말도 거짓말이죠?
그건 아닌데…
삼손, 정말로 저를 사랑하시나요?
그렇다니까.
그렇다면 당신의 놀라운 힘을 이길 수 있는 것이 무엇인지 나를 사랑한다는 증거로 알려주세요. 어서요.
그… 그건
삼손은 들릴라 때문에 너무나 괴로웠어요.
삼손, 사랑해요.
나는 태어나면서부터 하나님께 속한 사람으로 머리에 칼을 대지 않았소.
그러니 내 머리를 밀면 힘이 빠져 보통 사람과 같이 될 것이오.

사사기

어리석은 삼손!
자기 무덤을
스스로 파다니.
깊이 잠들었어…
들릴라는 조용히 일어나 사람을 보내
블레셋 사람들을 불렀어요.
이번엔
진짜겠지?
못 믿겠으면
머리카락을 잘라보면
알 것 아녜요!
은화는 가져왔죠?
머리를 모두
밀었습니다.
그리고
꽁꽁 묶었습니다.
그들은 재빨리
삼손의 머리를 잘랐어요.
삼손, 일어나세요.
블레셋 사람이
왔어요!
뭐… 뭐야.
블레셋! 아직도
혼이 덜 났단…
억!
삼손은 일어날 수가 없었어요.
삼손의 힘이 이미 없어졌기
때문이었어요.
내… 내가
여자에게 또
속았다.
자! 보셨죠.
돈 이리 주세요.
여… 여기.
내… 내가
하나님과의
약속을 어기고
말았구나…
내 머리카락!
시끄럽다.
조용히 해! 넌 예전의
삼손이 아니야.
하하하!

삼손의 최후와 승리

사사기 16:23~31

한참을 시달린 삼손은 자신을 불쌍하게 여긴 소년에게 부탁했어요.
신전 기둥 쪽으로 나를 안내해 주겠니? 쉬고 싶구나.
너무 불쌍해요. 이리 오세요.
기둥 사이에 선 삼손이 소년에게 고마워하며 말했어요.
꼬마야! 어서 신전에서 멀리 도망치거라. 전부 무너질 거야.
옛! 정말이에요? 어서 도망가자!
후다닥
삼손이 있는 힘을 다해 신전의 기둥을 끌어안으며 기도하기 시작했어요.
하나님! 이번만 저에게 힘을 주셔서 내 눈을 뺀 블레셋 사람을 혼내고 다곤 신전을 허물게 하소서.
으아아야
새로운 쇼를 하려나 봐요. 기대 가득.
그런데 어째 좀 불안하다.
콰르릉
블레셋의 커다란 다곤 신전이 순식간에 무너져 내렸어요. 이 때 죽은 사람은 삼손이 살아 있을 때 죽인 사람보다 더 많았어요.
피해랏~!
피해봐야 그 자리야.
그렇게 든든하던 신전이 이렇게 쉽게 무너지다니.
부실 공사 물러가라!
쿠쿵

룻기

사사 시대의 마지막 모습은 우리에게서 소망을 빼앗아 버립니다. 다시 회복될 가능성이 없어 보입니다. 넘어지고 추락해서 더는 일어날 기미가 보이지 않습니다. 이방인 이야기가 아니고 하나님의 백성인 이스라엘의 이야기입니다. 그들이 어떤 민족인가요? 당시 세상에서 가장 강력한 힘을 자랑하던 애굽에서 탈출했습니다. 그것도 금은보화를 싸 들고 당당하게 나왔습니다. 비록 광야에서 40년 동안 고생했으나 그것은 하나님의 백성이라는 정체성을 세우는 기간이었습니다. 기적적인 전쟁의 승리를 맛보며 약속의 땅을 차지했습니다. 이제 마음껏 누리기만 하면 될 것 같았습니다. 그런데 얼마 지나지 않아 거룩과 정의와 사랑이라고는 찾아볼 수 없는 소망 없는 땅이 되어 버렸습니다. 전쟁과 압제, 기근과 죄악이 가득한 땅이 되었습니다. 이것은 사람의 힘이 보여주는 결론입니다. 사람의 힘으로는 샬롬(평안)의 나라, 하나님의 나라를 세울 수 없습니다. 도대체 하나님은 이스라엘과 약속의 땅을 어떻게 하실까요? 이런 암흑 같은 시기를 배경으로 한 작은 이야기가 시작됩니다.

사사들이 치리하던 때에 그 땅에 흉년이 드니라 유다 베들레헴에 한 사람이
그의 아내와 두 아들을 데리고 모압 지방에 가서 거류하였는데(룻 1:1)

하나님께서는 힘과 인간적 욕망으로 다스려지던 땅에서 다시 하나님의 주권이 회복되는 이야기를 시작하십니다. 은혜와 사랑으로 다스리시는 하나님 나라의 이야기입니다. 한 가정의 이야기를 통해 그 회복의 역사를 우리에게 보여주시는 말씀이 '룻기'입니다.

성경의 이름은 룻기이지만 실상 주인공은 룻의 시어머니인 나오미입니다. 나오미의 가족은 흉년을 맞아 양식을 얻기 위해 이방 땅인 모압으로 이사를 갑니다. 그러나 곧 남편과 두 아들이 죽어버립니다. 마치 사사 시대처럼 소망이 보이지 않습니다. 나오미는 '희락'이라는 뜻을 가진 자신의 이름을 바꾸어 '마라'(괴로움)라고 부르게 합니다. 그녀는 결국 고향 땅(베들레헴)으로 돌아가기로 결정하고 두 며느리를 그들의 고향으로 돌려보냅니다. 첫째 오르바는 울며 돌아가지만 둘째 며느리 룻은 나오미를 떠나지 않습니다. 그러면서 정말 멋진 고백을 합니다.

내게 어머니를 떠나며 어머니를 따르지 말고 돌아가라 강권하지 마옵소서
어머니께서 가시는 곳에 나도 가고 어머니께서 머무시는 곳에서 나도 머물겠나이다
어머니의 백성이 나의 백성이 되고 어머니의 하나님이 나의 하나님이 되시리니
어머니께서 죽으시는 곳에서 나도 죽어 거기 묻힐 것이라

만일 내가 죽는 일 외에 어머니를 떠나면 여호와께서 내게 벌을 내리시고
더 내리시기를 원하나이다(룻 1:16-17)

룻의 이 고백은 베드로가 예수님께 드렸던 것과 같은 신앙고백입니다. 이방 여인이 하나님을 믿는 신앙을 가진 것입니다! 세상의 눈으로 볼 때는 아무런 가치가 없는 여인들, 세상에 기댈 곳 하나 없이 살아가는 힘없는 여인들, 하나님께서는 이 여인들을 회복시키십니다. 다시 일으켜 세우십니다. 이것을 성경 은혜라고 부릅니다. 은혜란 '자격 없는 자에게 값없이 주시는 하나님의 사랑'을 말합니다.

하나님께서는 룻이 보아스를 만나게 하시고, 양식을 얻게 하시고, 기업 무를 자로 보아스를 세우십니다. 룻과 보아스는 결혼하고, 모든 땅을 이어받을 상속자 오벳이 태어납니다. 나오미의 가정이 온전하게 회복되는 것입니다.

마지막 4장에 나오는 족보는 매우 중요합니다. 보아스가 여리고 성 전투 때 구원받은 라합의 자손임을 보여주고, 보아스와 룻의 사이에서 태어난 오벳은 이스라엘 역사에서 가장 훌륭한 왕 다윗의 할아버지가 됩니다. 그리고 바로 여기서 장차 오실 메시아, 구약성경의 모든 말씀의 성취자이시며 온 인류의 죄를 대속하실 어린양, 하나님 나라의 왕으로 등극하실 예수 그리스도가 태어나는 것입니다.

소망이 보이지 않는 깊은 밤 같은 사사 시대에도 하나님은 자신의 언약을 저버리시지 않습니다. 사람은 언약을 깨지만, 하나님은 언약을 이어 붙이십니다. 그리고 성취해 내십니다. 이것이 룻기가 보여주는 은혜입니다.

사무엘서

사무엘서는 사사 시대의 마지막부터 다윗 왕 말년까지의 시기를 다룹니다. 사무엘상이 사무엘과 다윗이라는 인물을 중심으로 이스라엘의 회복을 다룬다면, 사무엘하는 회복 이후 하나님의 나라가 확장되는 이야기를 보여줍니다. 사무엘상 초반부가 그리고있는 시대의 이스라엘은 여호수아 당시 전쟁을 통하여 얻었던 땅들을 많이 잃어버렸습니다. 단 지파는 자신들의 땅을 버리고 이주했고, 베냐민 지파는 동족들의 공격으로 멸문 직전이었습니다. 이렇게까지 된 데에는 여러 이유가 있지만 성경은 한 가지를 말합니다. '하나님과의 관계'가 깨졌다는 것입니다. 그들은 율법을 지키지 않았습니다. 하나님의 말씀과 언약을 버리고, 자신들의 힘과 능력을 따른 결과라고 말합니다. 그러나 이런 시대 속에서도 하나님은 은혜를 베푸사 회복시켜 가십니다. 사무엘서가 바로 이 장면을 보여줍니다.

무질서의 끝을 보여주던 이스라엘에 새로운 질서들이 세워지기 시작하고 한나, 사무엘, 다윗을 통해 계속 확장됩니다. 한 가정에서 한 지파, 그리고 한 나라까지 하나님의 말씀에 순종하는 모습들로 채워집니다. 겉으로 볼 때 사무엘서는 한 부족국가가 통일되어 왕권정치가 설립되는 이야기입니다. 그리고 그 나라가 고대 근동 지방의 주요 국가로 성장하는 내용입니다. 그러나 영적으로는 무질서가 질서로, 불순종에서 순종으로, 힘에서 은혜로 변화하는 내용입니다.

사무엘상 1장에서 불임 여성이었던 한나는 하나님께 간절한 기도를 드렸고, 그 기도는 사무엘이라는 응답으로 돌아옵니다. 그리고 한나는 자신의 기도 응답인 사무엘을 하나님 앞에 돌려드립니다. 자녀를 자신의 것으로 생각하지 않고 하나님의 성전에 드린 뒤 부르는 한나의 노래(삼상 2장)는 사무엘서 전체를 관통하는 주제입니다. 특히 그 가운데서 하나님에 대한 그녀의 경배는 그녀가 기도 가운데 깨달은 '하나님을 아는 지식'이 얼마나 깊은지 잘 보여줍니다. "자기 왕에게 힘을 주시며 자기의 기름 부음을 받은 자의 뿔을 높이시리로다"(삼상 2:10)라고 노래하는 그녀의 노래는 사무엘서 마지막에 등장하는 다윗의 노래에서 반복됩니다. "나의 방패시오, 나의 구원의 뿔이시오"(삼하 22:3), "여호와께서 그의 왕에게 큰 구원을 주시며 기름 부음 받은 자에게 인자를 베푸심이여"(삼하 22:51)

오랜 기간 자녀가 없어 괴로워하던, 어찌 보면 보잘것없는 한 여인이 기도하며 깨닫게 된 하나님을 아는 지식은 다윗 왕의 하나님을 아는 지식과 동일합니다. 사무엘서는 이렇게 앞뒤로 하나님을 찬양하는 노래가 둘러싸고 있습니다.

기도의 응답으로 태어난 사무엘은 나실인으로 자랍니다. 당시 성전에서 행해졌던 악습들을 배우지 않고 하나님만을 경외하는 사무엘은 사사 시대의 어두움을 걷어내는 인물로 쓰임 받습니다. 여호와의 말씀이 희귀하여 이상이 흔히 보이지 않던 시대에 사무엘에게 하나님의 말씀이 임합니다. 당장 엘리 제사장 가문의 멸망에 대한 말씀이 어린 사무엘에게 임하고, 그 말씀대로 곧 이루어집니다.

시간이 흘러 이스라엘은 블레셋과 전쟁을 벌이게 되고, 장로들은 하나님 임재의 상징인 법궤가 있으면 승리할 것이라는 인간적인 생각으로 법궤를 들고 나갔다가 대패를 합니다. 하나님을 이용하려는 것이었지요. 결국 여전히 하나님의 말씀에 귀를 기울일 줄 모르고 자기 소견에 옳은 대로 행하는 사사시대의 특징입니다. 그러나 하나님은 인간에게 조종 받으시는 분이 아닙니다. 법궤를 들고 나간 이스라엘이 전쟁에서 패배했다는 소식을 듣자 실로에 있었던 엘리는 의자에서 넘어져 목이 부러져 죽습니다. 그의 며느리는 갑자기 배가 아파 난산을 하며 아들의 이름을 '영광이 없다'는 의미의 '이가봇' 이라고 짓습니다. 전쟁에서 패배하고, 언약궤를 빼앗기고, 지도자가 죽고, 영광이 없습니다. 이스라엘의 첫 중앙 성소였던 실로의 시대가 막을 내리고 있는 것입니다.

그러면 하나님 임재의 상징인 언약궤는 어떻게 될까요? 이방 땅, 이방 신상 앞에 놓인 언약궤는 하나님의 패배입니까? 그렇지 않습니다. 다음 날 아침 블레셋의 신인 다곤 신상이 법궤 앞에 엎드려져 있고, 머리와 두 손목이 끊어져 있습니다. 법궤가 도시들을 이동할 때마다 성읍에 종기 재앙이 일어납니다. 결국 블레셋 사람들은 언약궤를 이스라엘로 돌려보냅니다. 이스라엘 백성은 손 하나 까딱하지 않았습니다. 할 수 있는 것이 아무것도 없었습니다. 그런데 언약궤가 돌아온 것입니다. 이것은 하나님께서 스스로 영광을 드러내시는 방법입니다. 블레셋은 범죄한 이스라엘 백성들을 이긴 것이지 여호와 하나님을 이긴 것이 아닙니다.

기회를 놓치지 않고 사무엘은 이스라엘에 개혁의 바람을 일으킵니다. 다른 신들과 우상들을 모두 제거하고 미스바에 모여 금식하며 회개합니다. 이때 다시 블레셋이 쳐들어오지만 하나님께서 우레를 보내셔서 패배케 하십니다. 그리고는 이 승리를 기념하기 위해 큰 돌을 세우고 '에벤에셀'이라 부릅니다.

사무엘이 나이가 들자 이스라엘은 자신들의 왕을 요구합니다. 그러나 그들의 진실된 마음은 '다른 나라들 같이' 되는 것(삼상 8:5) 이었습니다. 사실 이스라엘은 처음부터 신정국가로 세워졌지요. 다시 말해, 이스라엘의 왕은 오직 하나님 한 분이라는 것입니다. 그런데 지금 스스로 하나님과 맺은 특별한 지위를 포기하려는 것입니다. 그러나 어리석은 이스라엘의 요구도 하나님은 선하게 사용하십니다. 일찍이 모세가 선언했던 '왕의 법'(신 17:14-20)에 걸맞은 왕을 세우심으로 이스라엘의 요구도 들어주시고, 동시에 자신의 뜻도 이루어 가십니다. 그 왕은 한나의 노래(삼상 2장)에 걸맞은 왕, 모세가 선언한 왕의 법에 걸맞은 왕입니다. 그 왕은 바로 다윗입니다. 초대 왕으로 세움을 받은 자는 사울이지만 그는 하나님의 말씀에 불순종하여 폐위되고, 그 뒤를 이어 마음이 준비된 다윗이 왕이 됩니다. 그는 하나님의 영광을 위해 믿음으로 골리앗과 싸웠고, 자신의 원수이지만 하나님이 세우신 왕 사울과 싸우지 않았습니다. 자신을 조롱하는 자들에게 복수하지 않았고, 어려운 이웃들을 돌보았습니다. 왕이 되자마자 다윗은 예루살렘을 정복하고 그곳을 수도로 삼습니다. 그리고 이곳에 법궤를 가져옵니다. 여호와의 성전을 지으려는 다윗에게 하나님은 언약을 선물로 주십니다.

네 집과 네 나라가 내 앞에서 영원히 보전되고
네 왕위가 영원히 견고하리라(삼하 7:16)

다윗은 비록 성전을 짓지 못했지만 그의 아들 솔로몬이 짓습니다. 사무엘하 7장에서 말하고 있는 하나님과 다윗의 대화는 '다윗 언약'이라고 부르는 본문입니다. 여호와 하나님이 집을 세워 주신다고 하십니다. 여호와 하나님이 다윗의 아들과 부자 관계를 형성하십니다. 또 다윗의 왕조가 영원할 것을 약속해주십니다. 한 개인이 받을 수 있는 은혜 중에서 이보다 더 큰 것이 있을까요? 하나님은 자신이 기름 부은 자의 뿔을 높이시는 분이십니다!

사무엘서는 처음부터 마지막까지 하나님의 말씀, 하나님의 주권에 순종하는 자와 그렇지 못한 자를 비교하며 보여줍니다. 다윗조차도 하나님의 주권에 순종했을 때와 순종하지 못했을 때의 모습이 극명하게 다릅니다. 다윗이라는 한 인물을 통해 성도의 삶이란 무엇인지, 그 무게와 그 영광과 그 기쁨이 얼마나 큰 것인지 다시 한번 묵상하게 됩니다.

한나의 기도와 사무엘의 탄생

사무엘상 1:1~2:11

성전으로 엘리를 찾아온 한나가 그 이야기를 전했어요.
그랬군요. 하나님이 그대를 축복하신 것이니 아이는 하나님의 종으로 내가 잘 키우겠어요.
하나님은 어떤 분이신가 말해 보렴.
이 세상을 창조하셨고 하나님을 사랑하는 자에게 큰 복을 내리시고 하나님을 미워하는 자에게는 삼, 사대까지 벌을 내리신다고 하셨습니다.
두 번째 계명이 무엇이냐?
하늘이나 땅, 바다의 그 어떤 형상도 만들지 말고 그것에 절하지도 말고 섬기지도 말라고 하였습니다. 오직 하나님 한 분만 섬기라고 했습니다.
사무엘을 부르신 하나님
사무엘상 2:12~3:21
엘리 제사장에게는 두 아들이 있었어요. 하지만 그들은 하나님을 소홀히 여겨, 제사를 드리러 온 사람들의 재물을 빼앗곤 해서 백성들에게 많은 원망을 듣고 있었어요.
사무엘은 엘리 제사장에게 많은 율법과 계명들을 배웠어요.
여호와께 나가는 기념절은 무엇 무엇이 있느냐?
칠칠절, 초막절, 무교절, 유월절 등이 있습니다.
그리고 사람이 떡으로만 살 것이 아니라 하나님의 입에서 나오는 말씀으로 살 것이라 했습니다.
오냐! 오늘은 이만 자도록 하자.
하나님께 기도를 드린 사무엘이 언약궤가 모셔져 있는 곳에서 잠이 들었는데 갑자기 하나님의 음성이 들려왔어요.
사무엘아! 제사장 엘리가 그의 아들들의 죄를 보고도 가만 놔두었으니 내가 엘리와 그의 가정에 벌을 내리겠다.
블레셋에 빼앗긴 법궤
사무엘상 4:1~5:10
블레셋에 기습을 당한 이스라엘은 크게 패배했어요. 이 전투로 인해 법궤도 블레셋에 빼앗기고 이스라엘 사람들은 삼만 명이나 죽었어요.
이때 자신의 아들들도 죽었다는 소식을 들은 엘리가 그만 쓰러져 죽었어요.
쿵
아~ 하나님의 벌이다!

한편 법궤를 빼앗은 블레셋 사람들은 법궤를 그들의 다곤 신상 옆에 던져 놓고서 이틀이 지난 후에 가보았더니 신상이 박살나 있었어요. 그래서 법궤를 다른 성으로 옮겼는데 그곳에서도 재앙이 일어났답니다.
크아악~ 법궤의 저주다!
돌아온 법궤
사무엘상 5:11~7:2
이곳은 블레셋 방백들의 회의실.
제사장과 복술자여, 말썽 많은 이스라엘의 궤를 무사히 돌려줄 방법을 말씀해보시오.
젖소 두 마리가 끄는 수레에 싣고 벧세메스에 가서 버리면 됩니다.
앗, 하나님의 법궤다. 구경하자.
이렇게 법궤를 열고 안을 들여다 본 사람은 하나님의 거룩하심을 업신여겼기 때문에 모두 죽었어요.
그 후 법궤는 기럇 여아림의 산에 사는 아비나답의 집에 이십 년 동안 보관되었어요.
미스바의 회개 운동
사무엘상 7:3~17
사무엘은 위대한 선지자로 자랐어요. 그런데 어느 날 또다시 블레셋 군대가 침략해 왔어요.
사무엘님, 하나님께 기도해 주십시오.
알겠습니다.
기도의 응답으로 블레셋 군인들이 이스라엘 사람 가까이 왔을 때 갑자기 천둥과 번개가 그들을 향해 내리쳤어요.
우르르릉
으악! 죽기 전에 도망치자!
많은 블레셋 군인이 죽었고, 이 날의 승리를 기념하기 위하여 미스바와 센 사이에는 에벤에셀의 기념비를 세웠어요.
사무엘이 지도자로 있는 동안 다시는 블레셋 군인이 침략 못할 것이다.

잃어버린 나귀들
사무엘상 8:1~10:16
사무엘이 늙자 장로들은 불안해지기 시작했어요.
우리에게도 왕이 있어야 합니다.
여러분, 우리 왕은 오로지 하나님 한 분이오.
사무엘은 그들의 요구를 거부할 수 없어 하나님께 기도를 드렸어요.
백성들이 왕을 세우길 원합니다. 어쩌면 좋습니까?
그들의 말대로 왕을 세워라. 그들이 너를 버린 것이 아니고, 나를 버린 것이니라. 왕이 세워지면 아들들은 군사가 되고, 딸은 종이 될 것이다.
사무엘이 하나님 말씀을 전하자 장로들은 모두 고개를 끄덕였어요.
그래도 왕을 세워주세요.
이스라엘에서 가장 작은 지파인 베냐민 지파에는 사울이라는 청년이 있었어요.
기르던 나귀 세 마리가 없어졌는데, 베냐민의 땅을 두루 돌아다녀도 찾을 수가 없구나.
예, 주인님 난감하네유.
안 되겠다. 성에 있는 하나님의 선지자를 찾아가 상담해 보자.
사무엘이 산당으로 떠났으므로 그 뒤를 뒤쫓아갔어요.
저기요. 혹시 선지자님 아니세요?
!!

사무엘서

그 순간 사무엘은 하나님의 음성을 듣고 있었어요.
사무엘아, 내가 네게 말한 사람이다.
내가 선지자니 성전으로 갑시다.
예.
예배를 마치고 특별 잔치가 있었는데 사무엘은 사울을 우두머리 자리에 앉혔어요.
다음 날 사무엘이 사울에게 말했어요.
하나님께서 당신을 이스라엘의 왕으로 선택하셨습니다.
옛! 제… 제가?
사무엘은 하나님 말씀에 따라 사울의 머리에 기름을 부어 지도자로 삼았어요.
주님의 백성을 블레셋 사람들의 손에서 구원하라 하셨노라!
하나님께서는 사울이 사무엘과 헤어져 집으로 돌아가는 길에 집안 사람들을 만나게 하셔서 사울의 아버지가 나귀를 찾았다는 기쁜 소식을 접하게 해주셨어요.
하나님께서 항상 나와 함께 하신다. 하지만 왕으로 기름 부음을 받았음을 아직 얘기하지 말아야지.

사울 왕의 탄생
사무엘상 10:17~26
어느 날 사무엘은 이스라엘 백성들을 미스바로 다시 불렀어요.
오늘 여호와께서 너희들이 요구한 왕을 세워주실 것이다.
각 지파들은 나와서 제비를 뽑으라!
과연 어떤 분이 우리 왕이 되실까.
우리가 그렇게 고대하던 왕이 오늘 탄생한다.
그리고는 결과를 발표했어요.
드디어 당신들을 다스릴 왕이 선출되었소. 기스의 아들 사울이오. 사울은 어서 나오시오.
사…사울? 어디서 듣던 이름인데.
여기 안 나왔나 본데요.
사울을 찾을 수 없자 이스라엘 백성들이 하나님께 물었어요.
하나님, 그 사람이 우리 사이에 있습니까?
하나님이 대답하시길,
사울이 행구 사이에 숨어 있다.
행구라면 여행할 때 쓰는 가방이나 보따리!?
백성들이 행구 사이에 있는 사울을 찾았어요.
이제부터 여기 선 사람이 당신들을 인도할 왕이 될 것이오.
야~ 넘 멋지다.
우리 왕 만세!
사울 왕 만세!

사무엘서

그러나 모두가 사울 왕을 환영한 것은 아니었어요.
베냐민 사람인 사울이 과연 우리를 잘 지켜줄까?
글쎄~! 두고 봐야지.
너희들 왕을 세운 하나님과 사무엘 선지자님을 조롱해선 안 돼!
우리는 사울 왕을 따라야 해!
하나님, 저를 지켜 주세요.
암몬 족속을 물리치다
사무엘상 11:1~12:25
암몬 사람들이 길르앗 야베스의 성읍을 포위하고 항복을 요구하고 있습니다!
우리 이스라엘을 적으로 삼겠다는 뜻이구나.
당장 군사들을 소집해서 적들에게 우리의 무서움을 보여주자!
지금으로선 힘들 것 같은데…
백성들이 나올까?
그 소리에 사울이 진노했어요.
누구든지 나와서 사무엘과 사울을 따르지 아니하면 백성들의 소를 모두 죽이겠다!
이스라엘 사람들이 암몬과 싸우기 위해 베섹에 모였어요.
왕이시여, 전투에 참가할 군사들이 모두 삼십삼만 명입니다. 명령만 내리십시오.
모두들 전투에 자신감이 넘치는 모습이군.

사울의 범죄

사무엘상 13:1~23

그 후 블레셋 군사들이 이스라엘과 싸우려고 벧아웬 동편 믹마스에 진을 쳤어요.
잘 들어라! 우리 블레셋을 얕보고 끊임없이 괴롭히는 저 이스라엘을 더는 두고 볼 수 없다!
아예 씨를 말려 버려야 합니다.
블레셋 군대에는 병기가 삼만에 마병이 육천, 무수한 병사들이 진치고 있습니다.
대단한 병력이군!
사울의 군사들은 두려움을 느껴 도망을 치거나 의욕을 잃었고 백성들도 마찬가지였어요.
나는 죽기 싫단 말야.
바위에 계란치기 전투는 하고 싶지 않아.
먀아
사울은 길갈에서 사무엘을 기다렸는데, 그가 오기로 한 칠 일이 다 지났어요.
백성들은 여기저기 숨을 곳을 찾아 도망가고 없어유.
오늘까지 오신다고 했으니 조금만 기다려 보자.
사무엘님이 오시기 전에 우리 모두가 죽고 말 것입니다.
다음 날
이제 군사들마저 도망가려는 분위기입니다.
우리끼리라도 제사를 드려야 하지 않을까?
정말 안 오시려나…

이제는 더 기다릴 수가 없구나. 너희들은 가서 번제와 화목제를 드릴 제물을 가져오너라.
내가 여호와께 제사를 드려야겠다.
사울이 제사를 끝냈을 때 제사장 사무엘이 도착했어요.
지금 무슨 일을 한 것입니까?
번제를 드렸습니다. 왜냐하면…
블레셋은 우리를 침공해 올 기세고 백성들은 두려움에 떨고 제사장님이 오시는 시간은 늦어지고…
어허! 왕이 망령된 일을 하였도다.
하나님 말씀을 따르지 않는 왕은 버려질 것이오. 하나님께서 새로운 사람을 구해 이스라엘 백성의 새 지도자로 삼으시겠다고 말씀하셨소.
왕을 버리시다니 농담이시겠지?
한 번의 실수로 왕을 바꾼다니 말도 안 돼!
사무엘이 길갈을 떠나 베냐민 기브아로 돌아갔어요.
어리석은 사울 왕이여…

사울의 저주

사무엘상 14:24~46

너무 배가 고팠던 병사들은 그만 고기를 피째 먹는 죄를 지었어요. 이 소식을 들은 사울은 화를 냈어요.
뭐야? 레위기 3장 17절, 7장 26절도 본 적 없나?
그리고 사울은 단을 쌓고, 다시 블레셋을 치려고 하나님께 여쭈었어요. 그러나 대답이 없었어요.
하나님, 처음 쌓는 단입니다.
그때 사울은 자신이 잘못된 명령을 했었다는 걸 깨달았어야 했어요.
그러나 사울은 자신의 명령을 어겨서 죄를 지은 요나단만 죽이려 했어요. 그러자 백성들이 요나단의 편을 들었어요.
왕자님을 살려주세요.
하나님께서 그걸 죄라고 했다면 벌써 벌을 주었을 것입니다.
버림 받은 사울
사무엘상 15:1~16:13
어느 날 사무엘이 사울을 불렀어요.
출애굽 때부터 지금까지 아말렉은 우리 이스라엘을 괴롭히고 있소!
손 좀 봐야겠네요.
그렇소!
그것이 하나님 명령이오. 아말렉을 쳐서 무찌르되 그들이 가진 모든 것은 사람과 짐승까지 모두 없애라 하셨소!
사울 왕은 이스라엘 백성들을 이끌고 가서 아말렉 사람들을 모두 죽였어요.
한 놈도 남기지 마라!

이스라엘 백성들이 아말렉 왕을 사로잡았어요.
사…살려 주세요.
너희들 언제까지 우리 이스라엘을 괴롭힐 거냐.
그런데 살찐 짐승들은 죽이지 않고 잡아왔어요.
이 양 좀 봐. 살이 통통한 게 하나님께 제물로 드리면 딱 좋겠어.
이걸 그냥 죽이는 건 낭비야. 우리가 끌고 가자.
그날 밤 사무엘을 향해 진노한 하나님의 음성이 들려왔어요.
사울이 내가 말한 것을 계속해서 지키지 않았으니 내가 그를 세운 것을 후회한다.
어리석기 짝이 없는 사울! 또 하나님을 배반했구나.
사무엘이 아침 일찍 사울을 찾아갔어요.
왕께서는 자기를 위하여 갈멜에 기념비를 세우고 길갈로 가셨습니다.
기념비라니! 사울이 점점 교만해지는구나.
사무엘이 길갈로 가서 사울을 만났어요.
하하하… 제사장님, 하나님이 내게 내리신 명령대로 아말렉을 쳐서 무찔렀습니다.
……

그렇다면 지금 내 귀에 들리는 저 소와 양의 울음 소리는 무엇이오?
아~ 백성들이 하나님께 제사하려고 아말렉에서 가져온 것 중 가장 값지고 좋은 것만 남긴 것입니다.
음메~
그 밖의 것들은 명령하신 대로 다 죽였습니다.
왕은 내 말을 잘 들으시오!
예. 듣고 있습니다. (괜히 화를 내시네.)
하나님은 당신이 스스로를 작게 여길 때에 기름을 부어 이스라엘의 왕으로 삼으셨소. 하지만, 당신은 아말렉의 모든 것을 죽이고 남기지 말라는 하나님의 명령을 지키지 않았소.
기왕에 죽이는 건데 좋은 것만을 골라 하나님께 제사를 드리는 것도 안 되나요?
하나님께서는 제사보다 순종하는 것을 좋아하신다는 걸 모르셨단 말입니까?

하나님의 명령을 어기는 것은 우상을 섬기는 것과 같다고 하셨소! 왕이 여호와의 말씀을 어겼으므로 여호와께서는 왕을 버리실 것이오!
백성들이 두려워서 그랬습니다. 한 번만 봐주세요.
긁적 긁적
하나님께서 왕을 버리셨으니 나도 왕과 함께 돌아가지 않겠소!
앗! 자… 잠깐!
턱
명심하시오! 하나님께서 왕보다 나은 새 왕을 세우셨다는 것을!
알겠습니다. 하지만 아직 왕은 저니까 제 체면도 세워 주실 겸 같이 돌아가 주십시오.
알겠소! 같이 돌아갑시다.
고맙습니다. 그럼, 지금 여호와께 경배드리러 가시죠. 하하하!
사울과 함께 경배를 드린 사무엘이 명령을 내렸어요.
아말렉 왕 아각을 내 앞에 끌고오너라.
어서 데려오너라!
옙!

다윗에게 기름 부은 사무엘

사무엘상 16:1~13

사무엘 앞에 이새의 아들들이 들어왔어요.
장남 엘리압입니다.
정말 준수한 청년이구나. 딱 왕감이야.
그때 하나님께서 사무엘에게 말씀하셨어요.
사무엘아, 그가 아니다. 사람은 외모를 보지만 나는 속마음을 본단다.
그… 그렇습니까?
이새의 일곱 아들을 모두 보았지만 하나님이 세운 사람을 찾을 수가 없었어요.
무슨 제사를 드리려고 이러실까?
이들이 전부입니까?
막내가 지금 들에서 양을 치고 있습니다.
어서 그를 데려 오시오. 그를 보고 난 후에 제사를 드립시다.
제가 다녀오겠습니다.
들에서 양을 치던 다윗을 데려왔어요.
다윗아! 아버님이 부르신다. 어서 가자!
좀 천천히 가. 형!
다윗이 집에 도착하였어요.
다윗아, 제사장님께 인사드려라.
안녕하세요, 제사장님.
……

눈도 빛나고 얼굴도 아름답다. 혹시 이 아이일까?
그렇다! 그가 내 마음에 합한 사람이다.
사무엘이 다윗의 머리에 기름을 붓고 축복했어요.
그대가 사울의 뒤를 이어 이스라엘 왕이 될 것이오.
졸졸
강한 무엇이 나의 온몸을 감싼다.
하지만 다윗은 자신이 왕으로 기름 부음을 받은 줄 모르고 평상시와 똑같은 생활을 했어요.
궁중의 악사가 된 다윗
사무엘상 16:14~23
하나님의 신이 사울에게서 떠나고 난 뒤, 사울은 심한 마음의 병을 앓았어요.
불안하다… 내 자리를 뺏을 자가 과연 누굴까? … 누굴까?
그때 한 신하가 말했어요.
왕이 그렇게 편찮으신 것은 여호와가 부리시는 악신 때문인 것 같습니다. 이런 치료 방법은 어떠십니까?
어서 말하라!
하프를 잘 타는 자를 불러서 은혜의 음악을 연주하면 악신이 떠나지 않을까 하는 생각이 듭니다.
그래! 빨리 찾아보거라.

사무엘서

이새의 아들 다윗이라는 사람이 하나님과 늘 함께 하는데 하프도 끝내주게 연주 한답니다.
그럼 빨리 불러들이지 않고 뭘 해.
다윗이 사울 왕 앞에 불려왔어요.
네가 다윗이냐? 어서 하프를 연주해 내 마음을 편안 하게 해다오.
네, 그럼 연주를 시작하겠습니다.
다윗의 아름다운 하프 소리는 사울의 마음을 가라앉혀 주었어요.
마음이 안정되니 병이 다 나은 것 같구나.
다행입니다, 폐하.
다윗아, 너는 언제나 내 곁에 있으면서 나를 위해 하프를 타다오!
예, 폐하!
다윗과 골리앗
사무엘상 17:1~18:5
블레셋이 다시 이스라엘을 침략하여 엘라 골짜기를 사이에 두고 사십 일간을 대치 중이었어요. 많은 청년들이 군인으로 동원되었고 그 중에는 다윗의 세 형들도 포함되어 있었답니다.

다윗은 어려서 아직 전쟁에 참여할 수 없었어요.
이 음식을 전쟁터에 나가 있는 네 형들에게 전해 주고 오너라!
네, 아버지. 가서 구경하고 와도 되죠?
다윗이 엘라 골짜기에 있는 이스라엘 진영으로 찾아갔어요.
이곳까지 오느라고 수고했다! 돌아가거든 아버지께 감사하다고 말씀드려.
알았어, 형.
그런데 형! 우리 진영에 있는 군사들의 얼굴이 어두운데 무슨 문제라도 있어?
아주 큰 문제가 있지.
넌 위험하니까 빨리 집에 돌아가라.
저… 저 괴물 또 나왔다!
겁쟁이 이스라엘아! 너희 군사 중에는 나와 싸울 용사가 하나도 없단 말이냐? 이제 그만 제대로 싸워 결판을 내자. 너희가 이기면 우리 블레셋이 너희의 종이 되고, 너희가 지면 너희가 우리 종이 되어야 할 것이다!

사무엘서

너희가 믿는 신의 이름을 대고 어서 나와 보란 말야. 이 겁쟁이들아! 크하하하!
저 놈은 골리앗이라고 블레셋 사람인데 키가 3미터나 된단다. 그리고 저렇게 사십 일째 같은 소리를 하고 있단다.
저건 우리 하나님과 군인들을 모욕하는 소리잖아.
아무도 나가서 싸우지 않는 거야?
모두 겁을 먹고 나서서 싸울 생각을 안 해.
사울 왕께서 골리앗을 물리치면 많은 상금을 주고, 사위로 삼겠다고 했어도 마찬가지라고!
다윗이 사울 왕에게 달려갔어요.
왕이시여! 저 블레셋 사람과 제가 싸우겠습니다.
네 용기가 가상하지만, 넌 아직 어려서 상대가 안 되니 썩 물러가거라!
제가 양을 칠 때 양을 물어가려는 사자와 곰을 하나님의 도우심으로 때려잡은 적이 있습니다. 왕께서 저를 블레셋 군사와 싸우게 하신다면 여호와께서 승리하게 도우실 것입니다.
고…곰을? 흠… 그래, 그렇다면 하나님이 너를 도우시는 게 틀림없구나. 나가서 싸우거라.
감사합니다.

다윗이 골리앗 앞에 나갔어요.
이 꼬마 녀석! 내가 똥개로 보이느냐? 그깟 막대기와 돌로 나를 상대하려 하다니. 내가 뜨거운 맛을 단단히 보여 주마.
너는 커다란 칼과 창을 가졌지만, 나는 여호와 하나님의 이름으로 너와 싸우겠다!
네가 조롱한 하나님이 나를 도우셔서 너를 이기게 할 것이다.
크하하하! 곧 들짐승의 밥이 되게 해주마.
요녀석! 자~ 각오해라. 이얍!
단 한 방에 쓰러뜨려야 한다. 신중히…
기회닷!
켁!
따악

다윗이 던진 돌은 달려드는
골리앗 이마에 정확하게 명중했어요.
골리앗 장군이
쓰러졌다. 도망가자!
쿵
이스라엘 백성들이 크게 환호성을 질렀어요.
와
다윗이
이겼다!
이스라엘이
이겼다!
아
다윗이 쓰러진 골리앗에게서 칼을 빼앗아 그의 목을 베었어요.
이스라엘 군사들도 도망가는 블레셋 사람들을 추격했어요.
어리석은 골리앗,
전쟁의 승패는 힘과 무기가 아니고
여호와의 도우심이 있어야
하는 것이다.
블레셋을 쫓아라!
와~아!
이스라엘 군사들이 블레셋 군사들을 쫓아가
가드와 에글론까지 차지하고 그들이 가진
물건들을 빼앗았어요.
탈취한 물건 중에
좋은 것은 이스라엘
하나님께 드려라!
예!
네가 누구의
아들인지 다시
말해 보거라.
저는 베들레헴 사람
이새의 아들
다윗이라고
합니다.

네가 이스라엘을 구했으니
앞으로 성에서 지내면서 왕자와
좋은 친구가 되도록 해라!
다윗!
앞으로 우리
좋은 친구가
되자!
예, 왕자님.
다윗과 요나단은 두 손을 굳게 잡고 친구가 되기로
약속했어요.
이것은
내가 네게 주는
우정의 징표야!
고맙습니다. 왕자님!
군복과 칼과 활과 띠,
그리고 겉옷까지…
그 후 다윗은 사울 왕이 맡긴 모든 일을 지혜롭게 처리하며
모든 사람에게 인정받았고, 사울 왕도 그에게 높은 자리를 주어
칭찬했어요.
다윗, 너는 오늘부터
이스라엘 군대의
사령관이다.
축하한다.
다윗!
명을
받들겠습니다.

사무엘서

사울의 질투

사무엘상 18:6~30

다윗의 목숨을 구한 요나단

사무엘상 19:1~20:42

음… 그래, 요나단.
네 말이 맞다. 내가
생각이 짧아 하나님께
죄 지을 뻔했구나.
이제부터 내가 그를
충신으로 대접
하겠다.
감사합니다,
아버님.
그래서 다윗은 다시 돌아왔고, 또다시 블레셋 사람들을 무찔렀어요.
그러던 어느 날 밤, 사울이 다윗을 불렀어요.
부르셨습니까?
폐하!
그래, 그래!
어서 하프를 켜서 나를
기쁘게 해다오.
다윗이 하프를 연주하려 할 때 악신이 다시
사울을 충동질했어요.
다… 다윗을
죽여야 한다!
사울이 짧은 창을 다윗에게 던졌어요.
얏
폐하!
왜 그러십니까?
집으로 도망친 다윗은 아내 미갈의 말에 따라
사무엘이 있는 라마로 갔고, 그동안의 이야기를
들은 사무엘은 그를 비밀 장소로 대피시켰어요.
당신,
어서 피하세요!
다윗이 도망간 것을 안 사울 왕이 그를 잡으려고
사람들을 보냈으나 세 차례나 허탕을 치고 돌아오자,
직접 다윗을 잡으러 나섰어요. 그러나 라마의 한 우물가에
도착하자마자 쓰러져서 이틀이나 누워있었답니다.
사울 왕이
쓰러졌다!
하나님의
벌이야.
쿵

사울을 위해 라마에 있던 다윗이 요나단을 찾아갔어요. 두 사람은 반가워하며 대책을 세웠어요.
내가 아버지의 마음을 알아볼 테니 너는 내가 신호를 보낼 때까지 숨어서 기다려.
그래… 정말 고마워.
사울 왕이 공식적으로 다윗을 죽이라고 명령했어요.
어디에서든 발견 즉시 죽이도록 해랏! 죽이는 자에게는 큰 상을 내리마.
아버지! 다윗은 결코 죽을 죄를 짓지 않았습니다.
네가 끝까지 다윗을 감싼다면 너도 가만두지 않겠다. 에잇!
익크!
텅
다윗과 친구로 지내는 것은 더 이상 힘들겠구나. 아들인 내게도 창을 던지다니…
이튿날 요나단은 시종을 데리고 들로 나가서 화살을 쏘아 다윗에게 신호를 보냈어요.
핑
앗! 요나단의 화살이다!
팍
화살은 네 앞에 있다.
그러자 다윗은 이 말을 듣고
저것은 왕께서 결국 날 죽이기로 작정했다는 신호인데… 고맙다, 요나단!

사무엘서

사울을 살려준 다윗

사무엘상 21:1-24:22

다윗과 아비가일

사무엘상 25:1~44

다윗에게 기름을 부어준 사무엘 선지자가 많은 이스라엘 사람들의 애통함 속에 죽었어요. 장례를 마친 다윗은 바란 광야를 내려가서는 부하들을 나발에게 보내 양식을 부탁했어요.

다윗이 부하들의 보고를 받고
괘씸한 나발! 혼을 내줘야겠다. 어서 준비하도록 해라.
누구 덕에 안심하고 양을 친 건데 말이야.
사백 명은 나를 따르고 이백 명은 이곳을 지켜라!
잠시 후, 나발의 아내 아비가일이 다윗을 찾아왔어요.
내 주여, 미련한 나발을 여호와께 맡기시고 왕의 칼을 더럽히지 마소서.
이것을 저들에게 먹게 하시고 나발을 용서해 주소서. 주께서 왕이 되셨을 때 나발의 일이 후회되지 않게 하소서.
먹을 거네.
너를 나에게 보내신 여호와를 찬양한다. 너로 인해 나는 복수하는 죄를 짓지 아니하였다.
내가 나발의 집을 안전하게 할 것이니 너는 안심하고 돌아가라.
정말 감사합니다.
얘기는 그만 하시라니까.
음식을 앞에 두고 있으니 더 배고프다.
너희는 어서 이것을 가져가 먹도록 해라.
와~ 이게 얼마만에 먹어보는 음식이냐!
아비가일이 집으로 돌아가고 십여 일이 지난 후 여호와께서는 나발을 쳐서 죽게 하셨어요.
사울 왕을 다시 살려준 다윗
사무엘상 26:1~25
하길라 산에 자리한 막사
뭐야

사울 왕이 십 황무지에 쳐들어왔습니다. 군사는 약 삼천이나 되는 것 같습니다.
뭐라구?
누가 나를 따라 사울에게 가겠느냐?
이 아비새가 가겠습니다.
그래, 아비새. 너는 내가 어찌하는지 지켜보아라!
예, 저에게 뭔가를 보여 주십시오.
과연 그럴까?
사울 왕은 부하들의 호위 속에서 자고 있었어요.
다윗 장군, 하나님이 주신 기회입니다. 사울 왕을 죽여야 합니다.
조용히 해라!
장군이 못 하시겠다면 제가 사울 왕을 죽이겠습니다!
기다려라! 사울 왕은 여호와의 기름 부음을 받은 사람이고 그를 죽이는 것은 우리에게 허락되지 않았다.
하나님이 살아 계시니 반드시 그를 심판하실 것이다. 왕의 머리맡에 있는 창과 물병만 가지고 가자.
사울의 최후를 보고 싶었는데.
다음 날 다윗이 산꼭대기에 서서 사울의 신하 아브넬에게 소리쳤어요.
아브넬은 들어라!
너… 너는 누구냐?

사무엘서

사울 왕을 지키는 용사가 잠만 자느냐?
무슨 소리냐?
사울이 다윗의 목소리를 듣고 깜짝 놀라서 일어났어요.
엉? 다윗의 목소리?
벌떡
네가 왕을 잘 지켰다면 왕의 처소에 있던 창과 물병을 내가 가져왔겠느냐?
아니! 창과 물병이 없다!!
사울이 막사에서 뛰어나왔어요.
너는 다윗이 아니냐?
…예, 그렇습니다.
왕께서는 다시는 저를 쫓지 겠다고 약속하셨습니다. 그런데 왜 약속을 깨셨습니까? 제가 왕의 생명을 중히 여기듯 여호와께서도 제 생명을 중히 여기십니다.
다윗, 네가 또 나를 살려주었구나! 내가 정말 죽을 죄를 지었다. 용서해다오.
뻔뻔한 우리 사울 왕!
다윗은 바보인가 봐.

블레셋에 간 다윗

사무엘상 27:1~30:31

다윗은 난감했어요.
내 동족과 친구를 상대로 싸워야 한단 말인가.
해 질 녘이 되기 전에 아벡에 도착해야 한다!
네! 폐하! (어떻게 해야 이 싸움을 피하지?)
이래서 원수 나라에 오지 말자고 했잖아. 쯧쯧.
그때 블레셋과의 전투를 위해 길보아에 진을 친 사울은 두려움에 떨고 있었어요.
이렇게 위급한 상황인데 하나님은 왜 기도를 못 들은 체하실까? 난 어떻게 해야 되지?
조급함을 참지 못한 사울은 무당을 찾아가는 죄를 또 저질렀어요.
내가 이 돈을 줄 테니 내가 말하는 사람을 부를 수 있겠느냐?
내가 무슨 말을 하더라도 나에게 해를 가하지 않는다면…
여호와께 맹세코 내가 너를 해하지 않을 것이다!
누구를 부르길 원하십니까?
우리 왕 지금 제정신이 아니야…
뻔히 하나님께서 화내실 것을 알면서 말이야.
그러길래 지도자를 잘 만나야 된다니까.

무당 여인이 주문을 외우다 말고 놀라며
당신은 사울 왕이군요. 왜 저를 속이셨습니까?
두려워하지 말고 네가 본 것을 말해라!
한 노인이 제사장들이나 입는 옷을 입고 있다구?
사무엘 선지자일 거야!
사울아! 여호와께서 순종치 않는 너를 버리셨거늘 어찌하여 나를 불러 분노케 하느냐. 이스라엘은 블레셋에 망하고 너와 네 아들은 내일 한자리에서 죽게 될 것이다.
그… 그럴 수가.
한편 다윗이 참전하는 것을 알게 된 블레셋 방백들이 긴급 회의를 소집했어요.
왕이여! 다윗이 왜 이 전투에 참여한 것입니까?
다윗이 거느린 용사가 육백 명이나 됩니다!
만일 저들이 사울을 돕는다면 우리는 협공을 당하게 될 것입니다.
다윗을 시글락으로 돌려보내십시오!
그가 내게 보인 충성은 방백들이 더 잘 알지 않소?
그때는 상대가 이스라엘 사람이 아니었습니다.

아기스 왕이 다윗을 불렀어요.
모든 방백들이 너를 반대하고 있구나. 너는 도로 돌아가서 쉬도록 해라.
결국 그렇게 되었군요.
다음 날 아침, 다윗은 가벼운 마음으로 돌아갔답니다.
미안하다, 다윗!
휴~ 하나님이 기도를 들어 주셨구나!
삼 일 후, 그들이 돌아간 시글락은 아말렉의 침략을 받아 폐허가 되어 있었어요.
누… 누가 이런 짓을…?
다윗은 하나님의 응답을 들은 후 아말렉을 추격했어요.
빨리 쫓아가야 한다.
앗! 저길 보십시오. 한 소년이 쓰러져 있습니다.
숨을 쉬는 것을 보니 며칠을 굶어서 쓰러진 것 같습니다.
어서 물과 먹을 것을 주도록 해라.
그래, 너는 누구인데 이 곳에 쓰러져 있느냐?
예! 저는 애굽 소년으로 아말렉 사람의 종인데, 제가 병들자 삼 일 전에 주인이 저를 버렸습니다.
혹시 그들이 시글락을 침략한 자들이 아니냐?
예! 그렇습니다.
나를 그들에게 안내해 줄 수 있겠느냐?

사울과 요나단의 최후

사무엘상 31:1~13

사무엘서

왕이 된 다윗

사무엘하 1:1~4:12

이것이 제가 가져온 사울 왕의 팔찌와 왕관입니다! 그리고 요나단 왕자님은 적의 창을 맞고 돌아가셨습니다.
됐다! 그만해라. 더 듣고 싶지 않다!
다윗이 두 사람을 위해 '활의 노래'를 불렀어요.
이스라엘아! 너의 영광인 두 용사가 산 위에 엎드려졌도다. 요나단의 활, 사울의 칼이 헛되이 돌아오지 아니하였도다. 내 형 요나단이여! 내가 그대의 죽음을 애통해 한다.
여호와께서 기름 부은 왕을 죽인 저자를 똑같이 죽여라!
예!
그…그럴 수가! 살려주세요.
다윗이 슬픔을 달래고 하나님께 기도드렸어요.
여호와여, 제가 유다 어디로 올라가야 하겠습니까?
헤브론으로 올라가라!
다윗이 헤브론으로 올라가자 유다 사람들이 그에게 기름을 붓고 왕으로 모셨어요.
여호와여, 다윗 왕을 축복하소서.
유다의 왕, 다윗 만세!
다윗 왕에게 평강을! 이스라엘에 평화를!
그런데 사울 왕을 장사지내준 사람이 누구라고 했느냐? 그들에게 상을 내리도록 해라.
예! 길르앗 사람들입니다.

사무엘서

하나님이 기뻐하시는 정치를 해 나가겠습니다. 지켜주소서!
기대! 기대!
한편 아브넬 장군과 이스라엘의 다른 지파 사람들은 마하나임에서 사울의 넷째 아들 이스보셋을 왕으로 삼았어요.
아브넬 장군이 시키는 대로 할 뿐…
이렇게 나약한 사람이 어떻게 왕이냐구요? 다 작전이죠!
그런데 아브넬 장군! 다윗이 유다의 왕이 되었다는데 어떻게 하실 작정입니까?
두고 보시오! 내가 유다 족속과 다윗을 뿌리 째 뽑아버릴 방법이 있으니까.
한편 사울 집안과 다윗 집안의 싸움은 계속되고 있었어요.
그런데 니네는 왜 싸우냐?
그걸 어떻게 아냐? 명령대로 온 거지.
하나님 말씀 때문이다!
퍽
하지만 곧 화해할 수 있는 길이 생겼어요.
폐하! 아브넬 장군께서 귀순을 원하고 계십니다.
그래? 환영할 일이구나!
아브넬이 부하 스무 명을 데리고 헤브론을 방문했고, 다윗은 그들을 위해 잔치를 베풀었어요.
이렇게 융숭한 환영을 해 주시다니 고맙습니다.
많이 드시오, 아브넬 장군.
다윗이 진짜 왕답지?
그럼, 허수아비 왕하고 비교할 수 있겠어?

제가 모든 이스라엘이 왕을 섬기게 하겠습니다. 하하하!
고맙소, 아브넬.
아브넬이 성을 방문하여 후한 대접을 받고 돌아간 뒤 요압 장군이 전쟁에서 돌아와 그 이야기를 듣고 다윗 왕을 찾아갔어요.
우리 동태를 살피러 온 아브넬을 왜 살려 보내셨습니까?
그는 나에게 진정한 화해를 청해 왔소!
다윗 왕도 아브넬의 편이 되었구나. 그러나 나는 결코 너를 용서할 수 없다.
너는 사신인 척하여 아브넬에게 다윗 왕이 다시 찾는다고 얘기하고 데리고 오너라.
예.
헤브론 성으로 다시 돌아온 아브넬을 요압이 성문 안으로 데리고 가 칼로 죽였어요. 그 일은 다윗 왕의 귀에도 들어갔어요.
뭐야!? 요압이 아브넬을?
요압은 하나님의 벌을 받아 그의 집에서는 병자나 칼에 죽는 자나 굶어 죽는 자가 끊임없이 생길 것이다!
다윗은 백성들 앞에서 아브넬의 장사를 치르고 그의 죽음을 슬퍼했어요.
모두 아브넬의 죽음을 슬퍼하라.
백성들을 앞세워 내 잘못을 얘기하는구나. 잘못했습니다.

아브넬이 죽자 이스보셋의 이스라엘은 급격히 무너지기 시작했어요.
이제 아브넬이 죽었으니 우리 이스라엘도 다윗 왕에게 망하고 말겠지?
그래! 우리가 이스보셋 목을 베어다 다윗 왕에게 드린다면 우리에게 높은 벼슬과 상금을 주실 거야.
두 사람은 낮잠을 곤히 자는 이스보셋의 침실로 몰래 숨어 들어갔어요.
지금 때가 어느 땐데 낮잠을 자고 있어. 덜 떨어진 왕은 어쩔 수 없다니까!
소리 없이 빨리 해치우자구!
그들이 이스보셋의 머리를 가지고 다윗을 찾아갔어요.
폐하! 당신을 해치려 한 이스보셋의 머리가 여기 있습니다.
여호와께서 당신의 원수를 죽게 했습니다. 벼슬을 주십시오.
이 천하에 역적 놈들! 자기 왕을 죽이고도 뉘우치지 못하는구나. 이들을 끌고 가서 죽여라!
예!
지파들이 모여 회의 끝에 피를 흘리는 싸움을 피하기로 결정했어요. 얼마 후 이스라엘의 모든 장로들은 헤브론에서 다윗을 왕으로 선택했어요.
여호와의 이름으로 다윗 왕을 축복합니다.
아멘!
폐하! 이제 우리에게도 이스라엘을 대표할 성이 필요합니다.
나도 같은 생각이오. 군사적으로 안전한 예루살렘 성을 빼앗아 우리의 수도로 삼읍시다.

다윗이 여부스 사람들이 살고 있던 예루살렘을 공격했어요.
엄청 견고하고 빈틈이 없구나!
이 성의 주인이 맹인과 절름발이라 해도 너희들은 이 성을 빼앗지 못할 것이다!
저들도 분명히 물이 필요할 텐데 잘 견디는 걸 보면 성 사이에 지하굴이 있는 것이 아닐까요?
그래, 지하 땅굴! 그럴 수도 있겠다. 요압 장군이 찾아보도록 하시오.
요압 장군이 예루살렘 성과 연결되어 있는 지하 굴을 발견했어요.
이곳이다! 어서 들어가자!
얼마 후 그렇게 견고하기만 하던 성문이 열렸고 기다리던 이스라엘 군사들은 성 안으로 쳐들어갔어요.
이 허수아비들아! 내 칼을 받아라.
받으면 죽는데 왜 받냐?
항복하는 자는 살려준다!
마침내 예루살렘 성은 함락되었고 이름도 다윗 성으로 바뀌었어요.
다윗 성, 끝내준다!
다윗성
그 후 주변에 있던 많은 나라들이 다윗의 명성을 두려워하여 스스로 찾아와 충성을 다짐했어요.
왕의 성을 만들고자 두로 왕이 석공과 목공 외에 건축할 재료들을 보내왔습니다.
최고의 품질로 성을 지어드리겠습니다.

사무엘서

다윗이 이스라엘 왕이 되었다는 소식을 들은 블레셋은 군대를 이끌고 쳐들어왔어요.
우리를 공격하기 위해 블레셋이 르바임 골짜기에 진을 쳤답니다.
뭐…뭐야? 블레셋이!
여호와여 제가 어떻게 저들과 싸워야 하겠습니까?
너희는 뽕나무 맞은편에서 그들을 기습하라. 내가 앞서 그들을 치리라.
그들은 하나님 말씀대로 행하였고 다윗은 블레셋에게 곧 승리를 거두었어요.
모든 일을 빈틈없이 행하시는 여호와를 찬양하라!
한 번 다윗은 영원한 다윗!
와와
다윗 왕이 가는 길에 승리뿐이다!
하나님의 은혜로 강성해진 다윗은 그 성에서 이스라엘을 사십 년 동안 다스렸어요.
하나님의 언약궤
사무엘하 6:1~25, 역대상 15:1~16:43
왕이여! 성이 완공되었습니다!
하나님의 법궤를 모실 수 있는 장막을 준비하라. 법궤를 모셔와 예배를 드려야겠다.

법궤를 호위하는 삼만의 백성을 모으고 모세의 율법대로 레위 족속 중에서 법궤를 옮길 사람을 뽑아 성결하게 준비하라!
법궤가 모셔진 곳은 어디냐?
바알레유다에 있는 아비나답의 집에 이십 년 동안 모셔져 있다고 합니다.
법궤가 돌아오는 날은 축제일이니, 장로들에게 일러 노래하는 자들을 세우고 악기를 연주토록 하여 그 기쁨을 모두가 나누도록 하라.
예! 최고의 전문가들로 준비시키겠습니다.
여호와의 법궤는 아비나답의 집을 나와 예루살렘 성으로 향하던 중 오벧에돔의 집에서 삼 개월 동안 머물렀어요. 그 집이 축복 받은 모습을 보고 다시 길을 재촉해 예루살렘에 드디어 입성하게 되었어요.
문들아 너희 머리를 들지어다! 영광의 왕이 들어가시리로다!
빠바밤 빠바 라
아멘! 아멘!
성 안으로 법궤가 들어오자 다윗이 그 앞에서 춤을 추었어요.
이렇게 좋을 수가! 춤추며 여호와의 이름을 찬양합니다.
기쁨이 가득한 춤이야.
무슨 왕이 저렇게 체통이 없으실까. 백성들 앞에서 부끄럽지도 않으신가 봐.
우리 왕의 순수함을 미갈 왕비는 모르셔!

요나단의 아들 므비보셋

사무엘하 7:1~10:19

다윗과 밧세바

사무엘하 11:1~27

다윗이 비밀리에 요압 장군에게 편지를 보냈어요.
전쟁이 시작되면 우리아를 최전방에 세워라.
우리아 장군! 적들의 성 정문을 치고 들어가 적을 섬멸하시오!
우리들은 멀찌감치 떨어져 있다가 그냥 돌아오랬어요.
와
다윗의 계획대로 우리아는 적들의 성 앞에서 화살에 맞아 죽고 말았어요.
내가 죽는 게 이번 작전인가?
다윗 왕이 왜 우리아 장군을 죽이라 했을까?
요압이 다윗에게 전령을 보냈어요.
적의 화살에 우리아 장군이 전사했습니다.
이런! 하늘도 통곡할 소식이구나! 우리아 장군이 죽다니!
남편의 전사 소식을 전해 들은 밧세바는 슬피 울었어요.
자기가 진짜로 죽었다니… 흑흑흑!
밧세바가 우리아의 장례를 마치자 다윗 왕은 그녀를 궁으로 불러들여 아내로 삼았어요.
좀~ 쑥스럽다.
우리아 장군도 이해하실 거예요.
성혼을 선포합니다.

나단 선지자의 책망
사무엘하 12:1~25
결혼 후 밧세바는 아들을 낳았어요.
하하하. 이놈 날 꼭 닮았어.
하나님께서 다윗에게 나단 선지자를 보내셨어요.
어서 오시오. 나단 선지자, 무슨 일이 있는 거요?
성 안에서 안 좋은 일이 있었기에 말씀드리러…
말해 보시오.
두 사람이 있었습니다. 한 사람은 많은 양과 소를 가진 부자였고,
또 한 사람은 양 한 마리만을 가지고 자식처럼 애지중지하며 키우는 가난한 사람이었죠. 그런 어느 날 부잣집에서 손님이 왔습니다. 부자는 한 마리 양이 탐나서 가난한 자가 키우는 암양을 빼앗아갔습니다.
저런 못된 놈이 있나! 그가 누구요? 당장 잡아죽이고 탈취한 것의 세 배를 갚도록 하겠습니다.
왕이 바로 그 사람이오!
엣!?
하나님께서 왕에게 좋은 것을 모두 주셨는데 왕께서는 헷 사람 우리아를 죽이고 그의 아내 밧세바를 취하셨습니다!
당신의 죄로 인하여 태어난 아이는 죽을 것이고 다른 아이들 간에는 칼부림이 끊이지 않을 것이라 하셨소.
다윗은 금식기도를 했어요.
하나님! 죄를 용서해 주시고 내 안의 영을 새롭게 하소서.
그러나 아이는 시름시름 앓다 칠 일 만에 죽었어요.
공평한 세상이라니까.
흑흑. 아가야!

사무엘서

다윗과 밧세바

성경은 다윗을 '하나님의 마음에 합한 자'라고 소개합니다. 그는 이스라엘의 가장 훌륭한 성군으로서 후대의 왕들을 평가할 때 '다윗의 길로 행한 왕'과 그렇지 않은 왕을 나누는 기준이 됩니다. 또 그는 누구보다 하나님의 은혜를 많이 입은 자였습니다. 한낱 목동에 불과했던 그의 삶은 하나님의 손에 붙들려 이스라엘의 왕이 됩니다. 사무엘하 7장에서는 그의 자손이 영원토록 하나님의 백성들을 통치하게 될 것이라는 언약도 받습니다.

그런데 놀랍게도 얼마 지나지 않아 다윗은 큰 범죄를 저지릅니다. 많은 아내를 거느렸는데도 남편이 있는 아내를 탐하였고, 결국 이 죄는 간음과 살인까지 이어집니다.

암몬과의 국제적 갈등은 전쟁으로 치달았고, 병사들은 모두 전쟁터에 나갔습니다. 그런데 왕인 다윗은 예루살렘 성에서 낮잠을 자고 있습니다. 이후 왕궁에서 목욕하는 밧세바를 보게 되고 남편이 있는 여인임에도 불구하고 관계를 가지게 됩니다. 그리고 우리아의 아내였던 밧세바는 임신을 했다고 다윗에게 알립니다. 이스라엘의 왕중왕이라고 불리던 다윗은 그때부터 무너지기 시작합니다. 자신의 죄를 은폐하기 위해 충실한 부하 우리아를 사지로 내몰아 죽게 하고, 전쟁에서 패배하는 데도 아무렇지 않게 넘어갑니다. 그리고 밧세바를 아내로 맞이합니다. 아마 다윗은 자신의 죄를 완벽하게 감추었다고 생각했을 것입니다. 그러나 하나님이 이 일을 들추어 내십니다. 나단 선지자를 통해 다윗 스스로의 모습을 처절하게 밝히시고 그 값을 치르게 하셨습니다. 그 죗값은 '영원토록' 다윗의 집안에 칼부림이 끊어지지 않을 것이라는 무거운 저주였습니다(삼하 12:10). 다윗이 자신의 죄를 감추기 위해 암몬의 칼을 빌려 우리아를 쳤던 것처럼, 하나님께서 다윗의 집안을 칼로 치십니다.

가장 먼저는 간음으로 임신한 아이가 죽습니다. 또 자신의 아들 암논이 이복 남매인 다말을 강간하게 되고, 이 죄로 인해 다말의 오라비인 압살롬이 다른 형제들을 죽이는 비극이 일어나고 끝내는 압살롬이 아버지 다윗에게까지 칼을 들이댑니다. 이러한 골육상잔의 아픔이 다윗에게 일어난 하나님의 심판이라 할 수 있습니다.

아버지 다윗의 강간죄는 암논의 강간죄와 매우 유사합니다. 모두 여인들이 피해자이고 자신의 집에서 죄가 벌어졌으며, 그 결과 다윗의 아들들이 죽었습니다. 아버지가 저질렀던 죄의 모습이 자녀에게서 발견된다면 얼마나 무섭고 슬플까요? 윗세대의 죄를 다음 세대가 이어간다는 것은 정말 가슴 아픈 일이 아닐 수 없습니다.

그럼에도 불구하고 다윗은 하나님 앞에 진심으로 회개합니다. 상하고 깨어진 심정으로 하나님 앞에 무릎을 꿇습니다. 시편 51편이 다윗의 이러한 모습을 가장 잘 보여줍니다.

하나님이여 주의 인자를 따라 내게 은혜를 베푸시며
주의 많은 긍휼을 따라 내 죄악을 지워 주소서
나의 죄악을 말갛게 씻으시며 나의 죄를 깨끗이 제하소서
무릇 나는 내 죄과를 아오니 내 죄가 항상 내 앞에 있나이다
우슬초로 나를 정결하게 하소서 내가 정하리이다
나의 죄를 씻어 주소서 내가 눈보다 희리이다
주의 얼굴을 내 죄에서 돌이키시고 내 모든 죄악을 지워 주소서
하나님이여 내 속에 정한 마음을 창조하시고
내 안에 정직한 영을 새롭게 하소서
나를 주 앞에서 쫓아내지 마시며
주의 성령을 내게서 거두지 마소서(시 51:1-3, 5, 7, 9-11)

다윗은 피하지 않고 자신의 죄악들을 고백합니다. "내가 여호와께 죄를 범하였노라"(삼하 12:13) 드디어 정상적인 모습으로 돌아온 다윗은 자신이 지은 죄가 피해자에게는 물론이거니와 하나님께도 범죄라는 사실을 깊이 자각하고 고백하며 회개합니다. 하나님께서는 이런 다윗의 회개를 받으시며 용서하시고, 이번 일로 인해서 다윗이 죽지 않을 것을 확언해주십니다.

암논을 죽인 압살롬

사무엘하 13:1~14:33

폐하, 압살롬 왕자님이 모든 왕자님들을 암살했답니다.
이… 이런 하나님의 예언대로 되는구나!
폐하, 진정하시고 안정을 취하십시오.
폐하, 암논 왕자님만 빼고 다른 왕자님들은 모두 살아 있답니다.
알지도 못하면서 왜 황당한 보고를 하냐!
아버지, 압살롬을 혼내주세요!
우리 형제 모두가 죽을 뻔했다구요.
그때 압살롬은 왕을 피해 그술로 도망가고 있었어요.
아버지께서 용서하실 때까지 그술에서 기다리자.
요압 장군이 한 여인을 불러서 말했어요.
그대는 상복을 입고 왕에게 들어가서 내가 시키는 대로 하시오.
염려는 붙들어 두세요. 제 전공이 연기라구요.
다윗 앞에 선 그녀는
저는 드고아에서 왔는데 다윗 왕께 하소연하고자 합니다.
울음을 멈추고 말하라!
제게는 두 아들이 있는데, 어느 날 그 동생이 형을 죽였습니다. 그것을 안 동네 사람들이 남은 아들마저 내놓으라고 합니다.
그럼 안 되지! 내가 누구도 그 아들에게 해를 입히지 말라 하겠다.

황송하지만 한 가지만 더 여쭤도 되겠습니까?
무슨?
이 종에게는 그렇게 은혜를 베푸시면서 왕에게 내쫓긴 자에게는 왜 은혜를 베풀지 않으십니까?
이 말을 너한테 시킨 것은 요압 장군이로구나.
무엇을 숨기겠습니까? 그렇습니다.
장군께서는 폐하가 하나님의 사자같이 지혜로우시다 하셨습니다.
다윗은 여인을 돌려보내고 요압 장군을 불러서 말했어요.
내가 그대의 청을 허락하노니 장군은 가서 압살롬을 예루살렘으로 데려 오도록 하시오.
폐하, 고맙습니다.
그러나 압살롬은 예루살렘에 온 지 이 년이 지나도록 다윗 왕의 얼굴조차 볼 수가 없었어요.
정말 너무 하시네. 이러려면 왜 나를 돌아오게 한 거야?
압살롬이 하인을 요압에게 보내 만날 것을 부탁했지만 요압은 오지 않았어요. 화가 난 압살롬은
너는 요압의 밭에 가서 불을 질러라.
옛!? 저보고 방화범이 되라구요?
요압이 자기 밭에 불이 났다는 이야기를 듣고 압살롬에게 찾아왔어요.
이런 망나니가 왕이 된다는 건 생각만해도 아찔해!
왕자님! 요압 장군이 오셨습니다.

왕자님은 어찌하여 종들을 제 밭에 보내 불을 내셨습니까?
그리 아니하면 바쁘신 장군 얼굴을 어찌 뵙겠소?
그나저나 장군은 이런 푸대접을 받게 하기 위해 나를 부른 것이오?
왜 이렇게 뻔뻔할까?
더 이상 못 기다리겠소! 아버지께 나를 죽이시든지 아니면 다른 아들과 같은 대접을 해달라고 하시오.
요압이 다윗 왕을 찾아갔어요.
왕자님이 그 동안 많이 뉘우치시고 있습니다. 이제 그만 불러주시지요.
(나도 압살롬이 보고 싶은데) 용서할 테니 조용히 들어오라 전해라.
압살롬의 반란
사무엘하 15:1~19:8
그런데 압살롬은 다윗 왕에 대한 반역을 꾀하기 시작했어요.
특공대여, 열심히 훈련하라.
압살롬 왕자님이 다윗 왕보다 몇 배는 더 훌륭한 왕이 될 거야.
사 년의 시간이 지난 어느 날, 압살롬이 다윗 왕을 찾아 와서는
제가 그술에 있을 때 예루살렘에 돌아오게 하신다면 여호와만을 섬기겠다고 서원하였습니다.
그래서 지금 잘 섬기고 있잖느냐?

그래서 제가 헤브론에 가서 여호와께 감사의 제사를 드리려구요.
하하하. 그리하도록 해라. 이 아비를 위해서도 기도하고!
압살롬은 병사들과 함께 헤브론으로 출발했어요.
각 지파로 보낸 사람들은 돌아왔느냐?
예! 이백여 명 모두 참석 확인을 받아왔습니다.
그는 헤브론에 도착하자 나팔을 불고 자신이 왕임을 선포했어요.
이제부터 내가 이스라엘의 왕이다. 내 아버지 다윗을 따르는 자는 죽음을 당할 것이다.
압살롬 왕 만세!
압살롬이 왕이 되었다는 소식을 듣고 그를 따르는 많은 무리가 몰려들었어요.
새 역사는 새 지도자가 연다!
압살롬은 뜨는 해, 다윗은 지는 달.
이곳은 다윗 성
무리들이 헤브론에 모여 압살롬 왕자님을 왕으로 세우고 반란을 일으켰습니다.
뭐야? 내 아들 압살롬이?

내 아들과 내 백성을 상대로 싸울 수 없다. 성에서 도망가자!
분합니다. 그러나 분부대로 하겠습니다.
그래도 압살롬을 사랑하시는구나.
법궤는 어떻게 할까요?
법궤가 움직여서는 안 된다. 너희가 성에 남아 지키도록 해라. 여호와께서 은혜를 베푸시면 우리가 다시 돌아올 것이다.
다윗 왕의 친구 후새…
저도 왕을 따르겠습니다.
아니다, 후새. 너는 돌아가서 내 아들 압살롬을 섬기도록 해라. 대신 성 안의 소식을 가끔 알리도록 해.
드디어 압살롬이 예루살렘 성에 들어왔어요.
후새, 너는 어찌하여 네 친구 다윗과 같이 가지 않았느냐?
와 와 와
여호와께서 세우신 압살롬 왕을 섬기기 위해 이곳에 남아 있었습니다.
여기는 압살롬의 회의장
일만 이천의 군사를 이끌고 쫓아가 다윗 왕을 죽이고 백성들을 살려 왕을 섬기게 하겠습니다.
제 생각엔 좀 더 지켜보다 더 좋은 기회를 노렸으면 합니다.
와 와
마침내 다윗을 추격해온 압살롬 군과 다윗의 군이 수풀에서 전투를 벌였어요.

압살롬은 크게 패해서 도망가다 상수리 나무에 머리가 걸리고 말았어요.
턱
달려온 요압 장군은 압살롬을 죽이지 말라는 다윗의 말을 생각할 겨를없이 창으로 압살롬을 찔러 죽였어요.
전하, 압살롬 왕자님도 반역한 군사들과 같이 돌아가신 듯합니다.
뭐야?
승리의 날이 슬픈 날이 되었습니다.
내 아들 압살롬아, 내가 너를 대신하여 죽었다면…
왕이 너무 슬퍼하신다.
성에 돌아오면 환영받을 줄 알았는데.
왕께서 이런 모습을 보이신다면 백성들은 왕을 떠나고 말 것입니다. 어서 백성들을 격려하여 주십시오.
그래! 그대의 말이 백 번 옳다. 밖으로 나가자!
다윗 왕이 성문에 서자 백성들이 크게 환호했어요.
다윗 왕 만세!
이스라엘에게 승리를 주신 여호와를 찬양하라.
이스라엘 만세!
예루살렘으로 돌아가자.

열왕기서

열왕기서는 다윗 이후 솔로몬이 왕으로 등극하는 시기부터 약 400년간의 이스라엘 역사를 보여주고 있습니다. 40여 명의 왕과 그 시대에 활동한 12명의 선지자 이야기가 서로 얽히면서 진행되는 이 이야기의 핵심은 '다윗 왕조가 하나님의 말씀에 순종하는가'입니다. 이것을 '다윗의 길로 행했다'라는 문장으로 표현합니다(왕하 22:2; 대하 17:3; 34:2). 그러나 조금 더 크게 보면 하나님께서 이스라엘이라는 민족을 택하셔서 언약을 맺으시고, 출애굽기부터 사무엘서에 이르기까지 긴 세월을 통해 이루시고자 하셨던 그 궁극적인 목적인 '하나님의 나라'가 이 땅 위에서 어떻게 진행되고 있는지를 보여주는 것이 열왕기서 전반에 흐르는 주제입니다.

왕 중의 왕이라고 불리는 다윗이 늙었습니다. 아도니야가 왕이 되려고 하자 나단 선지자가 발 빠르게 움직여 결국 솔로몬이 왕으로 기름 부음을 받습니다. 솔로몬은 기브온 산당에서 일천번제를 드리며 겸손한 모습으로 왕위를 시작합니다. 하나님은 그런 그에게 백성들을 잘 재판할 수 있도록 '듣는 마음'을 주시고 지혜도 부어 주십니다. 아버지 다윗의 소원이었던 성전 건축을 마친 후 하늘을 향하여 손을 들고 기도합니다. 역대기서에서 성전을 건축하는 장면을 살펴보면 열왕기서에서 알려주지 않는 부분들을 알 수 있습니다. 그중 하나가 여호와의 성전을 건축하기 위해 다윗은 물론이요, 신하들과 백성들이 마음을 드려 준비했다는 점입니다(대상 29:17). 마음을 감찰하시는 하나님 앞에 주의 백성이 정직한 마음으로 성심을 다해 자원하여 드렸다고 말합니다. 역대기서에 따르면 솔로몬이 지혜의 왕이 된 이유는 다윗의 기도 때문입니다.

또 내 아들 솔로몬에게 정성된 마음을 주사
주의 계명과 권면과 율례를 지켜 이 모든 일을 행하게 하시고
내가 위하여 준비한 것으로 성전을 건축하게 하옵소서 하였더라(대상 29:19)

성전이 완공되자 언약궤도 그곳으로 옮기고 성대한 기도와 함께 성전을 봉헌합니다. 솔로몬은 뛰어난 지혜로 많은 건축물들을 지었고 문화를 일으켰으며 무역도 활발하게 했습니다. 나라는 점점 부강해져 갔고 그의 명성은 스바(아라비아 반도의 예멘으로 추정됨)의 여왕이 찾아올 정도였습니다. 그러나 동시에 이방 여인과의 결혼을 시작으로 이방 신상들을 세우기 시작했습니다. 점점 그의 마음이 하나님을 떠나고(왕상 11:3, 9) 솔로몬 사후에 나라가 둘로 갈라지게 됩니다.

북이스라엘은 200년 조금 넘는 기간 동안 20명의 왕들이 왕조를 바꿔가면서 다스렸습니다. 반면

남유다는 약 350년 동안 다윗의 왕조가 계속해서 다스렸습니다. 북이스라엘의 초대 왕 여로보암은 벧엘과 단에 금송아지를 세우고 배교의 길을 걷기 시작합니다. 이후 계속해서 악한 왕들의 통치가 이어졌으며, 오므리 왕조의 아합 왕 때에 그 악함이 절정에 달합니다. 이때부터 선지자들의 외침이 더욱 간절해집니다. 특히 아합 왕에게 하나님의 말씀을 선포한 엘리야의 사역이 열왕기상 후반부의 중심내용이 됩니다. 우상의 나라가 된 북이스라엘에 '하나님의 나라'를 선포하는 것입니다.

엘리야의 사역은 엘리사에게 승계됩니다. 엘리사 선지자는 타락해가는 이스라엘 땅에 계속해서 하나님 나라와 하나님의 주권에 관련된 말씀들을 선포합니다. 그는 엘리야 선지자보다 갑절의 이적들을 행하면서 백성들이 돌아오기를, 세움받은 왕들이 돌아오기를 소망합니다.

사실 영적으로는 계속 타락해 갔지만 겉으로 보기에 나라가 부강했던 적도 많았습니다. 예를 들면 이스라엘의 여로보암 2세 때는 북이스라엘이 가장 넓은 영토를 차지하고 정치적, 군사적으로도 큰 성공을 거둔 때입니다. 그러나 성경은 여로보암 2세가 여호와 보시기에 악한 왕이었다고 냉정한 평가를 내립니다. 다른 왕들이 나라를 다스릴 때도 마찬가지였습니다. 이것은 열왕기서가 말하고자 하는 부분이 있음을 알게 합니다. 나라가 부강하거나 가난해진 것을 중요하게 보고 있지 않습니다. 왕이 정치를 잘하는지 못하는지가 평가의 기준이 아닙니다. 열왕기서는 무엇인가 더 큰 이야기를 보여줍니다. 바로 여호와 하나님의 말씀, 하나님과 이스라엘 백성의 언약이 실제로 이루어지는가 그렇지 않은가 하는 것입니다.

북이스라엘은 여로보암 2세 이후 급속도로 몰락합니다. 계속된 반역과 쿠데타로 왕권은 약해지고, 앗수르의 계속된 침공으로 곧 멸망합니다(주전 722년경). 하나님께서 북이스라엘을 구원하지 않으신 것입니까? 아니요. 열왕기서는 북이스라엘의 멸망이 하나님의 뜻이었다고 선언합니다. 계속해서 선지자들을 통해 말씀하시고 경고하셨음에도 불구하고 그치지 않았던 악한 왕들의 불순종과 배교, 백성들의 완악함과 회개하지 않음의 결과가 하나님의 심판을 불러왔다는 것입니다. 북이스라엘이 망한 것은 하나님과 이스라엘 백성이 맺은 언약의 성취였습니다.

남유다도 마찬가지입니다. 그래도 남유다에는 선한 왕들이 있었습니다. 중간중간 종교개혁도 일으키고 하나님의 은혜를 입은 왕들도 나타납니다. 히스기야나 요시야 왕은 다윗의 길로 행한 탁월한 왕들이었습니다. 하지만 그때 뿐이었고, 남유다도 우상숭배와 혼합종교의 죄에서 벗어나지 못했습니다. 바벨론의 3차에 걸친 침공으로 성전은 무너지고 나라는 황폐해집니다. 남유다의 멸망도 결국 언약의 성취입니다. 하나님께서 앗수르나 바벨론에게 지신 것이 아닙니다. 하나님의 백성 스스로 지은 죄의 결과입니다.

그런데 주목해야 할 대목이 남아있습니다. 사실 다윗 언약의 핵심은 '영원히' 다윗의 후손이 이어질 것이라는 점이었습니다. 이스라엘 백성들은 이것을 자신들의 나라가 영원히 멸망하지 않는 것으로 받아들였습니다. 그런데 멸망해버린 것입니다. 이들의 충격이 얼마나 컸을까요? 하나님의 언약은 어떻게 된 것입니까?

이 질문에 대한 답이 열왕기하 맨 마지막 장면(왕하 25:27-30)입니다(그리고 예레미야서의 마지막 장면이기도 합니다). 남유다의 마지막 왕이라 할 수 있는 여호야긴이 포로에서 풀려납니다. 멸망한 나라의 왕이 포로로 끌려갔는데, 그곳에서 대접을 받으며 희망적인 모습들을 보여주고 있습니다. 왕의 의복을 입고 바벨론 왕과 같은 상에서 음식을 먹습니다. 다윗의 자손이 포로로 끌려 갔지만 그곳에서 자유를 누리고 있다는 이야기로 열왕기하가 끝이 나는 것입니다. 이것은 하나님께서 다윗과 맺은 언약을 기억하고 계시다는 것을 보여주는 하나의 복선입니다. 하나님은 자신의 언약을 잊지 않으십니다. 그리고 그분은 지금도 자신의 언약을 이루어 가시는 분이십니다.

그에게 좋게 말하고 그의 지위를 바벨론에 그와 함께 있는 모든 왕의 지위보다 높이고
그 죄수의 의복을 벗게 하고 그의 일평생에 항상 왕의 앞에서 양식을 먹게 하였고
그가 쓸 것은 날마다 왕에게서 받는 양이 있어서
종신토록 끊이지 아니하였더라(왕하 25:28-30)

솔로몬이 왕이 되다

열왕기상 1:1~2:25

다윗 왕의 명령은 즉시 실행되었어요.
왕이 된 솔로몬이 행진하는 예루살렘 시가지는
환호로 가득 찼어요.
와
저 당당한 풍채와 빛나는 얼굴을 보라구.
이스라엘 왕 솔로몬 만세!
다윗 임금의 전성기 때의 모습과 똑같다!
아도니야 왕자의 숙소
큰일 났습니다. 백성들이 다윗 왕의 뒤를 이은 솔로몬 왕을 축하하고 있습니다.
뭐라구?
겁에 질린 아도니야가 성막 안으로
들어가 제단을 붙잡고…
솔로몬 왕이 나를 죽이지 않겠다고 맹세하기 전에는 절대 못 나가.
그 이야기를 들은 솔로몬 왕은
앞으로 착하게 살면 살 것이고, 악하게 살면 죽을 것이라고 전해라!
예!
솔로몬 왕은 아도니야의 약속을 받고
그를 용서했어요.
죽음이 임박한 다윗이 솔로몬을 불렀어요.
모세의 율법대로 하나님을 섬기면 너의 이스라엘이 형통할 것이다.
알겠습니다, 아버님.
마침내 이새의 아들
다윗이 죽었어요.
이스라엘 왕이 된 지
사십 년 만이었어요.

솔로몬의 왕권 확립

열왕기상 2:26~3:15

너와 같은 왕은 전이나 후에도 없을 것인즉 나는 네가 구하지 않는 부귀와 영화도 주겠다! 또한 내 법을 잘 지키면 네 왕위와 생명을 지켜주리라.
하나님, 감사합니다.
예루살렘으로 돌아온 솔로몬 왕은 여호와의 법궤 앞에서 제사드렸어요.
오~ 하나님, 당신을 기쁘게 해드리겠습니다.
솔로몬의 지혜로운 재판
열왕기상 3:16~28
두 여인이 솔로몬 왕을 찾아왔어요.
무슨 일인지 어서 말하라!
저희 둘은 한 집에 살며 제가 아이를 낳은 삼 일 후에 이 여자도 아기를 낳았지요.
그런데 이 여자가 잠결에 자기 아이를 눌러 죽이고, 제가 잠든 사이 제 아이와 죽은 아이를 바꿔치기 했습니다. 새벽에 아이에게 젖을 먹이려다 그 사실을 알았습니다.
봤니! 봤어?
폐하, 지금 이 여자는 거짓말을 하고 있습니다. 이 아이는 제 아이 라고요.
누구 말이 사실인 거야?
그러자 솔로몬이 신하에게
살아 있는 저 아이를 두 여자에게 반씩 나누어 주어라!
네? 아, 넵!
폐하! 아이를 죽일 수 없습니다. 차라리 저 여자에게 주십시오.
그러지 말고 반씩 나누면 공평하겠네!
흑흑
아이를 죽이지만 말아주세요.
바로 저 여인이 친엄마다. 아이를 저 여인에게 주고 거짓말한 저 여인을 혼내도록 해라!
난 죽었다

열왕기서

성전을 건축한 솔로몬
열왕기상 4:1~6:38, 역대하 2:1~7:22
하나님의 약속대로 솔로몬이 다스리는 이스라엘은 내적으로 태평성대를 이루었고, 외적으로 주변 나라의 조공을 받는 강대국이 되었어요.
솔로몬이 왕이 된 지 사 년
두로 왕에게 협조문을 보내라.
두로 왕은 다윗 왕의 궁전을 건축해 주신 분이지요.
두로 왕궁전
우리 나라에서 백향목을 베겠다고? 다윗 왕이 지혜로운 아들을 두었구나. 대신 우리에게는 식량을 달라고 전해라.
그렇습니다. 식량 사정이 안 좋습니다.
너희 삼만 백성들은 삼 교대로 돌아가며 레바논에서 일을 해.
저는 두 달 쉬고 다시 왔어요.
일부는 나무를 베고 일부는 석공을 도와 돌을 다듬어라.
두로에서 예루살렘까지는 200km나 되는데…
역시 솔로몬다운 대공사야. 추진력도 대단하다구.
저 나무를 뗏목처럼 엮어 욥바로 이동하자!
욥바에 도착하면 예루살렘까지 또 가야 해요.
솔로몬 왕이 말했어요.
최고의 기술자들만을 동원하여 성전의 기물을 제작토록 하라!
나는 금 등잔과 대접을 만들겠습니다.
나는 화로와 집게를 만들겠습니다.

밤낮으로 공사는 진행되었고
시작한 지 칠 년 만에 성전은 완성되었어요.
백향목과 금으로 장식된 아름다운 성전이다.
그런데 성전은 왜 모리아 산에 지은 거야?
다윗 왕이 여호와와 만난 곳이잖아! (대하 3:1)
온 이스라엘 장로들과 백성들 가문의 대표들을 불러모아 하나님의 언약궤를 성전으로 옮기도록 하자!
언약궤가 들어온다!
저 궤는 성전의 가장 깊숙한 지성소에 모셔진대요!
여호와는 선하시다. 그 인자하심이 영원히 있도다!
저길 봐! 성전에 구름이 떴다!
저것은 여호와의 영광이 성전에 가득한 것이오!
솔로몬 왕이 백성들이 보는 앞에서 무릎을 꿇고
기도하기 시작했어요.
내 아버지 다윗을 대신하여 주의 성전을 건축하였사오니 주께서는 이 성전에서 백성들의 기도를 들어주소서.
알겠다. 솔로몬아!
너는 다윗과 같이 율법을 지키며 나를 섬기라. 그리하면 네 왕위가 견고할 것이요, 백성들이 우상을 섬기지 않고 순종하면 그 기도에 응답하리라!
하나님, 감사합니다.

열왕기서

성전의 역사

'성전'은 초기 인류 역사의 모든 지역, 모든 문화권마다 발견되는 '문화 상징의 총화'라고 할 수 있습니다. 당시의 모든 문화적 유산과 종교적 유산이 만나는 지점이며 사회적, 경제적인 역량의 총집합이 성전이라는 건물로 나타나게 되는 것입니다.

이런 점은 이스라엘도 동일합니다. 첫 성전은 다윗의 아들 솔로몬이 지었지만, 그 초기 모델은 아담의 에덴동산과 모세의 성막에서도 발견됩니다. 인류의 모든 문화 속에서 신을 모시는 건물의 핵심 가치는 결국 '신의 존재 유무'이고 신이 그곳에 있어야만 가능한 것, 곧 신과의 소통입니다. 다시 말하면 성전에서 가장 중요한 장소는 신과 소통하는 장소(제단)이고, 그곳에서 특정한 행위를 통해 신과 연결되고, 소통하고, 신에게 영향력을 발휘하여 이득을 얻는 것이 성전의 존재 이유라는 것입니다. 그래서 모든 종교에는 '기도'라는 형식의 행위가 발달하게 됩니다.

하지만 타 종교와 기독교의 차이는 바로 이 지점에서 발생합니다. 기타 종교들에서도 제사나 기도와 같은 형태의 신앙형식은 발견되지만 그 이유가 다릅니다. 기독교는 지불해야 할 대가가 선행되지 않습니다. 즉 제물을 신에게 바쳐야만 신이 만족하고 응답을 주는 형식이 아니라는 것입니다. 기독교에서 제사를 드리는 이유는 하나님 때문이 아니라 사람 때문입니다. 기도를 드릴 때도 무언가를 해야 신이 기도를 들어주는 형식이 아닙니다. 기독교에서 기도는 신에게 무엇인가를 받기 위한 행위가 아니고, 오히려 참 신이신 하나님과 소통하고 그분의 뜻과 사랑을 경험하는 통로입니다. 그리고 우리는 기도를 통해 은혜를 받게 되는 것이지요. 그래서 성도의 기도는 하나님을 변화시키지 않고 기도자 자신을 변화시키는 것입니다.

건축물로서의 성전과는 조금 다르지만 태초의 성전이라고 할 수 있는 에덴동산은 하나님과 직접 소통할 수 있는 곳이었고. 하나님은 그곳에 임재하셨습니다. 성경은 그것을 하나님께서 거니셨다고 표현합니다(창 3:8). 그곳에서 하나님은 아담과 대화했고, 아담은 하나님과 함께 살았습니다. 성전의 궁극적인 모습입니다.

이후 하나님은 모세를 통해 직접 디자인하신 '성막'을 백성들 한가운데 세우십니다. 이 성막은 일종의 이동식 텐트였는데, 그 구조는 크게 성막 뜰과 성소, 그리고 지성소로 나눌 수 있습니다. 가장 안쪽에 있는 지성소는 언약궤(법궤)를 두는 장소이면서 하나님의 임재를 상징하는 곳으로써 그 거룩함을 절대로 훼손해서는 안 되는 곳이었습니다. 일반 백성들은 들어갈 수가 없었고, 대제사장만이 일 년에 한 번, 속죄일에 들어갈 수 있었습니다. 백성들은 바로 이곳, 하나님 임재의 상징인 성막에서 자신의 죄를 사함 받을 수 있는 제물들을 가지고 제사를 드렸으며, 이 절차를 거친 후 하나님과의 관계가 회복되는 은혜를 누렸습니다. 모세는 성막에서 자주 기도했으며, 거룩하신 하나님께서 임재했다는 상징인 성막에서 일했던 제사장들과 레위인들은 이에 걸맞는 성결을 유지해야 했습니다.

솔로몬이 완공된 성전을 봉헌하면서 하나님께 드리는 기도의 내용(왕상 8:12–53), 그리고 성전과 왕궁의 건축을 다 마친 솔로몬에게 하나님께서 친히 말씀하신 내용(왕상 9:3–9; 대하 7:12–22)을 보면 성전의 역할이 더욱 선명하게 드러납니다.

주께서 전에 말씀하시기를 내 이름이 거기 있으리라 하신 곳 이 성전을 향하여
주의 눈이 주야로 보시오며 주의 종이 이 곳을 향하여 비는 기도를 들으시옵소서
주의 종과 주의 백성 이스라엘이 이곳을 향하여 기도할 때에 주는 그 간구함을 들으시되
주께서 계신 곳 하늘에서 들으시고 들으시사 사하여 주옵소서 (왕상 8:29–30)

내 이름으로 일컫는 내 백성이 그들의 악한 길에서 떠나 스스로 낮추고 기도하여
내 얼굴을 찾으면 내가 하늘에서 듣고 그들의 죄를 사하고 그들의 땅을 고칠지라
이제 이 곳에서 하는 기도에 내가 눈을 들고 귀를 기울이리니
이는 내가 이미 이 성전을 택하고 거룩하게 하여 내 이름을 여기에 영원히 있게 하였음이라
내 눈과 내 마음이 항상 여기에 있으리라 (대하 7:14–16)

즉 성전은 하나님의 임재의 상징이며 하나님께서 항상 눈과 귀를 열어두시는 장소라는 것입니다. 예수님께서도 사람들이 성전에서 장사하는 모습을 보시고 분노하시며 "내 아버지의 집은 만민이 기도하는 집"(사 56:7; 막 11:17)이라고 외치셨습니다. 성전은 다른 곳이 아닙니다. 성전은 하나님께 기도하는 곳입니다. 하나님을 만나는 곳입니다.

성전의 진정한 의미

'기도하는 집으로서의 성전'이라는 주제를 조금 더 들여다보면 성전은 하나님과 함께 사는 곳이라고 할 수 있습니다. 성전의 핵심요소 중 하나가 기도라고 했을 때, 앞서 언급했던 것처럼 성전의 가장 중요한 의미는 신의 임재입니다. 하지만 이스라엘의 성전은 처음부터 하나님이 계실 수 없는 곳이었습니다. "하늘들의 하늘이라도" 하나님을 용납하지 못한다고 성경은 이야기하기 때문입니다(왕상 8:27). 그래서 성전은 사실 하나님을 위한 곳이 아니라 하나님의 백성들을 위한 장소입니다.

이 개념을 창세기부터 연결시켜 본다면 '함께'라는 단어가 핵심이 됩니다. 태초에 하나님과 사람이 '함께' 살았던 장소가 있습니다. 에덴동산입니다. 그런데 아담의 범죄 이후로 이 땅에 죄가 가득 차게 되었고, 거룩하신 하나님께서는 죄인이 되어버린 인간들과 함께 하실 수 없게 되었습니다. 거룩하신 하나님은 사랑의 하나님이시면서 동시에 공의의 하나님이시기에, 죄를 심판하시면서도 자신의 사랑을 충만케 하실 방법을 택하셨습니다. 이것이 독생자 예수 그리스도를 통한 구속(救贖)의 역사, 즉 대속(代贖)의 역사입니다. 하나님께서 당신의 형상대로 창조하신 사람들과 '함께'하시기 위해 택하신 방법입니다. 창세기 12장에서 아브람을 주권적으로 찾아오셔서 언약을 맺으시고 그에게 자녀, 땅, 복의 근원(통로)을 약속하십니다. 약속의 자녀들을, 약속의 땅에서, 축복의 통로로 삼으시겠다는 원대한 하나님의 계획입니다. 하나님께서 다시 인간들과 '함께'하시겠다는 하나님의 작정입니다.

이러한 하나님의 작정이 출애굽 이후 모세를 통해 주어진 성막에서 구체적으로 드러납니다. 성막은 천막으로 지어졌습니다. 천막은 오래 머무를 수 있는 건축구조가 아닙니다. 오히려 이사 다니기에 적합한 구조입니다. 하나님은 왜 공식적으로 백성들과 만나는 첫 장소를 천막으로 선택하셨을까요? 이스라엘 백성들이 광야에서 40년 동안 방황하며 훈련받아야 했기 때문입니다. 즉 광야 40년 세월 동안 이스라엘이 여기저기 구름 기둥과 불기둥이 이끄는 대로 움직여야 하는데, 하나님께서 '함께' 가시겠다는 강력한 의지의 표현인 것입니다. 이스라엘은 광야에 있는 동안 12지파가 항상 대형을 짜서 움직였습니다. 그런데 성막은 바로 그 진영 중심에 위치했습니다(민수기 개관 참조). "내가 그들 중에 거할 성소를 그들이 나를 위하여 짓되"(출 25:8) 백성들의 한 가운데서, 백성들이 이동하는 대로 '함께'하시겠다는 것입니다.

법궤는 성막의 가장 거룩한 장소인 지성소 안에 놓았습니다. 이 법궤도 자세히 살펴보면 이동을 위해 만들어진 구조라는 것을 알 수 있습니다. 법궤 아래에 고리를 만들어 긴 대를 넣을 수 있게 제작했고, 이는 성막이 이동할 때 하나님의 임재의 상징인 법궤도 함께 이동하심을 보여주는 것입니다.

약속의 땅에 들어가서는 다윗이 하나님의 성전을 지으려 했습니다. 자신은 왕궁에서 지내는데 하나님 임재의 상징은 아직도 성막이었기 때문에 이제 성전을 지으려 하는 것입니다. 여기에는 또 한 가지 의미가 담겨 있습니다. 광야에서 방황할 때는 하나님께서 함께 이동하셔야 했습니다. 그런데 이제는 약속의 땅에 들어갔습니다. 더 이상 이동할 필요가 없습니다. 이제는 가나안 땅 중심에 하나님의 성전이 세워져야 할 시기입니다. 그런데 다윗이 성전을 지으려 할 때 하나님께서 막으십니다. 다윗의 사명은 전쟁을 통해 약속의 땅을 차지하는 것이었기 때문에 하나님은 다윗이 아닌 그의 아들 솔로몬을 통해 성전을 짓게 하십니다. 열왕기서에서는 잘 드러나지 않지만 역대기서에서 다윗이 이때 성전을 위해 어떤 준비들을 했는지 잘 보여줍니다. 이미 나라의 큰 사업으로 준비하며 건축할 준비를 마쳤지만 하나님의 성전을 사모하는 마음으로 다윗 자신의 개인 재산을 하나님께 드렸습니다. 이 모습을 본 다윗의 신하들도 감동 받아 자신들의 재산을 성전 건축에 바칩니다. 이 모습을 본 백성들도 감동 받아 자원하는 심령으로 드립니다.

백성들은 자원하여 드렸으므로 기뻐하였으니 곧 그들이 성심으로
여호와께 자원하여 드렸으므로 다윗 왕도 심히 기뻐하니라(대상 29:9)

다윗이 왜 기뻐했을까요? 헌금이 많아져서 더 큰 성전을 지을 수 있게 되었기 때문일까요?

그렇지 않습니다. '자원하는 심령' 때문입니다. 하나님과 '함께'하고 싶다는 백성들의 마음이 표현된 것이기 때문에 기뻐했던 것입니다.

에스겔 선지자의 환상에서는 이 주제가 슬프게 드러납니다. 선지자의 환상 중에서 하나님의 임재를 상징하는 수레바퀴가 지성소에서 성전 뜰로, 뜰에서 문지방으로, 문지방에서 성벽으로, 그리고 아예 성 밖에 있는 동쪽 산으로 나가버립니다(에스겔 1장). 이것은 하나님께서 회개하지 않고 하나님을 버린 백성들과 '함께'하지 않으시겠다는 선언을 보여주시는 것입니다. 결국 북이스라엘과 남유다는 각각 앗수르와 바벨론에 의해 멸망 당합니다. 또 그 제국들은 페르시아에게 정복당하고 맙니다. 70년의 포로생활을 마친 이스라엘은 다시 약속의 땅으로 돌아와 기적적으로 성전과 성벽을 쌓습니다. 그러나 이상하게도 하나님의 임재를 상징했던 '구름'이 나타나지 않았습니다. 성막 위에 항상 임해 있었고, 솔로몬 성전 완공 때 보였던 그 구름이 이들이 재건축한 스룹바벨 성전에는 나타나지 않았습니다. 하나님이 자신의 백성들과 '함께'하신다는 상징이 나타나지 않은 것입니

다. 이게 어떻게 된 일입니까? 이제 이스라엘은 정말 하나님이 버리신 것입니까? 하나님께서 맺어 오셨던 언약은 깨어진 것입니까?

시간이 지나 예수님이 태어납니다. 천사들이 그 이름을 '임마누엘'이라고 알려주었습니다. "하나님께서 우리와 '함께'하신다!"는 뜻입니다. 예수님이 선지자인 것을 알자마자 여인이 물었습니다. "어디서 예배해야 하나님을 만날 수 있습니까? 예루살렘입니까? 그리심입니까?" 예수님께서 대답하십니다.

여기서도 아니고 저기서도 아니다.
어디서든지 예배할 때가 오나니 곧 이때라(요 4:21-23)

이제 물리적인 성전의 시대는 지나갔습니다. 예수님께서는 자신의 육신과 죽음을 이기시고 사흘 만에 거룩한 성전으로 세우셨습니다. 이제 예수 믿는 자에게는 성령께서 거하십니다. 예수께서 그 믿는 자의 마음에 거하십니다. 성도의 육신이 예수님과 함께하는 거룩한 '성전'이 된 것입니다. 예수님께서 제자들에게 마지막 유언과도 같은 가르침을 주시면서 말씀하십니다.

아버지여, 아버지께서 내 안에, 내가 아버지 안에 있는 것 같이
그들도 다 하나가 되어 우리 안에 있게 하사 세상으로 아버지께서
나를 보내신 것을 믿게 하옵소서(요 17:21)

이것을 바울이 이렇게 가르칩니다.

너희는 너희가 하나님의 성전인 것과
하나님의 성령이 너희 안에 계시는 것을 알지 못하느냐(고전 3:16)

우리는 주님과 함께 살아가는 거룩한 성전입니다! 어디서든지 예수 그리스도의 보혈을 의지하여 은혜의 보좌 앞에 담대히 나아가는 것, 어디서든지 기도할 수 있는 은혜, 이것이 주님의 자녀가 누리는 복입니다.

솔로몬 왕을 찾아온 스바 여왕

열왕기상 4:29, 10:1~13, 역대하 9:1~12

솔로몬의 죽음

열왕기상 11:1~43

하나님께서 타락한 이스라엘을 솔로몬 왕에게서 떼어내겠다고 하셨소!
선지자님, 옷은 왜 찢으십니까?
이스라엘은 찢겨진 옷들처럼 될 것이오. 열 지파는 당신이 다스리고 두 지파는 솔로몬 왕의 아들이 다스린다고 말씀하셨소!
명심하겠습니다.
선지자의 예언을 솔로몬이 들었어요.
역적 여로보암을 체포하여 즉각 처형하라!
여로보암은 이미 애굽으로 도망갔습니다.
애굽
그러시오.
솔로몬 왕이 죽을 때까지 이곳에 머물게 해주신다면 제가 왕이 되어서 그 은혜를 갚겠습니다.
똑똑해 보이는군. 신하로 삼아야지.
아들 르호보암아!
예, 아버지!
이스라엘을 다스린 지도 벌써 사십 년이 되었다. 이제 네가 왕이 될 것이다. 너는 여호와의 길로만 가라.
알겠습니다. 아버지!
마침내 솔로몬이 죽었어요.
솔로몬 왕은 살아 있을 때 삼천의 잠언과 천 편의 시를 지었어요.
또, 술람미 여인을 위해 지은 아가서도 있어요.

열왕기서

솔로몬의 교훈

솔로몬은 인류 역사상 가장 유명한 왕이라고 해도 과언이 아닐 정도로 우리에게 친숙한 지혜의 왕입니다. 그의 아버지는 하나님의 마음에 합한 자, 이스라엘의 왕중왕으로 꼽히는 다윗이지요. 그는 하나님께 일천 번제를 드리고 은혜를 입을 때 백성들을 위해 듣는 마음을 구한 지혜의 왕입니다. 솔로몬은 아버지 다윗의 평생 소원이었던 예루살렘에 성전을 지었습니다. 그의 입에서 나오는 지혜의 말을 듣기 위해 주변 국가의 왕들이 찾아올 정도였습니다.

또 그는 왕으로서 뛰어난 수완을 발휘한 정치가요, 경제와 문화를 부흥시킨 탁월한 지도자였습니다. 이스라엘 역사에 솔로몬 시대만큼 전쟁이 없고, 넓은 영토를 가진 적이 없습니다. 그는 분명 훌륭한 왕입니다. 그런데 성경은 그 이면의 이야기도 전해줍니다. 솔로몬은 세상에서는 성공한 사람이지만, 하나님의 백성다운 삶에서는 실패한 사람이었습니다. 성경은 이것을 "솔로몬이 여호와를 사랑하고"(왕상 3:3)로 시작해서 "솔로몬 왕이 … 이방의 많은 여인을 사랑하였으니"(왕상 11:1)로 보여줍니다. 누구보다 지혜로웠던 왕이 이렇게 무너진다는 것이 쉽게 이해되지는 않지만, 그의 인생 말년에는 분명 마음이 크게 나뉘었습니다. 솔로몬의 통치는 하나님을 의지하는 바른길에서 점차 '정략결혼'을 의지하는 잘못된 길로 흐릅니다. 솔로몬은 애굽의 공주를 아내로 맞이합니다. 이미 이때도 솔로몬은 많은 이방 국가들과 정략결혼을 했지만, 성경은 그중에서도 애굽의 공주와 결혼한 것을 "솔로몬이 애굽의 왕 바로와 더불어 혼인 관계를 맺어"(왕상 3:1)라고 말합니다. 여기서 번역된 '혼인 관계'라는 단어는 '~의 사위가 되다'라는 의미입니다. 이스라엘의 왕이 애굽의 왕 바로의 사위가 된 것입니다! 물론 고대 근동에서 솔로몬의 정치적인 위상은 점점 높아졌습니다. 두 나라의 관계가 돈독해질수록 이스라엘에는 애굽의 우상숭배가 자리잡기 시작합니다. 출애굽 이후 애굽과는 절대로 관계를 맺지 말라고 하셨던 말씀(신 17:16)을 잊어버렸습니다. 그리고 솔로몬이 죽은 뒤 애굽은 이스라엘을 남과 북으로 나눈 장본인인 여로보암을 돕습니다.

또 솔로몬은 성전 공사를 비롯해 많은 건축을 진행합니다. 고대에 건축업이 발전한다는 것은 그 시대가 평안한 시대라는 점을 상징합니다. 여기까지는 좋은데 그 다음이 문제입니다. 많은 건축물 가운데서도 가장 크고 중요한 건물은 성전과 왕궁이었습니다. 그런데 흥미로운것은 성전보다 왕궁을 건축하는데 시간과 물질이 거의 두 배로 사용됩니다.

솔로몬의 삶은 우리에게 많은 것들을 생각하게 합니다. 솔로몬은 분명 하나님을 사랑했습니다. 그렇지만 그는 동시에 많은 이방 여인을 사랑했습니다. 이 세상이 주는 쾌락과 기타의 것들에 마음이 나뉜 것입니다. 그는 하나님의 성전을 지었습니다. 그러나 자신의 집을 더 크게 지었습니다. 누구보다 뛰어난 지혜와 탁월한 정치력을 보여주었습니다. 그렇지만 그 탁월한 정치력으로 인해 예루살렘은 온갖 우상이 가득한 도시가 되었습니다. 그가 통치하는 동안 "유다와 이스라엘의 인구가 바닷가의 모래같이 많게 되매 먹고 마시며 즐거워하였으며"(왕상 4:20) 크게 번영했습니다. 그런데 그의 사후에 나라가 둘로 쪼개집니다.

결국 우리는 솔로몬의 삶을 통해 진정으로 하나님을 경외하는 법을 배웁니다. 큰 성공과 탁월한 지혜는 분명 소중한 것이지만, 그것으로 하나님을 기쁘시게 해 드리는 것이 아니라 자신의 영광과 자신의 명예만 드높이게 된다면 그것은 어쩌면 축복이 아니라 저주인지도 모릅니다. 세상의 부와 성공에 마음을 빼앗기는 것은 참된 지혜가 아닙니다. 해 아래 새것이 없으며, 모든 것이 헛되고 헛되다는 전도자의 자조는 눈에 보이는 것들에 마음을 빼앗기는 것이 얼마나 허망한 것인지 잘 말해줍니다. 오병이어의 기적을 눈앞에서 목격하고 예수님을 왕으로 삼으려 했던 이들에게 주님께서 하신 말씀을 마음에 새겨야 할 것입니다.

예수께서 대답하여 이르시되 내가 진실로 진실로 너희에게 이르노니
너희가 나를 찾는 것은 표적을 본 까닭이 아니요 떡을 먹고 배부른 까닭이로다
썩을 양식을 위하여 일하지 말고 영생하도록 있는 양식을 위하여 하라(요 6:26–27a)

참된 지혜는 창조주를 기억하며 그를 경외하는 것입니다.

너는 청년의 때에 너의 창조주를 기억하라
일의 결국을 다 들었으니 하나님을 경외하고 그의 명령들을 지킬지어다
이것이 모든 사람의 본분이니라(전 12:1a, 13)

갈라진 이스라엘
열왕기상 12:1~16:27
솔로몬을 이어 르호보암이 세겜에서 왕이 되었어요.
애굽에서 여로보암이 찾아왔습니다.
들어오라고 하시오.
솔로몬 왕께서는 백성들에게 많은 세금을 거두고 고된 일을 시키셨는데 이제 백성들이 그 무거운 짐을 벗고 섬기게 해주십시오.
삼 일 후 얘기합시다!
르호보암이 젊고 늙은 신하들을 불러 물었어요.
폐하, 백성들의 의견에 귀를 기울이셔야 합니다.
아닙니다. 폐하께서는 부왕보다 더 무섭게 백성들을 다스린다는 것을 보여주셔야 합니다.
삼 일 후 여로보암과 백성들이 다시 르호보암을 찾아왔어요.
내 부친은 너희를 채찍으로 다스렸으나 나는 전갈로 너희를 치리라!
백성들에게 반발만 살 텐데…
르호보암은 다윗의 손자다! 다윗은 우리와 상관이 없다고!
맞아! 우리는 우리에게 필요한 왕을 세우자구.
여로보암이여, 당신이 우리의 왕이 되어주십시오!
세겜 땅의 공터
아히야 선지자의 말이 이루어지는구나.
폐하! 백성들이 반역을 일으켰습니다.
뭐야! 그럼 빨리 이곳 세겜을 떠나 예루살렘으로 가야지 뭐해!
예루살렘으로 돌아온 르호보암이 여로보암의 이스라엘을 침공하려 했어요.
팔만 대군을 모두 소집시켰습니다.
반역자들에게 누가 진정한 왕인지 보여주겠다.

여호와의 말씀이오.
유다는 이스라엘
형제들과 싸우지
말라고 명령하셨소.
스마야
선지자다!
탁 탁
르호보암은 선지자의 말을 몹시 두려워했어요.
여호와의 말씀이라면
순종해야지요. 해산!
마침내 이스라엘은 둘로 갈라졌고
남유다는 르호보암이,
북이스라엘은 여로보암이 다스렸어요.
아람 (수리아)
이스라엘
벧엘
유다
사마리아
예루살렘
애굽
지중해
블레셋
나는 유다와
베냐민 지파의 왕이야
두 지파뿐이지.
나머지 열 지파가
나를 왕으로 삼았다구.
어때, 내가 더 힘이 세지?
나가 있어!
여로보암은 커다란 금 신상을 만들었어요.
이 금송아지 신은
우리 조상들이 애굽에서
나올 때 섬겼던 신이다.
이제부터 예루살렘으로
가지 말고 이곳에서
예배를 드려라!
금송아지
만세!
여로보암 왕은
자기 아들이
죽었어도
우상 숭배를 그치지
않았답니다.
그래서
자기 자신도
비참하게 죽고
말았어요.
남왕국 유다의 르호보암도 여로보암과 마찬가지로
우상을 섬겼어요.
자!
아세라 여신에게
경배를 드리자.
아세라
여신~
북이스라엘은
여로보암 다음에 나답 왕,
바아사 왕, 엘라 왕, 시므리 왕,
오므리 왕이 통치했어요.
남유다는
르호보암 왕 다음에
아비얌 왕, 아사 왕이
다스렸고요.

여로보암의 죄

솔로몬이 죽었습니다. 그의 죽음은 도저히 메울 수 없는 리더십의 부재로 이어졌습니다. 솔로몬의 아들 르호보암은 그 아버지처럼 나라를 이끌기에는 많이 부족한 지도자였습니다. 그는 경험이 많고 지혜로운 신하들의 조언은 무시한 채 젊고 혈기 넘치는 동료들의 조언을 듣고 그에 따라 행동합니다.

결국 르호보암은 남과 북으로 나라가 쪼개지는 아픔을 맛보고 남유다의 왕으로 내려앉게 됩니다. 하나님의 백성이 둘로 나뉜 것입니다. 하나님을 왕으로 섬기는 백성들이 두 나라가 되었습니다. 하나님께서 아히야 선지자를 통해서 여로보암에게 이스라엘 열 지파를 주시겠다고 약속하십니다. 그리고 그가 다윗처럼 율법을 지키며 순종한다면 복을 내리시겠다고 약속하십니다(왕상 11:38). 그러나 여로보암은 솔로몬보다 더 큰 죄를 짓습니다. 이스라엘 사람이라면 모든 남자들은 명절과 유월절 때마다 성전을 찾지 않을 수 없다는 사실을 알았던 여로보암은 직접 하나님을 대신할 우상을 만듭니다. 그래야만 자신의 통치가 견고해진다고 생각했습니다. 그래서 북이스라엘의 가장 북쪽 지역인 단과 가장 남쪽 지역인 벧엘에 금송아지 우상을 세웁니다. 그리고 이 금송아지들이 바로 그들의 조상을 이집트에서 구해낸 신들이라고 선포합니다(왕상 12:28). 그는 공식적으로 하나님을 떠난 것입니다. 과거 이스라엘 백성들이 아론을 앞장세워 시내산 아래 금송아지 우상을 만들었던 것과 같습니다. 어리석음의 극치이지만 결국 죄를 짓고야 마는 게 인간입니다.

여로보암은 여기서 멈추지 않고 절기까지 마음대로 새롭게 제정합니다(왕상 12:33). 후대가 계속 죄의 사슬에 묶여있도록 발판을 마련한 것입니다. 성경은 여로보암을 이렇게 평가합니다.

여로보암이 이 일 후에도 그의 악한 길에서 떠나 돌이키지 아니하고
다시 일반 백성을 산당의 제사장으로 삼되 누구든지 자원하면
그 사람을 산당의 제사장으로 삼았으므로 이 일이 여로보암 집에 죄가 되어
그 집이 땅 위에서 끊어져 멸망하게 되니라(왕상 13:33–34)

이후 성경에서 반복되어 나오는 문장이 생깁니다. 북이스라엘과 남유다의 왕들이 하나님 앞에 바로 서면 "다윗의 길로 행하여"라고 평가내립니다. 반면 하나님 앞에서 죄를 짓고 악을 행하면 "여로보암의 길로 행하여"라는 평가를 받습니다. 여로보암은 북이스라엘의 초대 왕으로 다윗과 같은 훌륭한 왕이 될 수 있었음에도 불구하고 오히려 배도의 길을 걷다가 결국 자손 대대로 죄의 길에 머물게 만든 인물이 되었습니다.

선지자 엘리야의 경고

열왕기상 16:28~18:46

열왕기서

엘리야야! 너는 요단 앞 그릿 시냇가에 숨어라! 내가 까마귀로 너를 먹여 살리겠다.
헉
헉
엘리야님, 아침 식사에요. 떡과 고기랍니다.
고맙다! 까마귀야. 물은 이걸로 먹으면 돼!
하나님의 말씀대로 비는 삼 년 동안 내리지 않았어요.
이제 그릿 시냇물마저 다 말라 버렸구나.
엘리야야! 너는 사르밧으로 가라. 그곳에서 한 여인의 아들을 살려라.
이곳이 사르밧 이구나.
선지자님, 제 아들이 살았습니다. 이제야 당신이 하나님께서 보내신 분이란 걸 믿겠습니다.
살려주셔서 감사합니다.
조심히 가십시오, 선지자님.
벌써 삼 년이나 비가 오지 않았다. 엘리야의 경고 때문이다!
그러게 왜 우상을 섬기냐고요.
오바댜! 이제는 안 되겠다. 무슨 일이 있어도 오늘은 꼭 물을 찾아서 가축들을 먹여야 한다.
예! 저는 상류쪽을 찾아 보겠습니다.

오바댜는 아합 왕의 궁내 대신으로 이세벨의 명령으로 선지자들이 죽을 위기에 처하자 백 명이나 되는 그들을 구출하여 숨겨주고, 떡과 물을 준 사람이에요.
!!
엘리야 선지자님, 아합 왕에게 발견되면 어쩌시려고 나오셨습니까?
하나님께서 아합 왕을 만나 얘기하라 했소. 어서 나를 그에게 안내하시오.
폐하!
오바댜, 찾았느냐? 아니, 너는?
그래, 엘리야. 이스라엘의 모든 고통이 너로 인한 것이냐?
지금의 가뭄은 나 때문이 아니라 하나님을 버린 왕 때문이오.
바알 선지자 사백 오십 명과 아세라의 선지자 사백 명을 갈멜산에 올라오게 해주시오. 누가 진짜 신인지 가려봅시다.
뜻대로 해주마! 그러나 이것이 너의 마지막이 될 것이다.
드디어 그들이 갈멜산에 모였어요.
팔백오십 명을 상대로 혼자 싸운다고?
백성들이여, 여호와와 바알을 놓고 언제까지 주저할 작정이오? 여호와와 바알 중에서 택하시오.
글쎄 그렇대.
제단을 쌓은 뒤, 그 제단에 불로 응답하는 신이 참 하나님이다.
엘리야 선지자님의 말이 옳다.
엘리야 선지자님이 패하시면 목숨을 잃을 텐데…
아합 왕은 그 점을 노린 걸 거야!
열왕기서

너희가 먼저 송아지 한 마리를 잡고 너희 신의 이름을 부르라!
당연한 얘기지!
자! 우리 바알 신께 제사를 드리고 불을 달라고 기도하세!
바알의 선지자들이 노래를 하고 춤을 추며 단 주위를 돌았어요.
바알 신이여, 어서 제단에 불을 내리소서.
진짜 신이 바알인 것을 알게 하소서.
시간이 지나도 아무 응답이 없자, 바알 선지자들이 더 큰 소리로 외쳐댔어요.
바알님, 제발 불을 내리소서.
큰불이 아니어도 좋습니다. 성냥불이라도…
더 크게 소리쳐 보시오. 당신네 신이 주무시나 봅니다!
해가 저물어 가건만 응답이 없어!
제발~ 불 좀 주세요.
그들은 결국 포기하고 말았어요.
아이고~ 팔, 다리, 머리, 어깨야 이제 지쳤다.
우리 신은 진짜 스케줄이 너무 바쁘신가 봐.
이제 포기다. 더는 못하겠어.
백성들이여, 좀 더 가까이 오시오!

내가 열두 돌을 취하여 단을 쌓고 제단을 중심으로 도랑을 파고 물을 채운 뒤 불이 내리게 하겠소.
최악의 조건에서 하시겠다는 뜻인가요?
지켜 보자구!
송아지의 각을 떠서 단 위에 올려놓고 뭐하는 거요?
엘리야 선지자님의 분부대로 물 네 통을 가져와 제단에 붓는 중이랍니다!
저것 보십시오. 완전히 홍수가 나겠습니다. 저래 가지고 불이 붙을까요?
정신나간 소리야! 하나님은 없다는 걸 모르나?
불이 안 내릴 걸 예상하고 변명 거리를 만들려고 하는 짓이다!
웬 말이 그리 많아. 두고 보면 알지!
아브라함과 이삭과 이스라엘의 하나님 여호와여, 이제 제 기도에 응답하셔서 주께서 이스라엘 중에서 하나님이 되심과 내가 주의 종이 된 것을 모두에게 알게 하소서.
엘리야가 기도를 마치자 하늘에서 불이 내려와 나무와 돌, 흙, 그리고 도랑의 물을 모두 태웠어요.
더욱 거세게 타오르게 하소서!
화르르
여호와 그분이 참 하나님이셨어. 우~와~!!
우리를 속인 신은 바알이다!
이스라엘 백성들아, 여호와의 선지자들을 죽인 바알 선지자들을 남김없이 기손 시냇가로 끌고가 죽여라.
옳다! 하나님의 종을 죽인 저들을 처치하자.
거짓 선지자들아, 게 섰거라!

열왕기서

그때 겁에 질린 아합 왕이 땅에 엎드려 벌벌 떨었어요.
정말 그래도 되나요?
일어나 궁으로 가 먹고 마시세요. 이제 곧 비가 올 것입니다.
여호와의 선지자들은 숨겨주고 살려주는 사람도 있던데.
꿈 깨라.
그러게 애초부터 여호와를 믿지!
엘리야 선지자가 종을 데리고 갈멜산 꼭대기로 올라갔어요.
내가 여호와께 기도할 테니 너는 바다편 하늘을 바라보고 구름이 떠오르는지 봐라!
안 보이는데요!
종은 여섯 번이나 아무것도 보이지 않는다고 얘기했어요.
한 번 더 가봐라!
어? 하늘에 사람의 손만 한 작은 구름이 보입니다.
아합 왕에게 내려가서 비가 올 것이니 마차를 타고 가시라고 전하라!
예!
시커먼 구름은 하늘을 뒤덮었고 비가 내리기 시작했어요.
비… 비가 온다!
삼 년 만이다!
여호와가 감격의 단비를 주셨다.
쏴아아
엘리야는 여호와의 능력을 힘입어 바람보다 더 빠르게 들판을 가로질러 뛰어갔어요.
지금 지나간 게 뭐지?
엘리야 선지자가 날아가는 거 같은데?
아합도 이제 회개하고 여호와를 섬길 것이다.
쉬익

광야로 간 엘리야

열왕기상 19:1~18

휴~ 저기
동굴에서 조금
쉬어야겠다.
엘리야야!
네가 어찌하여
여기 있느냐?
이스라엘
백성들이 주의
언약을 버리며
주의 제단을 헐고
주의 선지자들을
칼로 죽였습니다.
그리고 이제는
마지막 남은 저마저
죽이려 합니다.
너는 지금
여호와의 앞에서
산에 서 있으라!!
엘리야가 밖으로 나왔을 때 갑자기 바람과 번개와
지진이 일어났어요.
우르릉
하나님은
어디에
계시는가!
쾅
번쩍
헉! 불이다.
엘리야야!
너는 다시 광야를 지나
다메섹으로 가서
하사엘에게 기름을 부어
아람 왕이 되게 하고
또 님시의 아들 예후에게
기름을 부어 이스라엘 왕이
되게 하라.
그리고 사밧의 아들
엘리사에게 기름을
부어 너를 대신하여
선지자가 되게
하라!
나를 대신할
선지자를 세우라는
뜻!
그리고 엘리야야,
이 죄악된 이스라엘에는
너 외에 칠천 인의 경건한
자들이 있어 이 나라를
다시 세울 것이다.
그러니 너는 새 힘을
내라!
여호와여,
이제 저는 아무것도
두려워하지
않겠습니다!

아합 왕의 죽음과 새 선지자 엘리사

열왕기상 19:17~22:40

열왕기서

하나님의 말씀을 전하기 위해 왔소!
또 무슨 말씀을? (하나님은 왜 나만 가지고 그러시지?)
아합 왕이 여호와를 버리고 우상을 섬기며 나봇을 죽이고 그의 포도밭을 빼앗은 것 같이 당신과 이세벨을 죽이겠다고 하셨소.
날 죽이다니!! 모든 일은 이세벨이 꾸민 것인데…
오, 주여. 제가 금식하며 기도하니 제 가족에게 내리실 재앙을 취소하여 주소서! 그리하면 하나님을 올바로 섬기겠습니다.
여호와께서 엘리야에게…
아합 왕이 내게 은총을 구하였으니 그에게 재앙을 내리지 않고 그 아들에게 내리겠다.
자비의 하나님께서 아합에게 회개할 기회를 주시는구나!
어느 날 유다 왕 여호사밧이 아합 왕을 찾아왔어요.
폐하, 안녕하십니까?
어서 오십시오.
아람 사람들에게 빼앗긴 성 하나를 다시 찾으려고 하는데 도와주시겠습니까?
왕과 우리는 한 민족이니 당연히 도와드려야지요.
그러나 먼저 하나님의 뜻이 어떠신지 선지자들에게 물어보고 했으면 좋겠습니다.
그렇게 합시다. (이 양반도 여호와파구나)

그래서 사백 명의 선지자들이 왔어요.
내가 군사들과 함께 길르앗 라못으로 가서 아람에게 빼앗긴 성을 되찾고자 하는데 괜찮겠소?
여호와께서 왕께 그 성을 주실 것입니다.
우리 대표 시드기야 선지자 예요.
이곳에 안 계신 선지자는 없습니까?
왜 믿음이 안 가시나?
미가야라고 나에게 안 좋은 일만 예언하는 삐딱한 선지자가 있습니다.
죄를 안 지으면 되잖아!
그에게도 물어보시지요!
뭐… 좋습니다.
이거 자존심 상하네!
모든 선지자들이 길르앗 라못에 올라가도 좋다고 예언했다. 그대는 어떻게 생각 하는가?
하나님의 뜻을 묻는 것이오?
왕이여, 믿지 마소서.
길르앗 라못을 치지 마십시오. 만일 공격하는 날에는 왕이 죽을 것이라고 여호와께서 말씀하셨습니다.
뭐야!
내가 저럴 줄 알았다니까.
너, 못됐구나. 그렇게 네 맘대로 얘기하다니!
윽!
짝
쿵

열왕기서

내가 승리의 나팔을 불며 돌아올 때까지 미가야를 감옥에 쳐넣고 고생의 떡과 고생의 물을 먹여라!
왕이 편안히 돌아올 수 있었다면 예언을 하지 않았을 것입니다.
드디어 아람과의 전쟁이 일어났어요.
나누어 적을 공격합시다. 나는 오른쪽의 퇴로를 차단하겠소! 이랴!
챙 챙
그럽시다. 나는 정면을 향해 쳐들어가겠소.
아합 왕이 부하와 옷을 바꿔 입었어요.
왕인 내가 부하로 변장할 줄은 누구도 예상 못했을 거야!
왕 복장을 하니까 영 불안하네.
너희는 적병들과 대치하지 말고 이스라엘 왕을 찾아 공격하라!
우리는 아람의 선발된 암살단.
두두
아람 부대가 아합 왕을 발견하고 활을 쐈어요.
아~ 실패다. 화살이 부하에게 맞았다.
휴~ 살았다.
으윽!!
화살을 맞은 아합 왕은 해질녘이 되어 수레 바닥에 쓰러져 숨을 거두었어요.
미가야 선지자의 말을 들었어야 했는데…
아합 왕이 돌아가셨다!
아합 왕이 죽자 사기가 떨어진 이스라엘 군사는 후퇴하고 말았어요. 아합 왕의 시체는 궁으로 옮겨졌고, 그의 수레는 성 밖 못에서 씻겨졌어요.

승천한 엘리야

열왕기상 22:41~53 열왕기하 1:1~2:14

엘리사야! 하나님이 나를 데려가시기 전에 내게 구할 것이 없느냐?
선생님보다 두 배의 능력이 있었으면 좋겠습니다.
내게 어려운 것을 구하는구나!
여호와께서 너를 만족해 하시면 이루어질 것이고 그렇지 않으면 그 일이 이루어지지 않을 것이다.
그 일은 이루어질 것입니다.
그때 갑자기 찬란한 불수레와 불말들이 나타나 엄청난 회오리 바람을 일으켜 엘리야를 하늘로 올렸어요.
휘이 이잉
내 아버지여, 내 아버지여, 이스라엘의 수레와 그 마병이여!
엘리사는 다시 요단강에 왔어요.
이것은 선생님의 겉옷! 이것을 입자!
과연 엘리야 선생님이 하신 것처럼 물이 갈라질까?
엘리사가 물을 향해 옷을 내려치자 강물이 다시 갈라졌어요.
하나님이 주신 엘리야 선생님의 능력이 내게로 임해졌구나!
촤
악

엘리사의 기적

열왕기하 4:1~7, 5:1~27, 6:8~23

여인이 엘리사가 시키는 대로 하자 놀라운 기적이 일어났어요.
엄마, 빌려온 그릇이 더는 없어요.
그런데도 이 병에는 기름이 많이 남아 있구나.
여인은 그것을 팔아 빚을 갚았어요.
한 끼 먹을 양식도 없던 사람들이 이 많은 돈은 어디서 나셨나?
우리 하나님께서 주셨지요.
그 뒤에도 엘리사 선지자는 수넴 여인과 선지자의 생도들을 위해 기적을 행했어요.
이 아이를 주셨고 또 살려 주셨어요.
떡 스무 개로 백 명을 먹여 주셨어요.
어느 날 문둥병에 걸린 아람 장군 나아만이 엘리사를 찾아왔어요.
선지자님께서 요단 강물에 일곱 번 목욕하면 낫는다고 하셨습니다.
병이 난다면야 뭔들 못하겠어. 알겠다.
이번만 하면 일곱 번째.
첨벙
장군님의 피부가 어린아이처럼 깨끗해요!
카아~ 정말이구나. 하나님! 감사합니다.
나아만의 문둥병이 나았다는 것을 아람 왕이 들었으나 이스라엘을 치겠다는 그의 마음을 바꾸지는 못했어요.
저곳이 도단성이다!
엘리사를 찾아서 체포하라!

엘리사 선생님, 도단성을 아람 군대가 완전히 포위했습니다.
염려하지 마라. 우리가 저들보다 강하다는 것을 지켜보아라!
기도하는 엘리사 선지자님의 주위가 불수레에 둘러싸여 있다!
화르르륵
하나님! 저들의 눈을 어둡게 하소서.
눈이 어두워 앞을 못 보는 군사들
이 성은 우리의 성이 아니니 나를 따르라. 너희가 찾는 사람에게로 안내하겠다.
따라갈 테니 안내나 잘해 주시오!
자! 눈을 뜨고 봐라. 너희가 찾는 사람이 있는 사마리아 성이다.
사마리아 성? 아이고 죽었다.
선생님, 사마리아 성에 도착했습니다.
주여, 저들의 눈을 뜨게 하소서!
그런데 왜 우리를 사마리아 성까지 데려 온 거지?
아합 다음에 아하시야의 뒤를 이어 이스라엘의 왕이 된 요람이 엘리사에게 말했어요.
엘리사 선지자여, 저들을 당장 죽일까요?
아닙니다. 저들을 배불리 먹여주고 돌려 보내십시오.

열왕기서

자기들을 죽이려 한 우리를 이렇게 잘 대접하다니! 암튼 잘 먹었다! 끄윽!
자! 어서 우리 아람 나라로 돌아가자!
유다에서는 여호사밧, 여호람의 뒤를 이어 아하시야가 왕이 되었어요.
이스라엘 요람 왕에게 병문안을 다녀오마!
둘 다 우상을 섬기는 나쁜 왕들이야.
유다와 이스라엘은 그때 잠시 평화롭게 지냈어요. 엘리사 선지자가 한 제자를 불러서는
이 기름을 가지고 예후의 진영에 가서 내가 시키는 대로 해라!
네! 선지자님!
제자가 찾아가서 예후에게 기름을 부었어요.
여호와께서 내가 너를 이스라엘 왕으로 삼았으니 바알을 섬기는 자들을 물리치라고 하셨습니다.
하나님의 사자여, 감사합니다.
먼저 할 일은 이세벨을 죽이는 것이다. 같이 가겠느냐?
기꺼이 왕을 따르겠습니다.
예후는 병사를 이끌고 요람 왕과 이세벨이 있는 이스라엘 성으로 쳐들어갔어요.
요람 왕 이로군.
평화의 소식이라도 가져왔소, 장군?

당신의 모친 이세벨이 우상을 섬기고 있는데 이스라엘에 평화가 있을 리가 있겠습니까?
펑
애들아, 활을 쏴라!
으악!
큭~
예후가 반란을 일으켜서 두 분 왕을 성 앞에서 죽였습니다.
예후가 반란을 일으켜? 이크, 도망치자.
저기 이세벨이 있다. 저 악독한 여인을 잡아라!
예후에게 들켰다.
우리가 살려면 이세벨을 죽여야 해!
이놈들 왜 그러느냐?
이세벨은 창밖으로 떨어져 죽었어요.
아하시야의 형제들과 칠십 명의 왕자들은 물론 이스라엘에서 바알을 섬기는 모든 자를 한 명도 남기지 말고 죽여라!
그리고 예후는 바알의 모든 신상을 이스라엘에서 부수고 깨뜨려 버렸어요.
신당들도 박살내라.
부수고 이곳에 쓰레기장을 만들자.
쿵

열왕기서

요나

요나서의 내용은 매우 유명합니다. 물고기 뱃속에 들어갔다 나온 요나 선지자의 이야기는 마치 동화에나 나오는 이야기 같습니다. 또 요나 선지자의 행동들을 보면 하나님께 택함을 받은 거룩한 '선지자'라기 보다는 아직 부모의 심정을 헤아릴 줄 모르는 사춘기 소년의 모습 같습니다. 그렇지만 요나의 대화나 기도를 볼 때, 그에게는 하나님에 대한 분명한 지식과 앎이 있다는 것을 알 수 있습니다. 요나는 하나님과의 대화가 어색하지 않은 인물입니다. 요나는 하나님의 뜻과 말씀의 능력을 분명하게 파악하고 있었습니다. 이런 면에서 본다면 요나서는 아이들의 설교에 등장하는 재미있는 교훈의 이야기가 아님을 알 수 있습니다. 오히려 하나님이 어떤 분이신지를 분명히 알고 경험한 성도가 인생의 말년쯤 가서 토론해 볼 만한 무게감 있는 내용들이 요나서의 핵심 주제라 할 수 있습니다. 요나서가 던지는 중요한 주제 중 하나는 하나님의 주권과 다스리심의 범위입니다. 즉, 구원과 하나님의 나라는 이스라엘에게만 머무는 것이 아니고 온 세계, 전 인류를 향해 있다는 것입니다.

먼저 요나 선지자는 B.C. 8세기에 북이스라엘의 스불론땅에서 태어난 요나 선지자는 아모스, 호세아 선지자와 함께 여로보암 2세 시기에 사역했습니다. 그는 북이스라엘 사람으로서 북이스라엘에서 사역한 것으로 보이는데(왕하 14:25) 요나서는 북이스라엘에서의 활동은 기록하지 않고 오히려 원수의 나라인 앗수르에서 사역한 이야기만 들려줍니다.

하나님께서 요나에게 북이스라엘을 멸망시킬 앗수르에 가서 하나님의 심판의 말씀을 전하라고 하셨습니다. 앗수르는 이스라엘과 사이가 많이 좋지 않던 지역인데 앗수르의 수도 니느웨는 당시 제국의 수도로써 어마어마한 대도시였습니다. 하나님께서 직접 "좌우를 분변하지 못하는 자가 십이만여 명"(욘 4:11)이라고 말씀하실 정도였습니다. 이런 큰 도시에서 하나님의 말씀을 선포해야 했던 요나는 오히려 반대 방향인 다시스로 도망갑니다. 성경은 그 이유를 "여호와의 얼굴을 피하려고" 갔다고 합니다. 모든 크리스천의 공통된 소원이 있다면 무엇일까요? 하나님을 보는 것 아닐까요? 그런데 요나 선지자는 하나님의 얼굴을 피하려고 도망을 갑니다. 하나님이 두려워서 피했던 아담이나, 나를 떠나달라고 고백했던 베드로와는 다릅니다. 요나는 분명히 하나님을 잘 알고, 그분이 어떤 분이신지를 알았습니다. 자신에게 주신 사명도 분명히 이해했고 그 결과도 예측했습니다! 그런데 도망을 간 것입니다!!

왜 도망갈까요? 이스라엘의 원수, 앗수르에 하나님의 말씀을 선포했을 때 앗수르가 회개하면 하나님은 그들을 용서하실 줄 알았기 때문입니다. 요나는 그게 싫었습니다. 원수의 나라가 회개해서 하나님께 용서받는 게 싫었습니다. 그래서 다시스로 도망갔고, 하나님은 그런 요나를 가르칩니다. 풍랑을 만나게 하시고, 물고기 뱃속에 넣었다 꺼내시면서까지 요나를 하나님의 계획에 사용하십니다. 요나가 물고기 뱃속에서 기도한 내용을 보면 흥미로운 부분이 참 많습니다.

내가 말하기를 내가 주의 목전에서 쫓겨났을지라도
다시 주의 성전을 바라보겠다 하였나이다(욘 2:4)

내 영혼이 내 속에서 피곤할 때에 내가 여호와를 생각하였더니
내 기도가 주께 이르렀사오며 주의 성전에 미쳤나이다(욘 2:7)

요나는 스올과도 같은 물고기 뱃속에서 여호와의 성전을 사모합니다. 전혀 그럴 상황이 아닌데 기도 중에 고백하기를 '성전'에 계신 하나님, 성전에서 기도를 들으시는 하나님을 노래합니다. 그런 그의 기도를 들으시고 하나님은 다시 한번 요나에게 사명을 주십니다(욘 3:1). 결국 니느웨에서 하나님의 말씀을 선포하지만 여전히 요나는 이 일이 마음에 들지 않습니다. '싫어'합니다. 성의 없이 선포한 하나님의 말씀 앞에 회개를 시작하는 니느웨 사람들을(욘 3:5) 용서하시는 하나님(욘 3:10)을 보며 요나는 화를 내고야 말죠(욘 4:1). 하나님의 주권과 다스리심, 하나님의 나라는 인종에 따라 결정되는 것이 아닙니다. 아브라함의 핏줄에 따라 결정되는 것이 아닙니다. 하나님의 말씀에 순종하며 그 마음판에 '새 언약'이 맺어진 모든 인류에게 주어지는 것입니다.

하나님께서는 한 번 더 요나를 달래십니다(욘 4:10–11). 잠깐 그늘을 준 박넝쿨 하나를 그렇게 아끼면서, 하나님이 '이 큰 성읍' 니느웨를 아끼는 것이 정당하지 않느냐고 말씀하십니다. 그러면서 요나서는 성경을 읽는 독자들에게 묻습니다. "당신은 어떻게 하시겠습니까?"

하나님의 뜻과 나의 뜻이 어긋날 때, 내가 알고 있는 하나님과 내 삶에 역사하시는 하나님의 모습이 달라 보일 때, 당신은 어떻게 하시겠습니까?

니느웨 성의 요나

요나 1:1~4:11

요나가 캄캄한 물고기 뱃속에 갇혔어요.
하나님 앞에서 도망칠 생각을 한 내가 잘못이지…
하나님 용서해 주세요! 이제 정말 말씀에 순종하는 요나가 되겠습니다.
삼 일 후 물고기가 요나를 해안가에 토해냈어요. 그러자 하나님께서는
너는 니느웨로 가서 내 말을 전하라!
앞으로 사십 일 후면 니느웨가 멸망합니다. 여호와의 말씀이오. 회개하시오!
우리가 금식하며 회개합시다.
신하들도 비단옷을 벗고 베옷을 입읍시다.
니느웨 백성들이 회개하였으니 내가 그들을 용서하겠다.
이방인을 살려주신다니 말도 안 됩니다. 어서 심판을 내리세요.
그러지 않으시려거든 제 목숨을 가져가십시오!
요나야! 네가 왜 내게 화를 내느냐?
하나님께서 심판하신다는 약속을 지킬 때까지 이 뜨거운 태양 아래서 제가 이 니느웨 성을 지켜 보겠습니다!
하나님께서 요나에게 박넝쿨을 주셔서 그늘을 만들어주셨어요.
하나님이 내 고통을 돌아보셨구나. 감사합니다!

다음 날 하나님은 박넝쿨을 벌레에게 먹게 했어요.
박넝쿨을 없애시려면 뭐하러 만드신 겁니까? 더워서 더는 못살겠으니 그냥 죽여주십시오.
박넝쿨을 없앴다고 네가 왜 화를 내느냐?
네가 하룻밤에 피었다 없어진 박넝쿨을 아끼는 것은 당연하고 겨우 회개한 십이만여 명이 있는 이 큰 성 니느웨를 내가 아끼는 것이 부당하다는 것이냐?
주님! 죄송합니다.
선지자 호세아, 요엘, 미가
호세아 1:1~14:9, 요엘 1:1~3:21, 미가 1:1~7:20
호세아 선지자는 여로보암 2세 왕 시대에 활동한 사랑의 선지자예요.
하나님은 자기 백성의 죄를 공의로 심판하시며 회개하는 자를 버리지 않으시고 끝까지 사랑하십니다.
요엘 선지자는 메뚜기 떼 재앙의 환상을 통해 유다의 미래를 예언한 선지자예요.
하나님께 구하라. 여호와께서 그 땅을 회복시켜 주실 것이다!
유다 사회가 불법과 부패로 가득한 때, 미가는 사마리아의 죄악과 멸망을 예언했어요. 그리고 예수님의 탄생도 예언했어요.
가난한 사람들을 억누르는 지도자들 때문에 이스라엘이 멸망할 것이다.
농부 출신 선지자 아모스
아모스서 1:1~9:15
아모스는 남유다에서 출생해 북이스라엘에서 활동한 여로보암 2세 때의 선지자이면서 목자요, 농부였어요.
하나님을 믿는 이는 사회 부정에 무관심하면 안 되오.
이스라엘의 종교 지도자들을 향해 우상을 버리고 가난한 사람들을 돌보라고 책망했어요.
아모스는 여러 가지 환상을 통해 이스라엘의 패망을 예언하고 하나님 말씀이 미래에 바로 설 것을 알려주었어요.
너희는 구부러진 이 성읍을 바로 세우라!

개혁의 왕 히스기야
열왕기하 18:1~20:21 역대하 29:1~32:33
긴 세월 동안 이스라엘 왕들은 하나님을 배반하고 우상을 섬겨왔다. 그래서 다른 나라의 탄압을 많이 받아 왔다.
지금도 이스라엘 안에는 우상들이 억수로 많다고요. 에휴~
우리 유다의 온 땅에서 우상의 흔적들을 모두 없애고 여호와께만 예배를 드려라.
예!
앗수르와의 외교도 단절한다.
폐하! 앗수르인에게 북이스라엘의 수도 사마리아가 함락되었습니다.
뭐야!
수많은 북이스라엘 사람들은 포로로 잡혀갔습니다.
북이스라엘 사람들은 여호와의 말씀을 지키지 않았기 때문에 멸망한 것이다. 우리도 조심해야 해.
여호와를 의지하면 두렵지 않다. 성을 탄탄히 쌓고, 무기를 만들어 적들의 공격에 대비하라.
자주 국방. 우리 땅은 우리가 지킨다.
성을 쌓고!
무기도 만들고 있어요.
호올암미

마침내 앗수르 왕 산헤립이 쳐들어왔어요.
폐하! 이제 예루살렘 성을 정복해야 합니다.
어서 전진하자.
예루살렘을 완전히 포위했습니다.
저들에게 항복하라고 전해라.
유다의 다른 성들은 우리가 모두 접수했다. 하나님이라는 신이 너희를 구해주리란 착각을 버리고 항복하라!
뭐… 뭐야?
다른 성들이 함락됐단다.
정말 하나님이 우릴 구해 주실까?
목숨이라도 부지하려면 항복해야 되나?
백성들이 두려워하자 히스기야 왕이 이사야 선지자에게 군사를 보냈어요.
왕께서 앗수르를 이길 방법을 알려달라고 하셨습니다.
하나님께서 왕에게 말씀하시기를 나를 욕되게 하는 앗수르인들의 말을 두려워하지 말라고 하셨소.
그 왕은 부하의 칼에 죽을 것이다라고 하셨소.
이사야 선지자께서 이렇게 말씀하셨습니다!
음…그래!
폐하! 앗수르 군사들이 감쪽같이 사라졌습니다.

사라지다니 그게 무슨 소리야?
이사야 선지자의 말씀대로 된 게 아닐까요?
우리를 성 밖으로 유인하려는 술책인지 모르니 가서 살펴보고 오너라!
예, 폐하!
놈들이 숨어 있을지 모르니 조용히 찾아봐라!
앗수르 인들의 시체뿐입니다.
이건 하나님이 하신 일이다!
하나님이 우리를 지켜주셨다.
우리 이스라엘에 다시 평화가 찾아왔다.
앗수르의 니느웨로 돌아간 산헤립 왕은 자신이 섬기는 니스록 신전에서 부하의 칼에 맞아 죽었어요.
이사야 선지자는 하나님의 참된 선지자다!
도망가자!
한편,
히스기야 왕께서 죽을 병에 걸리셨다는데….
하나님께서 왕의 병을 고쳐주실 거야.
여호와여, 제가 진실과 온 마음으로 하나님께 행한 것을 기억하시고, 제 생명을 연장하여 주소서!
하나님이 이사야에게 응답해 주셨어요.
무화과 반죽을 가져와 왕의 부스럼에 바르시오!
예!
그 후 히스기야는 십오 년을 더 살았어요.

이사야

하나님은 이스라엘 백성이 약속의 땅에 들어가서 타락하기 시작하자 사사들을 보내셨습니다. 그들의 주된 사명은 이방의 압제 속에서 이스라엘을 건져내는 것이었습니다. 이후 왕정 시대가 시작되고 또 백성들이 타락하기 시작하자 하나님은 선지자들을 보내기 시작하셨습니다. 자신을 선지자로 부르셨다는 하나님의 음성을 듣고 두려워하며 회피하는 모습을 보이기도 하지만, 도저히 피할 수 없는 하나님의 지엄한 부르심 앞에서 순종하며 자신의 삶을 전적으로 헌신한 사람들이 선지자입니다.

하나님의 부르심은 이들의 인생 전반에 지대한 영향을 미쳤고, 마치 바울이 다메섹 도상에서 주님을 만난 경험을 평생의 힘으로 삼았던 것처럼 선지자들도 그러했습니다. 특히 선지자들의 핵심 소명은 동일했는데, 그것은 하나님의 말씀을 대언(代言)하는 것이었습니다. 그들은 당시의 특수한 상황 속에서 하나님의 말씀을 있는 그대로 가감 없이 전달해야 했습니다. 이들에게 선택권은 사실상 없었습니다. 원하든 원하지 않든 하나님의 말씀을 그대로 전달하는 것이 참선지자와 거짓선지자의 기준이었습니다.

구약성경의 배열 순서상 선지서 중 가장 먼저 등장하는 선지서는 이사야서입니다. 이사야서는 전형적인 선지서의 모양을 갖추고 있습니다. 이스라엘 백성의 죄와 회개 촉구, 심판에 대한 경고가 기록되어 있고, 유사한 방식으로 이방 나라들을 향한 죄와 심판의 예언도 담겨 있습니다. 또 동시에 회복을 약속하며 새로운 언약을 제시합니다. 특히 선지자들의 예언에는 메시아에 대한 소망이 등장합니다. 이사야에는 네 번에 걸쳐 '종의 노래'라고 불리는 예언을 하는데(사 42:1–9; 49:1–7; 50:4–9; 52:13–53:12) 여기서 등장하는 종은 하나님의 계획을 이루는 인물로 나타납니다. 이 종은 신실한 종으로서 하나님이 계획하시고 약속하신 모든 언약을 성취해 내는 인물입니다.

그 주 앞에서 자라나기를 연한 순 같고 마른 땅에서 나온 뿌리 같아서
고운 모양도 없고 풍채도 없은즉 우리가 보기에 흠모할 만한 아름다운 것이 없도다(사 53:2)

그리고 이사야서는 '여호와의 날'이라고 하는 특별한 때가 올 것이라고 예언합니다. 이날은 하나님이 임재하시는 날입니다. 이날은 하나님을 삶의 주인으로 삼은 사람들에게는 회복과 소망의 날(25–27장)이 되지만, 하나님을 무시하며 자신의 소견대로 살아가는 사람들에게는 심판의 날(28–35장)이 됩니다.

40장부터는 메시아에 대한 본격적인 예언들이 등장합니다. 이스라엘의 범죄와 심판으로 끝나지 않고, 이 모든 것을 뒤집으실 종이 올 것입니다. 그는 하나님의 나라를 회복시킬 자입니다. 모든 언약을 이루어낼 자입니다. 그에 의해서 다윗에게 언약하셨던 내용, 하나님의 나라가 영원히 서며, 영원한 언약을 맺게 될 것을 예언합니다. 하나님의 백성으로 택함을 입은 이스라엘은 이방 나라들과 별반 다를 바 없이 살았습니다. 하나님 나라의 백성답게 율법을 지키며 살지 못했습니다. 하나님과의 언약을 깨버렸습니다. 그러나 '주의 종', 메시아를 통해 하나님의 나라는 회복될 것입니다. 하나님께서 맺으신 언약은 하나님께서 반드시 성취해 낼 것입니다. 하나님은 자신의 영광을 다른 이에게 빼앗기지 않으십니다(사 42:8; 48:11).

나는 여호와이니 이는 내 이름이라 내 영광을 다른 자에게
내 찬송을 우상에게 주지 아니하리라(사 42:8)

하나님의 백성은 어찌됩니까?
믿는 자에게 구주를 보내셔서 임마누엘이 되게 하실 것이오. 그 이름을 기묘자 모사라 할 것이다.
임마누엘이란 하나님이 함께 하신다는 뜻이고, 기묘자 모사란 예수님을 말해요.
여호와의 날을 선포한 스바냐
스바냐 1:1~3:20
그는 심판의 날인 여호와의 날을 선포하고 구원을 받아 남은 자들이 부를 영광과 기쁨을 노래했어요.
스바냐는 히스기야 왕의 후손으로 유다 왕 요시야 때 활동한 선지자예요.
회개하여 죽음을 면하라! 하나님을 떠난 자는 금과 은이라도 구원치 못할 것이다!
이 말은 죄악을 기뻐한 자들과 그들을 따르는 백성들에게 한 말이에요.
너희 가운데 하나님의 보호를 받는 가난한 백성들이 그 증거가 될 것이다.
별걸 다 증거라고 하는군?
너의 하나님 여호와가 너의 가운데 계시니 그는 구원을 베푸실 전능자시라! 그가 너를 잠잠히 사랑하시며 너로 인하여 즐거이 부르며 기뻐하시리라!
(스바냐 3:17)
하나님의 심판을 경고한 하박국
하박국 1:1~3:19
의인은 믿음으로 살아야 하는데 유다는 그렇지 못해요.
하박국 선지자는 이스라엘에 죄가 가득해 멸망을 앞두고 있던 요시야 초기에 활동한 선지자예요!
우리가 범죄하여 멸망 당할지라도 공의로운 하나님이 우리를 다시 세워주실 것을 믿고 감사드립니다.

예레미야

예레미야는 첫 장에서 자신이 소명 받은 날짜를 소개합니다. 요시야 왕 제 13년(B.C. 627)에 소명을 받았고, 남유다가 바벨론에 의해 멸망해 끌려갈 때(B.C. 587년)까지 사역을 했으니, 최소한 40년이 넘는 세월을 선지자의 사명을 감당하며 살았다고 볼 수 있습니다. 그는 그 긴 세월을 백성들에게 미움을 받으며 사역했습니다. 왜냐하면 나라가 멀쩡할 때는 회개하지 않으면 망할 것이라고 외치며 하나님의 진노와 심판을 선포했고, 나라가 위기에 처했을 때는 오히려 항복하라고 외쳤기 때문입니다. 그리고 나라가 멸망한 뒤에는 애굽으로 끌려가는데, 거기서도 예언 사역을 감당했습니다. 사람들이 볼 때 그는 도움도 안 되고 마음에 들지 않는 행동만 한 것입니다.

선지자는 자신의 생각과 판단을 이야기하는 자들이 아닙니다. 오로지 하나님께서 말씀하신 것만 전하는 자들입니다. 그런 면에서 예레미야는 사랑과 긍휼이 넘치는 '눈물의 선지자'이면서 동시에 진정으로 하나님께 쓰임 받은 '불굴의 용기를 지닌 종'이라고 할 수 있을 것입니다.

52장으로 구성된 예레미야서는 30-33장을 중심으로 나눌 수 있는데 1-29장은 이스라엘을 향한 심판과 경고의 메시지가 주를 이룹니다. 뒷부분인 34-52장은 이방 나라들을 향한 심판과 경고의 메시지라고 볼 수 있습니다. 가운데 끼어있는 30-33장은 일명 '새 언약' 본문으로 하나님께서 이전과는 다른 모습의 완전히 새로운 언약을 맺으실 것을 예언합니다.

이 언약은 더 이상 깨어지지 않는 언약입니다(렘 31:31-33)! 이전에는 율법을 돌판에 새겨 주셨지만, 새 언약은 마음에 기록하실 것입니다(렘 31:33; 32:40). 이 새 언약을 통해 하나님은 자신의 계획을 성취하실 것입니다.

그날 후에 내가 이스라엘 집과 맺은 언약은 이러하니
곧 내가 나의 법을 그들의 속에 두며 그들의 마음에 기록하여
나는 그들의 하나님이 되고 그들은 내 백성이 될 것이라.
여호와의 말씀이니라(렘 31:31)

여기서 말씀하는 '나는 너희의 하나님이 되고, 너희는 내 백성이 되는' 그곳이 바로 하나님의 나라입니다.

이 새 언약은 궁극적으로 메시아이신 예수 그리스도께서 이루십니다. 예수 그리스도의 죽으심과 부활하심으로 새롭고 완전하게 맺어진 새 언약은 믿음으로 그리스도를 영접하는 모든 이들에게 적용됩니다. 성령께서 그 사람의 마음판에 영원히 깨어지지 않는 새 언약을 새기십니다. 이것이 새 언약 안에 있는 성도가 누리는 참된 은혜입니다.

예레미야가 백성들에게 하나님의 말씀을 전했어요.
지금이라도 우상을 버리고 하나님을 섬기십시오. 그 길만이 우리 유다가 살길입니다.
또 정신나간 사람이 나타난 거야.
네가 뭔데 우리 신을 모욕하는 거냐!
저놈은 앞으로 문제가 되겠어.
처치하자!
결국 예레미야는 신변에 위협을 느껴 고향으로 도망갔어요.
요시야 왕을 찾아간 예레미야는 그와 함께 우상 숭배를 저지했어요. 그러던 어느 날,
바벨론을 치기 위해 애굽이 쳐들어오고 있는데 요시야 왕은 그들이 유다를 통과하지 못하게 하셨소.
그 강대국을 막다니 왕이 큰 실수를 하고 있소!
요시야 왕이 애굽을 막으려다 죽고 말았어요.
결국 이렇게 유다는 망하는가.
뒤를 이어 요시야의 아들 여호야김이 애굽의 꼭두각시 노릇을 하는 왕이 되었어요.
백성들이 왕의 명령대로 밀곰 신을 섬기고 있습니다!
그런 자들에게 상을 후하게 주도록 하시오.
예레미야가 계속 유다의 멸망을 경고하고 있습니다.
그래? 그를 때려라.
퍽
으악!
퍽

선지자님, 너무 심하게 맞으셨군요. 우선 좀 쉬셔야 되겠습니다.
시간이 없는데 쉬다니. 바룩 서기관, 나를 도와주시오.
비틀
나는 성 안 출입금지니 내 말을 듣고 받아 써서 백성들에게 전하시오.
하나님께서 유다의 죄로 인하여 벌을 내리실…
바룩의 입을 통해 예레미야의 글이 백성들에게 전해지고 있습니다.
혼란을 일으키는 예레미야와 바룩을 잡아 옥에 가두고 입을 막아라.
여호야김의 뒤를 이은 시드기야가 바벨론을 배반하려 했어요. 그러자 예레미야가
왜 소의 멍에를 메고 있소?
우리 유다가 사는 길은 나처럼 바벨론의 멍에를 메는 것이오!
두고봐라! 예레미야, 우리가 바벨론의 멍에를 이렇게 부러뜨려 놓겠다.
뚝
우리 민족의 죄 때문에 하나님께서 바벨론을 택한 것이오!
저렇게 우리 군사의 사기를 꺾는 예레미야를 죽여야 합니다!
예레미야를 시위대 뜰 굴에 가둬라!
너는 굶어 죽을 때까지 그곳에서 나오지 못할 것이다!

예루살렘 멸망

열왕기하 25:1~26, 예레미야 39:1~52:30

노예로 쓸 만한 자들도 함께 잡아가고 가진 게 없는 자들은 이곳 유다에서 포도원을 지키게 하라, 느부사라단.
예, 폐하!
바벨론으로 가는 광야에는 포로로 끌려가는 유다 백성들의 긴 행렬이 줄을 잇고 있었어요.
우리에게 왜 이런 고통이 온 걸까?
그것도 몰라? 그것은 우리가 하나님을 버렸기 때문이야.
우리는 언제쯤 유다로 돌아갈 수 있을까?
바벨론의 군사들은 시위 대장 느부사라단의 지휘 아래 예루살렘 성전의 모든 금, 은, 동으로 된 보물들을 가져갔어요.
모든 불집게와 숟가락, 그릇들까지 다 챙겨라.
성전의 기둥도 뽑아라!
지금, 먼지 하나 안 남기고 챙기고 있습니다.
예루살렘 성전과 모든 건물들을 불살라 재와 돌만 남게 하라!
화르륵
시위대 뜰에 갇혀 있는 예레미야에게 하나님이 말씀하셨어요.
오! 주여.
내가 변함없는 너의 믿음을 안다. 내가 그들에게서 너를 구원하겠다.
시위 대장이 예레미야의 사슬을 풀어주며
이스라엘이 하나님께 죄를 지었으므로 이 일이 이루어졌고 너도 자유의 몸이 되었다. 이제 나와 함께 바벨론으로 가든지 유다에 남든지 선택하라!
나는 예루살렘에 남겠소!
그 대신 약간의 식량과 돈을 마련해 주십시오.

예레미야의 슬픈 노래

예레미야애가 1:1~5:22

포로 생활 중의 선지자 에스겔

에스겔 1:1~48:35

맞습니다. 예레미야 선지자께서 우리보고 이곳에서 회개의 삶을 살라는 하나님의 뜻을 전해온 것입니다.
누구든 이곳에 와서 하나님을 섬길 수 있도록 큰 마을을 만듭시다!
이방 땅에서 하나님을 섬긴다고요?
우리가 있는 어느 곳에서든 하나님을 섬기고 경배할 수 있소.
아~ 그렇군요.
에스겔은 믿음을 갖고 집을 지었어요.
하나님을 섬기는 집이란 생각을 가지고 지으시오.
돌과 나무를 운반하라!
우리는 하나님 성전의 건축자~
더 일찍 이렇게 하나님을 생각했더라면…
어느 날 에스겔은 북쪽 하늘에서 이상한 광경을 보았어요.
웬 구름이 몰려오지?
비가 올 것 같다!
오늘은 그만 하자!
우리의 집이 지어지면 하나님도 기뻐하실 거야!

에스겔

에스겔이 본 것은 사람의 형상이었어요. 얼굴이 넷이었는데, 앞에는 사람의 얼굴, 우편은 사자의 얼굴, 좌편에는 소의 얼굴, 뒤는 독수리의 얼굴을 하고, 날개가 넷이 있는데 두 날개는 접었고 두 날개는 펴고 있었어요. 그런 생물이 또 넷이 있었어요. 그들의 날개 젓는 소리는 군대의 소리 같고 그들은 하나님의 영광된 보좌를 받들고 있었어요. 또 그 보좌 위로 무지개가 빛나고 있었어요.
여호와 하나님의 영광의 모양이다.
구름 속에서 빛이 난다. 눈을 뜰 수가 없어. 빛 가운데 나타난 저것은 사람일까, 동물일까?
하나님이 에스겔에게 말씀하셨어요.
에스겔아! 내가 너를 패역한 이스라엘 자손에게 보낼 것이니 너는 나를 대신하여 그들을 깨우치라!
유다 민족이 하나님에게서 돌아서서 우상을 섬겼기 때문에 예루살렘 성은 망할 것이라고 하나님이 말씀하셨소.
예루살렘 성은 꼭 우리를 기다려 줄 것이오!
정신나간 소리 집어치우시오!
과연 이들이 하나님의 심판을 면할 수 있을까?
에스겔 선지자님!
무슨 일이오!

부인께서 돌아 가셨습니다.
왜 갑자기!
오~ 하나님.
에스겔 좀 봐. 자기 부인이 죽었는데도 슬픈 표정이 전혀 없어.
슬퍼해선 안 돼!
에스겔 선지자님, 부인이 죽었는데 왜 울지 않는 거죠?
하나님께서 슬픈 표정을 보이지 말라고 하셨소. 예루살렘 성이 멸망할 때도 말이오!
그런다고 누가 믿을 것 같아?
예루살렘 성은 견고하고 아름답게 보호될 테니 두고 보라구!
저길 봐. 누가 오고 있어!
저는 예루살렘 성에서 왔습니다.
무슨 일입니까?
성을 포위한 바벨론에 맞서 우리 군사들이 팔 개월을 버텼지만 성벽은 무너졌고 성안의 보물들을 모두 훔쳐갔소. 왕과 예레미야 선지자도 포로가 되었습니다.
으아, 이건 말도 안 돼!
하나님은 왜 이렇게 무심하시다냐!
이 모든 게 우상을 섬긴 조상들 때문이라고!
이제 우리는 나라도 없는 백성이 됐어!
아니오! 지금이라도 우리가 회개하고 여호와만 섬긴다면 우리를 고국으로 인도해 새 나라를 세우게 하실 것이오.
그게 가능할까?
나는 벌써 기도하고 있다고.

에스겔

다니엘

다니엘은 구약성경에서 가장 유명한 인물 중 하나입니다. 믿음이 강한 그는 우상숭배에 바쳐진 음식을 먹지 않겠다는 결단을 하고, 생명이 걸린 상황에서도 하나님을 향한 기도를 멈추지 않으며, 그의 세 친구와 함께 풀무불에 떨어져도 믿음을 버리지 않은 신앙의 영웅으로 잘 알려져 있습니다. 그러나 다니엘서의 핵심 주제는 신앙의 영웅들을 보여주는 것이 아닙니다. 다니엘서 전반에 걸쳐 흐르는 주제는 '하나님 나라'입니다. 그것도 하나님 나라의 통치가 전 우주적이라는 광대한 이야기를 하고 있습니다. 하나님의 나라는 결국 하나님의 주권과 뗄 수 없는 관계를 가지고 있습니다. 바꿔 말하면 하나님의 나라는 하나님의 주권이 미치는 영역이라고 할 수 있습니다. 물론 하나님의 섭리와 통치가 미치지 않는 곳은 없습니다. 심지어 영적 세상인 지옥도 하나님의 다스림 속에 있습니다. 그렇다면 다니엘서에서 말하고자 하는 핵심 내용은 무엇일까요?

다니엘은 바벨론의 느부갓네살, 메대-바사(페르시아)의 벨사살과 다리오 왕을 모시는 신하였습니다. 당시 초강대국이라고 할 수 있는 나라들의 왕에게 하나님의 말씀을 선포하고 삶으로 보여주는 것이 다니엘의 사명이었습니다.

다니엘서는 뚜렷하게 두 부분으로 나눌 수 있습니다. 1-6장까지는 다니엘과 세 친구들의 삶을 보여주고, 7-12장은 하나님 나라에 대한 예언과 묵시들을 보여줍니다.

다니엘의 삶을 통해서 강대국의 왕과 신하들조차도 다니엘을 해할 수 없음이 분명해지고, 오히려 그들이 다니엘의 말에 귀를 기울입니다. 하나님께서는 신앙을 가지고 진실되게 살아가는 사람들을 구원하십니다. 또 그들에게 지혜를 주시며 그들을 통해 하나님의 역사를 이루어나가십니다. 특히나 다니엘에게는 큰 지혜를 주셔서 꿈을 해석하게 하십니다. 제국을 다스리는 왕조차도 다니엘의 말을 듣기 원하며 그의 말대로 이루어지는 것을 봅니다. 그중 느부갓네살이 본 거대한 신상의 환상은 세상을 지배하는 듯 보이는 제국들도 결국 무너질 것이며, 역사의 완성에 하나님의 나라만이 설 것을 예언합니다. 지금 눈으로 보이는 거대한 제국을 다스리는 왕들은 진정한 통치자가 아닙니다. 느부갓네살도 고레스도 하나님께서 세우셨습니다. 그래서 그들이 교만해지면 하나님께서는 그들을 심판하십니다. 바벨론도 페르시아도 헬라도 로마도 하나님의 주권 아래에 있습니다. 이것이 다니엘서 전반부에서 다니엘과 세 친구들의 삶을 통해 들려주시는 계시입니다.

후반부에서는 이미 멸망해 포로로 끌려온 나라에서 하나님의 주권이 어떻게 세워지는지 말씀합니다. 네 짐승의 환상(7장), 왕국들에 대한 환상(8장), 환난과 승리에 대한 환상(10-12장)들은 결국 하나님의 나라만이 영원히 세워질 것을 예언합니다.

이 여러 왕들의 시대에 하늘의 하나님이 한 나라를 세우시리니
이것은 영원히 망하지도 아니할 것이요 그 국권이 다른 백성에게로 돌아가지도 아니할 것이요
도리어 이 모든 나라를 쳐서 멸망시키고 영원히 설 것이라(단 2:44)

다니엘서에서 이 예언을 성취할 자가 '인자'(단 7:9–14)라고 소개됩니다.

내가 또 밤 환상 중에 보니 인자 같은 이가 하늘 구름을 타고 와서
옛적부터 계신 이에게 나아가 그 앞으로 인도되매 그에게 권세와 영광과 나라를 주고
모든 백성과 나라들과 다른 언어를 말하는 모든 자들이 그를 섬기게 하였으니
그의 권세는 소멸되지 아니하는 영원한 권세요
그의 나라는 멸망하지 아니할 것이니라(단 7:13–14)

이 인자는 '그 사람의 아들'이라는 뜻으로 메시아적인 인물로 소개됩니다. 그리고 '인자'라는 말은 예수께서 자신을 소개하실 때 사용하신 단어입니다. 즉 다니엘서는 하나님만이 온 우주를 다스리시는 주권자이시며, 자신의 언약을 잊지 않으시고 영원한 그 나라를 반드시 세우실 것이라는 소망의 말씀을 외칩니다. 나라가 망해서 포로로 끌려간 그 땅 바벨론과 페르시아에서 하나님 나라가 선포되고 있습니다.

다니엘과 느부갓네살 왕
다니엘 1:1~2:49
바벨론의 느부갓네살 왕은 유다를 공격해 많은 사람들을 노예로 끌고 갔어요. 유다의 왕족 출신인 소년 다니엘도 그때 친구들과 함께 노예로 끌려갔어요.
다니엘, 이제 우리는 어떻게 될까? 무섭고 두려워.
아무 염려하지 마. 하나님이 우리를 지켜주실 거야.
아스부나스 환관장이시다. 인사드려라!
안녕하십니까?
왕께서 너희에게 노예에서 해방될 수 있는 기회를 주셨다. 시험에 합격하는 자는 삼 년간 철저한 교육을 받고 왕궁에서 일하게 될 것이다!
아름답고 지혜로운 자만이 시험에 합격하게 될 것이다!
그럼 우리가 딱이네!
시험은 아이큐 테스트와 체력 테스트다.
그런 거라면 자신만만!
나도 당근이지!
며칠 동안 그들은 체력 검사와 두뇌 시험을 치렀어요.
이번 시험으로 합격자를 가리겠다.
모든 것은 하나님께 맡기면 돼!
정말 그래!
합격자는 다니엘, 하나냐, 미사엘, 아사랴. 수석은 다니엘. 모두 나와라!
너희는 궁으로 들어가서 공부하게 될 것이다.
축하한다.

환관장의 말대로 그들은 삼 년간 바벨론의 교육을 받았고, 성적은 아주 뛰어났어요.
1 더하기 2는 무엇이냐?
예! 3입니다.
궁에서 생활하려면 바벨론 이름이 있어야 한다. 이름을 지어 주겠다.
나 다니엘은 벨드사살!
나 하나냐는 사드락!
나 미사엘은 메삭!
나 아사랴는 아벳느고랍니다!
그들에게는 언제나 최고의 음식이 나왔어요. 그러나 네 사람은 음식을 절제했어요.
저희는 고기를 먹지 않고 물과 채소만 먹겠습니다.
이것은 특별히 너희를 위해 왕께서 주신 음식이다. 그러니 먹는 게 좋을 텐데.
나는 너희를 이해하지만 그걸로 문제되지 않으면 좋겠다.
우리 하나님이 지켜주실 거예요.
너희가 왕이 내린 음식을 먹지 않고 채소만 먹어 몸이 야위게 된다면, 내가 왕에게 크게 혼날 텐데…
부탁드립니다. 열흘만 지켜봐 주십시오.
마침내 열흘이 지났어요.
아니 저럴 수가. 고기를 먹는 소년들보다 다니엘과 그 친구들이 더 아름답고 윤택해 보인다.
우리를 건강하게 하신 하나님을 찬양합니다.
오물
하나님이 이들의 신앙을 철저하게 지키는 거로군.

다니엘

삼 년의 교육 과정이 끝나자 느부갓네살 왕이 그들을 불렀어요.
폐하, 저들이 교육 과정을 가장 우수한 성적으로 마친 자들입니다.
저희는 다니엘, 하나냐, 미사엘, 아사랴라고 합니다.
너희들은 앞으로 폐하를 잘 모시도록 해라!
하나님의 은혜가 당신과 함께 하실 겁니다!
어느 날, 느부갓네살 왕이 원로 박사들을 불렀어요.
폐하! 부르셨습니까?
어젯밤 내가 이상한 꿈을 꾸었으나 생각이 나질 않는다. 그게 무슨 뜻인지 꿈 해몽을 해 보라.
우리가 꿈을 해석할 순 있으나 폐하께서 잊어버리신 꿈이 무엇인지는 알 수가 없습니다.
알 수가 없다?
그렇습니다. 우리가 폐하께서 잊어버리신 꿈을 어떻게 알아낼 수 있겠습니까?
이런 엉터리들! 그럼 도대체 너희들이 하는 일은 무엇이냐? 그 꿈 하나도 못 맞추면서 살기를 바라느냐? 여봐라, 당장 이들을 결박하여 죽이고, 궁 안에 있는 모든 박사들과 조언자들도 죽여라!
어리기는 하지만 조언자로 있던 다니엘과 세 친구도 예외는 아니었어요.
궁 안의 모든 박사들을 죽이라고 왕이 명령하셨다. 다니엘 너도 네 친구들과 함께 체포하겠다.
우리가 무슨 일을 했기에 죽인단 말입니까?

제가 꿈을 해석할 테니 왕을 만나게 해주십시오.
좋다! 그렇게 해라!
다니엘이 왕 앞에 나갔어요.
폐하! 저에게 하루의 시간을 주십시오. 그러면 왕이 꾸신 꿈이 무엇인지 알아오겠습니다.
하루라고? 좋다! 그럼 내일 이맘때까지 시간을 주마. 시간을 일분일초라도 지체해선 안 된다.
아니 어쩌려고 그런 약속을 한 거야, 다니엘?
우리는 할 수 없지만 하나님은 할 수 있어! 나를 도와 하나님께 기도해 주겠니?
네 사람이 하나님께 기도하자 하나님께서 다니엘에게 환상을 보여 주셨어요.
오! 하나님! 왕이 꾼 꿈을 보여 주시니 감사합니다.
다음 날, 다니엘이 다시 왕 앞에 나갔어요.
그래, 내가 꾼 꿈과 해몽을 알아왔느냐?
예, 우리 하나님께서 알게 하셨습니다.
하나님이라면 너희 유다의 신이 아니냐? 그래, 그 신이 뭐라고 하시더냐?
폐하께서는 꿈에 엄청 큰 신상을 보셨습니다.
엄청 큰 신상?! 그래, 그런 것 같다.
다니엘

그 신상의 머리는 순금이고, 가슴과 팔은 은, 배와 넓적다리는 놋, 종아리는 쇠, 그 발의 반은 쇠이고 반은 진흙이었습니다.
그때 한 돌이 나타나 그 신상의 발을 쳐서 산산조각 나게 했습니다!
쾅
그리고 깨어진 조각들은 바람에 모두 날아갔고 신상을 친 돌은 커져서 온 세상을 덮었습니다.
그런가? 그럼 그건 무슨 뜻이냐?
하나님의 영광이 왕께 나타났으니 금의 머리는 왕과 왕의 나라를 말하는 것으로, 쇠와 진흙은 왕보다 못한 나라가 일어났다가 망한다는 뜻입니다. 그리고 하나님께서는 그 제국을 통해 새 제국을 세울 것입니다.
이것은 하나님께서 바벨론 멸망 후의 역사를 보여 주신 거예요.
바벨론 539년
바사(페르시아)
헬라(그리스)
로마
너희 하나님은 신 중의 신이시구나. 어떠한 것도 척척 알아내시니 말이다. 여호와를 섬기는 너와 네 친구들에게 높은 벼슬을 주겠다.
고맙습니다, 폐하!
다니엘은 그 기쁜 소식을 친구들에게 알려줬어요.
왕이 나를 이 나라의 두 번째 자리에 앉히시고 너희들도 각 도의 방백으로 세워 주셨어.
우리에게 이런 기쁜 일이 생기다니.
우리 하나님 만세!

다니엘의 세 친구
다니엘 3:1~30
몇 년이 지나자 예정된 일처럼 느부갓네살 왕은 하나님을 잊기 시작했어요.
높이 27미터, 넓이 2.7미터의 금신상을 만들고 모든 백성들에게 절하게 하라! 그 명령을 어기면 풀무불에 넣어 죽여라.
다니엘을 미워하던 대신들은 신이 났어요.
다니엘과 친구들은 분명 금신상에 절하지 않을 거야. 지켜보았다가 왕께 고발하자고.
하하~
마침내 느부갓네살 왕이 세운 금신상이 바벨론 성의 중심지인 두라 평지에 세워졌어요. 악사가 신호를 울리자 대신들은 절을 했어요.
너희는 왕이 세우신 금신상을 섬겨라.
금신상을 섬깁시다.
꾸벅~
저것 봐. 우리의 예상대로 다니엘의 친구들이 절을 안 하고 있다.
이 일을 왕에게 고자질하자.
세 친구가 느부갓네살 왕 앞으로 불려왔어요.
너희가 금신상에 절하지 않는 게 사실이냐?
저희는 하나님 외에 그 무엇에도 절하지 않습니다.
신상에 절하지 않는 자는 풀무불에 던져 넣어 죽인다고 했는데도 말이냐?
그렇습니다. 우리가 풀무불에 던져진다면 하나님께서 우리를 구원하실 것입니다.
만일 그렇지 않다 해도 저희는 왕의 신들을 섬기지도 절하지도 않을 것입니다.

풀무불을 평소보다 일곱 배 더 뜨겁게 하여 저들을 던져 넣어라!
예, 폐하.
쟤네들은 왜 저렇게 무식할까?
절만 하면 살 수 있는데.
세 친구는 밧줄에 묶인 채 뜨거운 불 속에 던져졌어요.
활 활 활활
으악!
으…
그때, 풀무불 속에 놀라운 광경이 벌어지고 있었어요.
저것을 봐라! 네 사람이 살아서 걸어다니고 있다. 늘어난 또 한 사람은 누구냐?
정말 넷이네?
넷이라구?
풀무불을 환하게 만드는 저 사람은 하나님의 아들이 분명하다.
높으신 하나님의 종 사드락, 메삭, 아벳느고야 어서 나오너라!
과연…
풀무불에서 세 친구가 걸어나왔어요.
신의 아들은 어딜 가셨지?
우째 이런 일이! 머리털 하나 안 탔네!
하나님의 천사가 저들을 구했구나. 앞으로 하나님을 함부로 말하는 자는 모두 사형에 처하겠다.

느부갓네살 왕의 교만

다니엘 4:4~37

다니엘

느부갓네살 왕이 성 안의 옥상을 거닐고 있었어요.
저 아름답고 웅장한 성은 내가 지은 것이다. 저 성이 남아 있는 한 후손들은 나를 우러러 볼 것이다.
느부갓네살아! 너의 교만함으로 인해 왕위가 네게서 떠났느니라. 네가 진정 위대한 자가 누구인지 알 때까지 칠 년을 들짐승과 함께 풀을 먹으며 살 것이다.
윽! 머리가 깨질 것 같다! 정신이 하나도 없어!
끼날
끼길
끼길
정신이 나간 느부갓네살 왕은 성에서 쫓겨나 야생 동물처럼 들판을 헤매며 살았어요!
역시 풀이 최고야! 풀! 풀!
세상에~ 이제 우리 동물의 먹이까지 뺏어 먹네.
칠 년이 흐른 뒤 그의 정신이 정상으로 되돌아왔어요.
오! 다니엘의 하나님! 내가 당신을 섬기며 찬양합니다.
그는 뜨거운 눈물을 흘리며 회개했어요.
느부갓네살 왕은 성으로 돌아와 그의 보좌에 다시 앉았고 다니엘의 조언대로 나라를 다스렸어요.
하나님의 나라는 크고 영원하며 하나님의 일은 참되고 공의롭다는 것을 기억하라!
명심, 또 명심하겠습니다!

바벨론의 멸망 예언
다니엘 5:1~31
느부갓네살이 죽고 뒤를 이어 벨사살이 바벨론의 왕이 되었어요.
나도 이제 많이 늙었구나!
늙은 다니엘은 그 때도 왕의 조언자로 일했어요.
어느 날 벨사살 왕이 귀족 천 명을 청하여 큰 잔치를 열었어요.
우리 신들이 주신 술이다. 마음껏 마셔라!
그때, 사람의 손가락이 나타나 왕궁 벽에 글씨를 쓰기 시작했어요.
저… 저 손가락이 지금 무엇을 쓰고 있는 거냐?
그 손가락은 네 마디의 글을 쓰더니 곧 사라졌어요.
손가락이 없어졌다. 어디로 갔지?
알게 뭐야!
빨리 박사들을 불러 저것이 무슨 뜻인지 해석하게 하라!
예! 알겠습니다.
조금 후 바벨론의 박사들이 들어왔어요.
자네는 이런 글을 본 적이 있나?
처음이야.
나는 외국어를 몰라유!
다니엘

의논하라는 말이 아니다. 그 뜻을 해석하란 말이다. 해석하는 자에게는 큰 상과 벼슬을 주겠다.
그때 왕의 어머니가 들어왔어요.
왕의 조언자 다니엘을 부르세요. 그가 지혜와 총명이 있어, 전에 부왕의 꿈도 해석한 적이 있습니다.
저기 써 있는 글을 읽고 해석하면 네게 자주색 옷을 입히고 금목걸이도 주고, 세 번째 가는 벼슬도 주겠다!
상과 벼슬은 사양하겠습니다.
부왕 느부갓네살 왕은 하나님을 알고 잘 섬겨 그 나라에 영광과 위엄이 있었습니다. 그러나 왕께서는 우상을 섬기고 하나님을 배반했지요.
저 글은 '메네 메네 데겔 우바르신'으로 그 뜻을 해석하면 '왕을 저울에 달아 보았으나 부족함이 많아 왕의 나라는 메대와 바사의 손에 넘어갈 것이다.'라는 뜻입니다.
너의 해석은 믿을 수가 없지만 약속대로 옷과 목걸이, 그리고 벼슬을 주겠다.
다니엘은 좋겠다.
자, 중단했던 잔치를 계속한다! 어서 술을 가져오고 음악을 연주하라!
벨사살의 말이 끝나기 전 성 밖에 대기하고 있던 바사 군대가 연회장으로 들어왔어요.
너희들은 누구냐? 어디로 들어왔느냐?
이제 곧 죽을 텐데 궁금한 것도 많다.
당신 부하들은 모두 죽었거나 항복했어.

사자굴에 던져진 다니엘

다니엘 6:1~28

다니엘

법령이 온 나라에 선포되었어요. 다니엘도 그것을 알았지만 변함없이 하루에 세 번씩 예루살렘을 향해 무릎을 꿇고 기도를 했어요.
숨어서 기도하는 다니엘을 지켜보던 사람들은 기회를 놓치지 않았어요.
봤지! 봤지! 왕이 명령을 내렸는데도 계속 기도를 하고 있어!
그래
빨리 왕에게 일러바치자.
폐하! 법령을 어긴 사람을 발견했습니다.
바로 법을 잘 지키고 집행해야 하는 다니엘 총리입니다.
그게 누구냐?
폐하의 권위를 무시한 다니엘을 처벌하셔야 합니다!
다니엘을 죽이려는 이들의 계략에 내가 말려들었구나!
어서 다니엘을 사자굴에 쳐 넣으십시오!
왕명의 무서움을 백성에게 보여 주셔야 합니다.
다니엘을 아끼는 다리오 왕은 온 종일 그를 살릴 수 있는 방법이 없나 고민했어요.
법령에 내가 도장을 찍은 이상 방법이 없구나.

다리오 왕은 결국 다니엘을 사자굴에 달아 내렸어요.
다니엘을 봐! 두려운 표정이 전혀 없어!
그대가 왕명을 어겼으니 나도 어쩔 수 없구려.
우리 하나님이 지켜주실 것입니다.
네가 믿는 하나님이 너를 구원해 주시기를 간절한 마음으로 기도하겠다.
어서 사자 구멍을 막아라!
지금 막고 있잖아.
쿵
다니엘이여…
저길 봐! 왕이 지금까지 저러고 계셔!
식사도 안 하셨는데 밤까지 새다니.
우리 왕 병나시겠다.
해가 떴다! 다니엘은 어떻게 되었을까?
내가 뼈라도 추려서 장사지내 주겠다. 내가 애먼 충신을 죽였어. 크흑….
우리 왕 엄청 빠르다.

다니엘

살아계신 하나님의
종 다니엘아! 그 하나님이
너를 구원하셨느냐?
나의 하나님이 천사를
보내 사자들의 입을
막아주셨습니다.
저… 저것은
다니엘의
목소리다.
뭣들 하느냐? 어서
저 돌을 치우고 사자굴에
줄을 내려 다니엘을
끌어올려라!
예,
알겠습니다.
저렇게
좋으실까.
다니엘이 멀쩡하다.
어떻게 저런 일이
가능할까?
다음에 만나면
또 하나님 얘기
해줘요.
간악한 계략을 쓴
두 총리를 잡아
사자굴에 던져라!
아이고, 우리는
이제 죽었다.
그들은 사자들의 먹이가 되었어요.
모든 나라 백성들은
다니엘이 섬기는
하나님을 섬기라.
그 하나님이 너희를
지켜주실 것이다!
다리오 왕은 다니엘에게
계속 수석총리 자리를 맡겼고
바사 나라는 평온했어요.

에스라

북이스라엘은 B.C. 722년 앗수르에 의해 멸망합니다. 남유다는 고대 근동 패자의 자리를 두고 앗수르와 싸워 승리한 바벨론에 의해 B.C. 586년 멸망합니다. 북이스라엘은 당시 앗수르의 정책에 따라 민족이 섞이고 혼혈 민족이 됩니다. 남유다는 바벨론의 정책에 따라 3차에 걸쳐 바벨론 땅에 포로로 끌려갔습니다. 하나님의 나라이자 제사장 나라라고 불렸던 이스라엘은 이제 지도에서 완전히 사라졌습니다. 그런데 70년이 지나자 선지자 예레미야의 예언대로 유다가 회복됩니다. 영원할 것 같던 강대국 바벨론도 메대-바사(페르시아)에 의해 멸망하고, 당시 페르시아 왕 고레스의 칙령으로 인해 약속의 땅에 돌아오게 된 것입니다. 하나님의 백성이 하나님의 말씀에 순종하지 않아서 언약의 저주에 따른 심판으로 약속의 땅을 잃어버렸지만, 하나님은 자신의 백성들을 다시 약속의 땅으로 돌려보내고 계십니다. 이것이 하나님의 은혜입니다.

고레스 왕은 다윗 가문의 세스바살을 예루살렘의 총독으로 임명합니다. 세스바살과 스룹바벨을 비롯한 유다의 지도자들은 성전을 재건해도 좋다는 칙령을 받고 B.C. 538년에 42,360명을 인도하여 귀환하지요. 이것이 1차 귀환입니다. 이들이 주로 가지고 온 것은 성전 안에 놓일 그릇들입니다. 멸망 당시 느부갓네살에 의해 빼앗겼던 것이지요.

그러나 성전을 재건하는 일은 쉽게 진행되지 않습니다. 가나안 땅에 남아있던 자들과, 북이스라엘 땅에서 혼혈 민족이 된 사마리아 사람들이 자신들도 성전을 건축하길 원했지만 스룹바벨은 고레스 왕의 명령을 따라 우리가 성전을 짓겠다며 거절합니다. 그러자 사람들이 성전 건축을 방해하기 시작합니다. 또 새로운 성전을 짓는 일보다 자신의 집을 짓는 일에 바빠진 사람들이 점점 많아져 15년 동안 공사가 중단되기도 합니다. 그러나 학개와 스가랴 선지자의 격려와 독려로 성전이 재건됩니다. 완공된 성전 앞에서 나이든 자나 젊은 자나 함께 웁니다. 젊은 자들은 바벨론 땅에서 이야기로만 들었던 여호와의 성전을 자신의 손으로 건축한 것이 기뻐서 울고, 나이든 자들은 과거 솔로몬 성전과 비교하면 한없이 초라해진 성전을 보면서 울었습니다.

이렇게 성전이 완성되고 두 번째 귀환이 시작됩니다. 아닥사스다 왕이 에스라에게 명령하여 이스라엘 백성들과 제사장들과 레위 사람들 중 예루살렘에 올라갈 뜻이 있는 자들을 데리고 돌아가라 합니다. 이것이 B.C. 458년에 이루어진 2차 귀환입니다. 학자인 에스라가 귀환하여보니 이방인들과 통혼하며 살기 시작한 백성들을 보게 됩니다. 에스라는 먼저 자신이 속옷과 겉옷을 찢고 진실한 회개의 모습을 보입니다. 이전에 이스라엘이 멸망한 이유가 율법에 불순종했기 때문인데, 포로에서 돌아온 이후에도 여전히 율법을 지키지 않는 백성들을 가슴에 품고 웁니다. 자신의 지도자가 성전 앞에 엎드려 울며 기도하는 모습을 보고 많은 백성이 함께 울기 시작합니다.

> 에스라가 하나님의 성전 앞에 엎드려 울며 기도하여 죄를 자복할 때에
> 많은 백성이 크게 통곡하매 이스라엘 중에서 백성의 남녀와
> 어린 아이의 큰 무리가 그 앞에 모인지라(스 10:1)

그리고 에스라는 강하게 결단합니다. 모든 이스라엘 자손들을 예루살렘으로 모으고 이방 아내들과 자녀들을 떠나보내게 합니다.

> 이에 에스라가 하나님의 성전 앞에서 일어나
> 엘리아십의 아들 여호하난의 방으로 들어가니라
> 그가 들어가서 사로잡혔던 자들의 죄를 근심하여
> 음식도 먹지 아니하며 물도 마시지 아니하더니(스 10:6)

> 제사장 에스라가 일어나 그들에게 이르되
> 너희가 범죄하여 이방 여자를 아내로 삼아
> 이스라엘의 죄를 더하게 하였으니
> 이제 너희 조상들의 하나님 앞에서 죄를 자복하고
> 그의 뜻대로 행하여 그 지방 사람들과 이방 여인을 끊어 버리라 하니
> 모든 회중이 큰 소리로 대답하여 이르되
> 당신의 말씀대로 우리가 마땅히 행할 것이니이다(스 10:10-12)

그 무엇보다 이스라엘에게 필요한 것이 '하나님 백성으로서의 성결'이기 때문에 눈물을 머금고 이 일을 감행한 것입니다. 이렇게 이스라엘은 계속해서 자신들의 순결을 지키며, 진정으로 하나님의 나라를 세우는 길이 무엇인지 배워야 했습니다.

예루살렘으로의 귀환
역대하 36:22~23 에스라 1:1~4:5
바벨론을 점령한 바사의 고레스 왕은 포용 정책의 하나로 이스라엘 백성의 귀환을 명령했어요.
유다로 돌아가기를 원하는 자는 예루살렘으로 올라가라. 그리고 이곳에 남은 자들은 금과 은의 예물을 모아 성전 건축을 위해 유다로 보내도록 하라!
이스라엘 백성들은 뛸 듯이 기뻤어요.
예루살렘으로 돌아가서 무너진 성전을 건축하자!
어서 이삿짐을 싸라.
느부갓네살 왕이 훔쳐온 성전 안의 물건들을 돌려줄 테니 어서 가지고 가라!
스룹바벨님이 앞장서시지요!
자, 하나님을 찬양하며 갑시다.
그들은 오 개월을 걸었어요.
저길 봐! 하나님의 성전이 있는 예루살렘 성이다.
저 처참한 성전의 모습을 보시오. 저것은 성전이 아니라 쓰레기장이오!
저 모습을 보시는 하나님의 가슴은 얼마나 아프셨겠소.
모든 게 우리의 죄 때문이오!
저곳은 솔로몬이 지은 성전 터가 아닙니까?
그렇소!
우선 성전을 설계하고, 재건을 위한 기초석을 쌓도록 합시다.

에스라

성전이 정리되고 기초석이 놓여진 뒤 스룹바벨과 제사장들이 제단을 쌓고 하나님께 예배를 드렸어요.
영원토록 변함없으신 여호와의 은혜를 찬양합니다!
여호와의 은혜로 무너진 성전이 재건되게 하소서.
며칠 후 사마리아 사람들이 스룹바벨을 찾아 왔어요.
우리도 하나님을 섬기려고 하니 성전 짓는 일을 돕게 해주쇼!
믿음의 증거를 보여주겠소!
뜻은 고맙소만, 사양하겠소. 고레스 왕이 우리끼리만 지으라고 하셨고, 성전 건축은 우리 이스라엘만의 일이오! 그리고 당신들은 이방신을 섬기고 있지 않소?
쳇, 성전 공사가 잘 되나 어디 두고 보자구.
우릴 무시한 대가를 받게 해야 해!
그들은 바사의 총독을 꼬드겨 성전 건축을 방해했어요.
명령이다. 즉각 성전 공사를 중단하라!
중단 하라니요?
사마리아 사람들이 모함의 글을 올렸구나.
성전 공사를 시작만 해놓고 중단한 지 십오 년. 이 성전은 언제쯤 다시 지어져 완성하게 되려는지…
하나님이 반드시 도와주실 겁니다.

성전 재건 완성

에스라 5:1~6:22 학개 1:1~2:23
스가랴 1:1~14:21

에스라

과연 이 공사를 계속 할 수 있을까?
용기를 내시오! 스룹바벨. 여호와께서 그대들과 함께 하셔서 성전에 영광이 가득 차게 하실 것이라고 하셨소!
그러니 기도하며 기다려 봅시다.
얼마 후 다리오 왕의 편지가 도착했어요.
너희가 옳았다. 다리오 왕께서 고레스 왕의 편지를 발견했는데 그 편지에 왕은 공사가 지체되지 않도록 성전 건축에 들어가는 비용과 재원을 아낌 없이 지원하라고 하셨다.
그리고 바사와 다리오 왕을 위해 기도하라고 하셨다!
당연히 기도를 드려야지요!
다리오 왕의 지원과 선지자들의 격려로 용기를 다시 얻은 백성들은 열정적으로 성전 재건에 힘썼어요.
여호와께서 우리와 함께 하시니…
저절로 힘이 솟는구나.
탁
총독님, 저들이 공사하는 것을 보고만 있어야 합니까?
본국의 다리오 왕께서 강력하게 지원하는 일이라 어쩔 수가 없다!
드디어 성전이 완공되었어요. 기쁨을 안은 이스라엘 백성들이 몰려왔고, 제단에는 많은 제물이 놓여졌어요.
예레미야의 예언대로 칠십 년 만에 성전이 다시 지어지다니!

에스더

하나님의 전적인 은혜로 이스라엘 백성들이 약속의 땅으로 돌아왔습니다. 3차에 걸친 귀환이었습니다. 하지만 여전히 많은 수의 백성들이 페르시아 땅에 머물고 있었습니다. 이들은 어떤 삶을 살고 있었을까요? 이것을 보여주는 성경이 에스더서입니다.

에스더서는 스룹바벨의 1차 귀환과 느헤미야의 3차 귀환 사이에 페르시아 제국에서 일어났던 일을 기록합니다. 당시 페르시아의 왕은 에스더의 남편인 아하수에로 왕입니다. 그는 B.C. 486 ~ B.C. 465년까지 페르시아를 다스린 왕으로서 매우 뛰어난 통치자였습니다. 그의 통치하에서 유대인들은 나름대로 살길을 찾고 있었습니다. 몇몇은 높은 관직에 오르기도 했는데, 그중에서도 에스더는 왕후가 된 것입니다. 그러던 어느 날 하만이라는 인물이 유대인들을 척살하려는 음모를 꾸미게 되고, 이를 알게 된 모르드개와 에스더가 믿음의 결단으로 민족을 구원하는 이야기가 에스더서의 내용입니다.

에스더서에는 큰 특징들이 몇 가지 있는데, 그중 하나는 '하나님'이 한 번도 등장하지 않는다는 점입니다. 또 이야기 속에 풍자와 유머가 많이 들어있습니다. 하만이 계획한 책략에 자신이 그대로 당한다는 점, 유대인들을 죽이려 했던 이들이 오히려 심판을 받는다는 점, 재물을 빼앗으려 했던 자들이 오히려 뺏김을 당한다는 점 등 에스더서에는 예상 밖의 결과를 쉽게 찾을 수 있습니다.

또 하만의 실패와 유대인들의 구원으로 이야기가 끝나지 않고 '부림절'까지 이어집니다. 부림절에 유대인들은 잔치를 열어 즐기면서 동시에 가난한 자를 구제해야 했습니다. 그리고 맨 마지막인 10:3에서 "그의 모든 종족을 안위하였더라"고 말하고 있습니다. 여기서 안위하였다는 단어는 직역하면 하나님 나라의 가장 큰 특징인 '샬롬'을 선언했다는 뜻입니다.

하나님의 백성은 언약을 통해 받은 약속의 땅이 있습니다. 그런데 하나님의 백성들은 대부분 약속의 땅에 돌아가지 못했습니다. 그럼 이들의 삶은 어떻게 되는 것입니까? 하나님의 언약에서부터 떨어져 나가는 것입니까? 아닙니다. 비록 이들의 몸은 이방 땅인 페르시아에 있지만, 그곳에서도 하나님은 살아 계십니다. 하나님은 이스라엘 땅에서만 머물러 계시거나 이스라엘 민족만 다스리시는 분이 아닙니다. 비록 에스더서에서 하나님의 이름은 한 번도 등장하지 않지만, 하나님은 자신의 백성을 지키고 보호하시며 다스리고 계십니다. 하나님의 백성은 하나님이 보호하십니다.

부림절과 에스더
에스더 1:1~22
다리오에 이어 바사의 왕이 된 아하수에로는 자신의 힘을 자랑하기 위해 큰 잔치를 열었어요.
이 큰 잔치는 언제까지 계속되는 거야?
백팔십 일이래, 온 나라의 장수와 귀족들을 다 초청 했잖아.
하하하! 자유롭게 먹고 마셔라!
바사와 왕을 위하여 건배!
아름다운 왕비님도 뵙게 해주십시오.
오늘같은 날 딱이죠.
그래! 왕비를 나오라 일러라.
그때 와스디 왕비도 부인들과 잔치를 열고 있었어요.
왕비 마마, 폐하께서 정원으로 나오시랍니다.
지금 바쁘니 나중에 가겠다고 전해라!
어머! 취여사시나 봐. 호호!!
뭐야! 나중에 온다구?
내 체면을 이렇게 뭉개 버리다니…
왕이 박사들을 불러서 물었어요.
이런 경우 왕비에게는 어떤 벌을 내리는 게 좋겠소.
와스디 왕비님을 궁에서 쫓아 내셔야 합니다.
옳은 말이다! 당장 와스디를 궁 밖으로 내쫓고 새 왕비 후보를 전국적으로 찾아서 궁으로 보내라 하라!

왕후 에스더와 모르드개

에스더 2:1~23

내가 에스더 왕비를 위해 바사에서 가장 큰 잔치를 베풀겠다!
우리 왕은 파티광!
내 사촌 에스더야, 축하한다. 하지만 네가 유대인임을 절대로 잊어선 안 된다!
모르드개가 성문 앞에 이르렀을 때였어요.
더 이상 두고 볼 수 없어. 예정대로 내일 아하수에로 왕을 죽이자구!
소리가 너무 커. 누가 들으면 어쩌려고.
모르드개의 말을 전해 들은 에스더가 왕에게 그 이야기를 했어요.
폐하! 내관 빅단과 데레스가 내일 왕을 암살할 음모를 꾸미고 있답니다.
그 이야기를 어디서 들었소?
대궐문 옆에 매일 앉아 계신 모르드개라는 분이 알려 주었습니다.
내가 사실을 알아보겠소!
그 일이 사실로 드러났어요.
저 두 놈을 당장 저승길로 보내라!
네, 폐하!
둘이 사이 좋게 가니 심심하진 않겠다.
시끄럿!
바사 나라를 위해 큰일을 해낸 모르드개의 이름을 궁중 일기에 남겨라!

하만의 교만
에스더 3:1~4:11
그 뒤로 하만이라는 사람이 바사의 총리가 되었어요. 그는 매우 교만하고 악한 사람이었답니다.
총리 각하, 평안하셨습니까?
오냐! 어흠, 어흠.
대단히 존경받는 사람인가 보네?
존경은 무슨 존경. 절을 안 하면 죽인다니까 하는 거지.
엉? 저 자는 누군데 나에게 절은커녕 눈을 부라리고 있는 거냐?
모르드개라고 유다 사람입니다. 저들은 무엄하게도 자기 하나님 외에는 누구에게도 절을 하지 않죠.
죽어 마땅한 족속이구나!
교만함의 극치로군…
화를 억누른 채 하만이 왕을 찾아갔어요.
폐하의 법을 아주 우습게 여기는 한 족속이 이 나라 곳곳에 살고 있습니다. 조서에 어인(도장)만 찍어 주십시오. 그러면 왕에게 은 일만 달란트를 바치겠습니다.
오, 나의 충성스런 하만. 내 반지 도장을 그대에게 줄 테니 알아서 처리하도록 하시오!
속히 시행하겠습니다.
서둘러라! 각 민족의 방언으로 받아적도록!
넵!

에스더

아달월(12월) 13일에 전국에 있는 방백들은 모든 유대인을 잡아죽이고 멸망시킨 뒤, 그 재산을 빼앗도록 하라! - 아하수에로 왕 -
온 나라에 이 법령을 선포하라.
각 민족의 방언으로 쓰려면 밤새야 되겠구나.
그 법령서를 본 유다 백성들은 겁에 질렸어요.
포로로 잡혀온 것도 억울한데 이제는 이곳에서 죽어야 하다니…
하나님, 어찌합니까? 흑흑.
다 유대인으로 태어난 잘못이지.
아니 모르드개를 봐. 베옷을 입고 울고 있어!
누가 죽기라도 했나?
모르드개님, 이곳은 왕이 계신 성 앞입니다. 울음을 그치십시오.
엉엉 엉엉
유다 사람들이 다 죽게 생겼는데 무슨 상관이냐.
엉 탁 엉
내관이 가서 모르드개가 왜 우는지 알아보고 오너라!
네, 왕비 마마
왜 그렇게 통곡하십니까?
왕비께선 아직도 모르시나보군요. 이 조서를 왕비께 보여 드리고 지금이라도 왕께 가서 백성을 구해야 한다고 전해주시오.
왕의 부르심 없이 왕을 찾으면 죽는다는 것을 아실 텐데…
왕비 마마도 폐하를 못 뵈신 지 삼 개월이나 되지 않았습니까? 못 가신다는 걸 전해드릴까요?

내관이 나와 왕비의 의견을 전했어요.
나도 알고 있소. 그러나 왕비께서 혼자 살고자 하시면 유다 백성들은 다른 일로 구원을 받을 것이나 왕비는 구원을 못 받을 것이니, 왕비가 된 것은 이때를 위해서가 아닌가라고 전하시오.
정말 그렇게 전해도 되겠습니까?
헥헥~ 빨리 빨리! 왕비님에게로.
그렇군… 그럼 다시 모르드개에게 가서 유다 백성과 함께 오늘부터 나를 위하여 사흘 동안 금식을 해준다면 나도 금식하며 기도한 후 왕에게 나아가 죽으면 죽겠다고 전해주시오.
삼 일 후
폐하께 나가겠다. 의복을 준비해다오.
왕비 마마, 큰일 나시기 전에 제발 그만두십시오.
괜찮아. 사람은 누구나 한 번은 죽는 거야.
하나님, 저를 도와주십시오.
식량 문제는 이렇게 저렇게…
또 다른 문제는…
폐하! 드릴 말씀이 있습니다.

에스더

페하!
왕비께서 폐하를 뵙고자…
법을 잘 아는 왕비가 찾아온 것은 목숨보다도 중요한 일이 있기 때문일 거다. 가만히 있거라.
※금홀 : 왕권을 상징하는 지팡이.
왕이 금홀을 내미셨다. 왕비를 용서하신다는 뜻.
그래. 무슨 일로 왔소, 왕비! 부탁할 것이 있다면 어서 얘기하시오. 나라의 절반이라도 그대에게 주겠소!
오늘밤 제가 마련한 만찬에 오시면 말씀 드리겠습니다. 폐하와 하만 총리가 같이 오십시오!
만찬! 그럼, 스케줄 모두 제쳐놓고 가야지!
하만 총리에게도 당장 참석하라고 알려라.
유다 민족을 구한 에스더
에스더 5:9~10:3
배는 든든, 기분은 짱. 왕 다음으로 높은 사람이 바로 나다. 오늘 만찬 마치면서 내일 만찬에도 나만 초대를 받았다고!
좋겠다!
첫! 모르드개!

굽힐 줄 모르는 유대놈!
그러나 그것도 며칠
있으면 마지막이
될 것이다.
이랴!
집에 돌아온 하만에게 이야기를 들은 부인이…
우리 집 뜰에
23미터가 되는 높은
나무를 세우고 거기에
모르드개를 달아서
죽이자고 하세요.
오~
굿 아이디어.
오늘은 이상하게 잠이
안 오는구나.
궁중 일기를 가져와
읽도록 해라!
예, 폐하!
고레스 왕의 무엇이 어쩌고저쩌고…
사 년 전에는 두 내관이 왕을 암살
하려는 계획을 모르드개가 고발한
사건이 있었습니다. 그리고…
잠깐!
그 모르드개에게는
무슨 상이
내려졌느냐?
내려진 상은
아무것도
없었습니다.
모르드개를 교수형
시켜도 좋다는 허락을
왕에게 꼭 받아야 한다!
하만 총리님,
왕께서
부르십니다!
내가 온 것을
기가 막히게
아시는구나!

에스더

부르셨습니까? 폐하.
나를 귀히 여기는 사람이 있는데 그에게는 무슨 상을 내리는 것이 좋겠느냐?
왕을 귀히 여기는 자라면 나밖에 누가 있는가?
폐하! 이렇게 하십시오.
그에게 폐하의 예복을 입히시고 폐하의 말을 태워서 온 성안을 돌게 하소서.
신하 중 최고의 마부를 뽑고 그에게 이렇게 말하라고 시키십시오.
"왕을 귀하게 여기고 존경하는 자에게는 이같이 할 것이다" 라고요!
그거 좋은 생각이오.
하만, 그대는 성문에 앉아 있는 유대인 모르드개에게 지금 말한 것을 그대로 행하라!
하만은 왕의 명령대로 모르드개에게 자기가 한 말들을 행했어요.
폐하를 존경하고 귀히 여기는 자에게는 이같이 할 것이다.
감사합니다. 하나님!
한 번 지켜 보자!
이게 이 세상에서 네가 받은 마지막 접대다. 모르드개, 며칠만 기다려라.

드디어 에스더가 준비한 두 번째 만찬 날
그래, 오늘은 무슨 음식을 준비하셨소!
왕비님께서 준비하신 것이라면 무슨 음식이라도 맛있습니다. 헤헤!
폐하! 오늘은 더 특별한 요리를 준비하였습니다.
우와~! 이렇게 맛있는 건 처음이다! 원하는 게 무엇이오? 있다면 내가 들어 주겠소!
나라면 나라의 반을 달라고 할 텐데…
그럼, 한 말씀 올리겠습니다.
제 민족을 살려주십시오. 지금 멸망할 위기에 처해 있습니다.
누가 그런 터무니없는 계획을 세웠다는 거요?
누굽니까? 그 바보가…
바로 하만입니다!
아니, 총리가 왜?
하만 총리는 이유 없이 이스라엘 사람을 미워하고 죽이고자 계획을 꾸미고 왕을 속여 자신이 만든 법령에 도장까지 받아냈습니다.
12월 13일이 되면 저희 백성들과 저는 죽게 됩니다! 제발 저희 민족을 살려 주십시오, 폐하!
헉! 이럴 수가!
화가 난 왕이 뜰로 나가자 하만이 에스더에게 매달렸어요.
크흑! 제가 미련하여 죽을 죄를 지었습니다. 제발 목숨만 살려 주십시오!

에스더

만찬장으로 들어오던 왕이 하만 총리가 왕비에게 매달린 것을 보고 더 화가 났어요.
저런 죽일 놈! 이제 왕비를 희롱까지 하다니!!
폐… 폐하!
저 못된 하만을 어떻게 죽여야 하겠느냐?
폐하, 하만이 자기 집 뜰에 모르드개를 죽이기 위한 교수대를 세워 두었답니다.
그래? 그렇다면 하만을 그 나무에 매달아라.
아이고, 내가 내 무덤을 팠구나.
결국 하만은 나무에 매달려 죽고 말았어요.
그래, 그 동안 몸과 마음이 얼마나 괴로웠소! 내가 그대를 위로하는 뜻으로 하만의 집을 주겠소.
이 일을 알려주신 제 사촌 모르드개의 고통이 더 컸습니다!
그럼 모르드개가 왕비의 사촌이었소? 그렇다면 하만이 죽어 비어 있는 총리의 자리를 그대의 사촌에게 주면 되겠구려.
폐하, 너무나 감사합니다.
삼 일 후 다시 에스더 왕비가 왕 앞에 나왔어요.
폐하! 유다 사람들을 죽이라고 하만이 내린 법령을 취소해 주세요.
왕의 도장이 찍힌 법은 나라고 해도 취소할 수 없는 게 나라의 법이오!

아! 그 방법이 있었군.
그 방법이라니요?
아하수에로 왕은 왕비에게 대책을 얘기해 주었어요.
모르드개! 폐하께서 도장을 주시면서 이렇게 하라고 하셨습니다.
오! 그래. 바로 실행하도록 하지!
준비됐느냐?
네! 내용만 말해 주시면 됩니다!
유대인들은 모두 무장을 하여 스스로를 지키고 적들의 재물을 탈취하라! 그러나 그날 하루 동안만 그리하라! -아하수에로 왕-
이제 도장만 찍으면 됩니다.
새로 제정된 법령은 각 민족의 방언으로 씌어져 전국에 선포되었어요.
어차피 13일에만 우리를 죽이라고 하였으니 그날만 지나면 우리는 살게 되는 것이다.
힘을 쓸 만한 사람들이 앞장서서 약한 사람을 지켜라.
법령!
드디어 12월 13일, 유다 사람들이 자신들을 죽이려는 대적들을 모두 물리쳤어요.
모르드개 총리를 도와라!
관군도 유다 사람들의 편이구나. 도망가자!
하만의 열 아들도 죽었다.
총리 모르드개가 그 일을 기록했어요.
슬픔이 변하여 기쁨의 날이 된 이날을 기념하여 부림절이라고 부르고 이날에는 이틀 동안 큰 잔치를 하되, 서로 예물을 나누며 가난한 사람을 돕도록 하자.
지금까지도 유대 사람들은 부림절을 지키고 있죠.

에스더

2차 포로 귀환과 에스라
에스라 7:1~10:44
에스라는 제사장 아론의 육 대 손으로 율법에 능통한 학자이며 제사장이었어요. 아닥사스다 왕(아하수에로 왕의 아들)이 그를 불렀어요.
그대는 원하는 자를 데리고 고향으로 가라. 율법을 시행할 권한을 네게 주겠다!
정말입니까? 감사합니다. 폐하!
에스라가 예루살렘으로 돌아갈 사람들을 모집하자 많은 사람들이 몰려왔어요.
귀국 희망자의 명단을 가져오너라!
예, 선생님!
이게 뭔가? 명단에는 레위 지파 제사장들이 하나도 없지 않느냐?
생활 때문에 결정하기 어려운 것 같습니다.
레위 제사장들이 없으면 우리는 출발할 수 없다.
얼마 후
저희 가정이 제사장으로 참여하겠습니다.
아닥사스다 왕이 군사들을 보내 우리를 예루살렘까지 호위해 준다고 했으나 내가 거절했다. 그것은 하나님께서 우리를 지켜주시고 인도해 주시기 때문이다. 출발하자!
에스라 선생님, 바사 왕의 조서 내용이 무엇입니까?
진짜 뭐래요?
그렇게 궁금하다면 알려드리죠.

에스라 그대가 책임자가 되어 귀환을 원하는 모든 유대인을 데리고 가라!
네 나라에서 백성들에게 여호와의 말씀을 가르치고 예배와 예물을 기쁘게 드리라! 말을 안 듣는 자는 네가 원하는 대로 해도 좋다!
그리고 네 하나님을 위해 쓸 것이 있다면 언제든지 방백들에게 청하라! 그리하면 그들이 들어 줄 것이다 하셨소!
왕의 마음을 하나님이 움직여 주신 거야!
에스라와 이스라엘 백성들이 아하와 강가에서 금식하며 기도했어요.
지켜주소서, 아멘!
여호와여! 예루살렘으로 가는 저희 길을 지켜주옵소서. 적의 손길을 막아주옵소서!
그들은 약탈자들의 습격을 받는 일 없이 순조롭게 길을 걸었어요.
모두들 기운을 내시오!
그 길로 오 개월 후
저기를 봐라! 예루살렘 성이다!
드디어 도착했다.
예루살렘까지 오는 길을 지켜주심을 감사드립니다.
여호와여! 우리가 여호와의 이름을 찬양합니다.

아닥사스다 왕의 조서를 전해드립니다!
어디 보자… 좋다! 필요한 것들을 모두 주겠다.
감사합니다.
하지만 만약 저들이 반란이라도 일으킨다면…
그래, 그러니깐 놈들은 특별관리 해야지.
성전으로 돌아온 에스라와 이스라엘 백성들은 하나님께 기쁨의 예배를 드렸어요.
찬양 받으소서, 여호와여.
여호와 하나님, 찬양을 받으시고 하나님의 성전으로 들어가게 하소서!
할렐루야!
지금 즉시 유다 백성들에게 가서 얼마나 율법을 잘 지키고 있는지 조사하라.
에스라님, 유다는 지금 절망적입니다.
이스라엘 백성들이 이방인들과 사귀어 죄를 짓고 있습니다.
제사장들마저도 이방의 딸들과 결혼하여 여호와의 율법을 어기고 있습니다.

여호와의 성전을 향해 에스라가 통곡했어요.
오~ 하나님 여호와여, 우리 이스라엘 백성이 죄를 지었습니다.
백성들이 하나님을 배반했으니 이제부터 하나님의 말씀을 두려워하고 순종하는 사람들을 중심으로 개혁을 실행해야 한다.
온 이스라엘 백성들은 예루살렘으로 모여라! 삼 일 내로 오지 아니하면 재산을 빼앗고 이 땅에서 쫓아낸다 하라!
이스라엘 사람들이 그 연락을 받고 예루살렘에 도착하였을 때 하늘에서 장대비가 내렸어요.
웬 소나기지?
우리 죄를 씻으려는 비인가 봐!
에스라가 백성들에게 말했어요.
너희가 죽음을 면하려거든 다른 족속들과 이방 여인과의 관계를 끊고 회개하라.
진작에 이랬어야 한다니깐.
백성들은 에스라의 명령대로 행했고, 그 뒤로 에스라는 하나님을 제대로 섬기는 법을 가르치는 노력을 계속했으며, 백성들도 순종하며 따랐어요.

에스라

느헤미야

에스라를 중심으로 2차 포로 귀한이 있은 지 13년 후인 B.C. 445년, 3차 포로 귀환이 느헤미야를 통해 이루어집니다. 느헤미야는 아닥사스다 왕 아래에서 관원으로 일하고 있었습니다. 그러던 어느 날 예루살렘 성은 허물어져 가고 성문은 불에 탔다는 소식을 듣습니다. 느헤미야는 동족의 어려움을 안고 기도하며(1장) 아닥사스다 왕의 허락을 받아 예루살렘 총독으로 돌아오게 됩니다. 그는 곧바로 성벽을 재건하는 일에 착수하는데 온갖 방해와 여러 문제가 생깁니다. 하지만 느헤미야는 52일 만에 성벽을 재건합니다.

하나님께서 택하신 백성들이 바벨론에서 3차에 걸친 귀환으로 약속에 땅에 돌아왔습니다. 그렇게 돌아온 땅에서 그들은 가장 먼저 성전을 재건합니다. 그리고 뒤이어 성벽을 재건합니다. 그 사이에 에스라를 중심으로 한 개혁 운동이 있었고, 성벽을 재건한 뒤에 느헤미야를 중심으로 한 개혁 운동이 있습니다. 이러한 과정에는 중요한 의미가 있습니다.

귀환한 백성들이 가장 먼저 세운 것은 성전입니다. 하나님의 백성은 하나님과의 교제가 가장 중요합니다. "나는 너희의 하나님이 되고, 너희는 내 백성이 되리라!" 이것이 하나님 백성의 정체성입니다. 성전을 가장 먼저 세움으로써 이 정체성을 회복하는 것입니다. 그들의 땅 중심에, 그리고 그들의 마음 중심에 하나님을 모시는 것입니다. 성전 재건 이후에는 성벽을 재건합니다. 마음의 중심에 하나님과의 관계를 세우고, 그리고 이를 지킬 성벽을 쌓는 것입니다. 마치 바울이 예수 그리스도를 믿은 성도들에게 성령의 전신 갑주를 입으라고 명령하는 것처럼, 성전을 세운 뒤에 성벽을 세웁니다.

그리고 이 사이사이에 종교개혁이 진행됩니다. 성전을 세운 뒤에는 에스라의 지도하에 성결을 회복하고, 성벽을 세운 뒤에는 율법을 통해 회개합니다. 그리고 하나님과 언약을 맺습니다(느 10장). 특히 느헤미야의 개혁은 율법대로 하나님의 총회를 정리하고, 이방 사람 도비야에게 주어졌던 성전의 방을 깨끗하게 한 것입니다. 또 레위인들에게 십일조를 주어 성전을 섬기는 일에 최선을 다할 수 있도록 만들어주고, 안식일에 장사하는 관행들을 끊었습니다. 대제사장과 제사장들 중 이방 여인과 통혼한 이들을 색출하여 직분을 박탈했습니다. 다시 말하면 이 개혁은 말로만 선포하고 기도로 끝나는 추상적 외침이 아니고, 백성들의 하루하루 살아가는 현실 속에서 모든 영역에 하나님의 주권이 바로 서도록 하는 삶의 개혁이었던 것입니다.

하나님의 나라는 백성들이 약속의 땅에 돌아왔다고 되는 것이 아닙니다. 성전과 성벽을 세웠다고 끝나는 것도 아닙니다. 이 모든 것 뒤에, 삶의 매 순간 하나님의 주권이 바로 서는 삶이 세워져야 비로소 하나님의 나라가 세워지는 것입니다.

느헤미야의 개혁

느헤미야 1:1~13:31

저를 예루살렘으로 가게 하여 무너진 성벽을 다시 쌓게 해 주십시오!
그럼 너를 유다를 다스리는 총독으로 보내 주겠다. 성벽을 세우고 빠른 시간 안에 돌아오도록 하라!
느헤미야는 왕이 보내준 군사들의 호위를 받으며 예루살렘으로 떠났어요.
이제 예루살렘이 보인다! 너희들은 돌아가라!
예!
우선 앞으로 해야 할 일을 정리하고 성은 저녁에 둘러봐야겠다.
가서 이곳저곳을 살펴보자!
이… 이럴 수가… 암담하구나. 성벽 어디서부터 손을 대야 한단 말인가?
느헤미야가 장로들을 불러 말했어요
바사의 왕께서 나를 유다의 책임자로 보내셨습니다.
정말 반가운 소식이군요!
모든 분들이 성벽 재건에 참여해 주십시오.
레위 제사장들이 양문의 재건을 맡겠습니다.
레위 지파와 엘리아십 제사장, 감사합니다.
저희는 어문의 문짝과 자물쇠와 빗장을 달겠습니다.

사십이 개의 작업반으로
나눠 공사를 진행하라!
보십시오.
성벽이 잘 지어지고
있습니다.
생각보다
속도가
빠르군요.
성벽 건축에 대한 소식이 사마리아와
암몬 총독에게까지 들어갔어요.
저들이 성벽을
쌓고 저항할
모양인데.
염려마쇼!
그들이 쌓는 성벽
이라면 기침에도
무너질 거요.
이제 절반은
완성됐다!
자! 조금만 더
노력합시다!
아무래도 심상치가
않소! 유대놈들을
기습합시다!
바사 왕이
모르게 해치워야
할 것이오!
암몬과 사마리아 군대가 쳐들어오자
이스라엘 백성들은 기다렸다는 듯이
그들을 물리쳤어요.
걸음아,
날 살려다오!
너희들
거기 안 서?
이런 어려움 속에서도 성벽 공사는 오십이 일 만에
(445년) 아주 훌륭하게 완성되었답니다.
히유~ 정말
우리가 만든 거
맞아?
에스라는 믿음의 벽을,
느헤미야는 방어의 벽을
쌓아주었어.

욥기

사람은 누구나 삶에 고난이 찾아올 때 지혜를 구합니다. 해결책을 찾고, 원인과 결과를 밝히려 노력합니다. 성경에서 그렇게 고난 가운데서 지혜를 구한 대표적인 인물을 꼽으라면 대부분 욥을 선택할 것입니다. 욥기서는 아브라함이 살았던 족장 시대를 배경으로 합니다. 주인공 욥의 고난을 통해 하나님을 믿는 성도들이 어떻게 살아야 할지를 분명히 하고, 자신의 한계를 깨달아 더욱 하나님을 신뢰하도록 돕는 것이 큰 주제라고 할 수 있습니다. 그러나 욥기서는 '지혜, 고난, 용서, 인생, 하나님은 정의로우신가?' 등의 주제들이 서로 얽혀 있어 바라보는 시각에 따라 다양한 색을 드러내는 다이아몬드와도 같습니다.

욥의 고난을 이해하는 것은 그리 단순하지 않습니다. 왜냐하면 그는 하나님이 인정하시는 의인이기 때문입니다. 하지만 이 세상을 살면서 의인도 고난을 겪는다는 사실을 인지하고 이해하는 것은 상식적인 신앙에서 한 단계 더 성숙한 신앙으로 나아가게 만듭니다.

무엇보다 욥은 상식적으로 이렇게 큰 고난을 겪을 만큼 잘못한 것이 없습니다. 이것은 욥 자신의 이야기와 세 친구들의 이야기를 들어보아도 분명합니다. 욥의 세 친구들은 인과응보의 신학에 기초하여 뿌린 대로 거두게 하시는 하나님을 말하며 욥에게 감추어진 죄, 알지 못하는 죄가 있을 것이라고 공격합니다. 하나님과 욥을 비교하면서 하나님은 완전하시고 욥은 완전하지 못하니까, 왜 이런 고난이 일어났는지는 정확히 모르지만 욥이 무언가 죄를 지었을 것이라는 논리입니다. 그러나 성경이 보여주듯 욥의 고난은 욥의 행동으로 인한 결과가 아닙니다. 또 하나님께서도 욥의 말이 옳고 세 친구가 틀렸다고 말씀하십니다.

욥기의 난점은 그뿐만이 아닙니다. 1장에서 묘사되는 하나님의 천상 회의 모습은 사실 이해하기가 쉽지 않습니다. 하나님께서 욥을 칭찬하시자 사탄은 "어찌 까닭 없이(아무 이유없이) 하나님을 경외하겠습니까?"하며 따집니다. 그러자 하나님께서는 사탄에게 욥의 소유물과 건강을 빼앗으라고 허락하십니다. 그 고난과 고통이 너무 심해서 욥의 아내조차 "하나님을 욕하고 죽으라" 말하지만 욥은 어리석은 말이라며 자신의 신앙을 지킵니다. 여기서 욥기가 끝나면 내용상 완벽할 것 같은데 이제부터 본격적인 시작입니다. 욥기서가 42장에서 끝나는데, 이 내용은 겨우 2장까지의 이야기입니다. 그러면 나머지 40장에 걸쳐 무슨 이야기를 할까요? 3장 첫 마디부터 욥은 자신이 왜 태어났는지 모르겠다는 넋두리를 합니다. 그리고 세 친구와 계속해서 치열한 논쟁을 합니다. 엘리바스가 말하면 욥이 대답하고, 빌닷이 말하면 욥이 대답하고, 소발이 말하면 또 욥이 대답하는 형식인데, 위에서 언급한 것처럼 세 친구의 논리는 간단하면서 확실합니다. 그래서 더 힘이 있습니다. 고난에 대한 전통적인 관점으로 접근하고 인과응보의 법칙을 이야기하는 친구들의 말에 욥은 아무리 생각해도 이런 고난을 겪을 만큼의 죄를 짓지 않았다고 대답합니다. 이 똑같은 이야기를 세 친구와 세 번씩이나 이야기를 나눕니다. 똑같은 내용을 왜 이렇게 길게 다루는 것일까요?

세 친구의 자세는 처음부터 마지막까지 동일합니다. 하지만 욥은 다릅니다. 욥은 조금씩 변화합니다. 처음에는 차라리 태어나지 말았어야 했다면서 생명의 주관자이신 하나님을 부정하지만, 점차 하나님과 자신 사이에서 자신의 억울함을 변호해 줄 대변인을 찾습니다. 하나님을 아는 지식이 고난을 겪으면서 점차 성장하고 있는 모습입니다.

친구들의 말이 틀리지 않다는 것을 욥도 압니다. "옳은 말이 어찌 그리 고통스러운고"(욥 6:25) 하면서도 자신의 아픔을 공유하지 않는 친구들에게 서운함을 토로합니다. 그러면서 하나님과 자신 사이에 손을 얹어줄 '판결자'(욥 9:33)를 찾기 시작합니다. 계속 친구들과의 격렬한 토론이 진행되면서 '증인'과 '중보자'(욥 16:19)를 찾습니다. 그리고는 '나의 대속자'(욥 19:25)를 말합니다. 하나님을 아는 지식이 자라나고 있는 것입니다. 세 친구와의 대화가 끝나자 젊은 엘리후가 등장합니다. 그런데 엘리후는 세 친구와는 조금 다릅니다. 그는 세 친구의 일차원적인 대답들을 지적하면서, 하나님보다 자신이 옳다 말하는 욥에게도 훈계를 합니다. 그러면서 하나님은 '밤 중에도 노래하게 하시는 분'(욥 35:10)이라며 하나님의 더 깊은 뜻과 인도하심을 신뢰하라고 말합니다.

욥의 고통과 억울함에 관한 이야기가 끝나자 그제야 하나님께서 욥에게 나타나십니다. 하나님께서 자신의 지혜를 욥에게 드러내시자 욥은 자신의 어리석음을 고백하며 하나님의 깊으신 뜻을 다 이해할 수 없었다고 말합니다. 하나님께서 이 세상을 어떻게 창조하셨는지, 이 세상을 어떻게 섭리하시며 질서를 세우셨는지, 이 세상에서 어떻게 공의와 정의를 세워 가시는지 욥은 알지 못합니다. 하나님의 능력과 지혜를 다 아는 사람은 없지요. 욥이 이 모든 것을 인정하고 하나님 앞에서 진실한 회개를 드리자 하나님께서는 용서하시면서 이전보다 더 큰 복을 내리고 회복시켜 주십니다.

욥기는 지혜서의 첫 성경으로써 하나님의 지혜를 인간이 다 깨달을 수 없음을 분명히 보여줍니다. 다만 인간은 삶이라는 경험을 통해 더욱 하나님을 알아가는 데 힘써야 합니다. 고통과 고난을 원하는 사람은 아무도 없지만, 진실한 고난은 사람을 성장시키고 성도를 성숙시킵니다. 그리고 우리 하나님은 감당할 만한 고난만 허락하시는 분이십니다.

동방의 의인 욥 이야기

욥기 1:1~42:17

욥기는 족장 시대를 배경으로 인간의 근본적인 문제를 문학적으로 다루고 있는 히브리 문학의 대표적인 작품이랍니다.

욥이 하나님께 기도했어요.
흙으로 저를 빚어 생명을 주신 분도 여호와시고, 가져가신 분도 여호와시니 주의 이름이 칭송받기를 원합니다.
사단아 보았느냐. 네가 까닭 없이 욥을 괴롭혔어도 그는 나를 원망하지 않았다.
사단 체면이 말이 아니군.
이번에는 욥의 몸이 병들게 해 보십시오! 반드시 욥이 원망할 것입니다.
그것도 허락한다. 그러나 욥의 생명에는 손대지 마라.
사단이 다시 욥을 괴롭혔어요.
아이고 간지러워. 긁어도 긁어도 소용없구나.
벅
벅
얼마나 가려우면 깨진 기와로 피가 나오도록 긁었을까. 못 보겠다.
믿음이 뭐길래 그 고통 중에도 하나님만 찾는 거예요? 차라리 하나님을 원망하고 죽으세요.
여보, 절대 그런 말을 입에 올려서는 안 되오.
북
북
고통을 하나님께서 주시는 거라면 달게 받겠습니다.
저는 더 못 보겠습니다.
그 소식을 듣고 욥의 세 친구가 찾아 왔어요.
도대체 이게 무슨 일이야?
저 꼴 좀 봐.
차마 눈뜨고 못 보겠다.
서 있지들 말고 앉아서 말해. 벅벅!

친구들은 차마 말을 못하고 칠 일 동안 앉아 있었습니다.
이럴 줄 알았다면 차라리 태어나지 말았어야 했어.
언제나 우릴 위로하던 네가 그런 무기력한 소리를 하다니?
저길 봐, 욥의 몸에서 구더기가 나오고 있어.
악을 뿌린 자가 악을 거두는 법! 죄를 회개하고 하나님께 병을 낫게 해달라고 빌어.
고통을 참지 못하고 내가 경솔한 말을 했군!
내가 죄의 대가를 받고 있다는 말이야? 엘리바스! 나는 맹세코 하나님의 율법을 어겨본 적이 없어! 그래서 이 상황에서도 내가 기뻐할 수 있는 거라구.
엘리바스의 말이 옳다. 하나님께서는 죄에 맞는 벌을 내린 거야! 그분이 착한 사람을 왜 괴롭히시겠어, 안 그래?
너희들의 말에 동의할 수 없어. 나는 정말 하나님 앞에 떳떳해. 벌 받을 짓은 절대 안 했어.
오만함이 하늘을 찌르는군.
하나님께서는 무엇이든 보고 계셔. 악한 자는 눈이 어두워서 하나님으로부터 도망칠 곳이 없다는 것을 알아야지.
내게 지혜가 있으니 하나님 행세를 안 할 것이고, 하나님이 내 목숨을 앗아가도 그분을 의롭다고 말할 거야.
욥! 너는 정말 그 입으로 망한 거구나.
절친한 친구마저도 이해하려고 하지 않는다니…

악인은 자신의 빛이 꺼지고 어둠에 묻힌다는 걸 모르느냐?
욥! 죄를 인정해야 돼. 하나님은 겸손한 자를 구원하셔.
하나님의 눈에는 달과 별조차 깨끗하지 못하다고 했는데, 하물며 벌레 같은 존재인 네가 어떻게 그런 말을…
너희는 나를 위로하러 온 것이 아니고 고문하러 왔구나. 나는 하나님께 의로운 자라니까!
거만한 욥!
말이 통하질 않아!
…
그때 숲에서 그들의 이야기를 듣고 있던 부스 사람 엘리후가 그들 앞에 나왔어요.
하나님 앞에서 의롭다고 생각하는 것은 잘못입니다! 그러나 사람의 고난은 하나님이 은혜를 주시기 위한 계획일 수 있습니다.
그때 갑자기 큰 태풍이 불어왔어요.
워메. 이게 뭔 바람이야!
초특급 울트라 슈퍼 메가톤급 태풍이다!
휘이잉
그 태풍 속에서 욥에게 말하는 하나님의 음성이 들려왔어요.
너는 내게 대답해 보아라! 내가 땅의 기초를 놓을 때에 네가 어디 있었느냐? 네 마음속의 지혜는 누가 준 것이냐. 마음속의 총명은 누가 준 것이냐? 욥! 빨리 대답하라!
제가 무슨 말을 하겠습니까? 다만 입을 가릴 뿐입니다!

끝없는 하나님의 질문을 듣자 욥은 자신의 어리석음을 깨달았어요.
내가 잘난 척하며 하나님 앞에서 함부로 말했구나.
하나님! 제가 혼자서는 알 수 없는 일을 말하는 잘못을 저질렀습니다. 제발 용서해 주십시오.
하나님은 세 친구에게도 말씀하셨어요.
너희도 나를 가리켜 잘못된 말을 하였구나. 너희는 제단을 쌓아 욥이 나를 위해 제사를 드리게 하라.
우리가 잘 모르고 말을 했구나.
친구들이 쌓은 제단에서 욥이 제사를 드리자 하나님이 기쁘게 받으셨어요.
하나님, 감사합니다!
욥의 몸을 봐라. 깨끗해졌다!
하나님께서 고쳐 주셨다. 아! 너무나 감사합니다!!
사단의 시험을 물리친 욥에게 하나님은 갑절의 축복을 내리셨어요.
주인님! 양이 일만 사천이고, 낙타는 육천, 소가 일천, 암나귀가 일천입니다.
일곱 형제와 세 자매도 주셨지요.

시편

사람은 기쁘거나 슬플 때 겪는 감정을 노래로 표현하곤 합니다. 특히 찬양은 하나님께 구원을 받은 사람이라면 자연스럽게 흘러나오는 반응이라고 할 수 있습니다. 욥기서 뒤에 배치된 시편은 '인생의 노래'라고 할 수 있는데 욥기의 이야기를 통해 성도가 가져야 하는 삶의 자세, 지혜를 구하는 자세를 보여주었다면, 시편은 진짜 현실 속에서 어떻게 하나님을 믿고 의지하며 살 것인지를 보여준다고 할 수 있습니다.

각 사람이 살아가는 삶의 모양은 다 다르지만, 그 가운데서도 하나님을 향한 믿음과 깊이 있는 지혜를 구하는 모습들을 발견하게 됩니다. 시편은 후대의 기독교 전통에도 많은 영향력을 끼쳤습니다. 종교개혁자 루터가 시편을 특히 사랑해서 힘들 때마다 암송하고 찬양했다는 이야기는 매우 유명합니다. 역사적으로 많은 신앙의 선배들과 순교자들이 삶의 무게와 대적의 핍박 속에서도 마음을 지키며 찬양했던 수많은 곡들도 대부분 시편에 뿌리내리고 있습니다.

시편은 다섯 권의 책으로 나뉘어있는 '찬양의 노래들'입니다. 언제, 어떤 기준으로 시편이 이렇게 나뉘었는지는 정확히 모르지만, 많은 시편이 이스라엘 백성들이 예배드릴 때 자주 사용되었습니다. 그래서 자세히 살펴보면 '인도자를 따라 부르는 노래', '성전에 올라가는 노래' 등 예배에 사용되었음을 알려주는 표제들이 붙어있습니다. 1권은 1~41편, 2권은 42~72편, 3권은 73~89편, 4권은 90~106편, 5권은 107~150편입니다. 이 구조는 한글 성경에도 잘 번역되어 있습니다. 5권을 제외한 나머지에서는 모두 "여호와를 찬송할지어다"라고 권면하며 "아멘"으로 모든 성도가 화답하고 끝이 납니다.

150편이나 되는 시들 가운데 핵심이 되는 시들이 있습니다. 1편과 2편은 시편 전체를 개관하는 망원경이자 핵심 열쇠라고 할 수 있습니다. 이 두 시편이 짝을 이루어서 사실상 시편을 열고 있으며, 개인적인 시각과(1편) 국가 공동체적인 시각(2편)을 모두 보여줍니다. 특히 시편 1편은 시편 전체를 해석하는 열쇠와 같습니다. 가장 먼저 '복 있는 사람'을 말하며 결국 복 있는 사람은 복의 근원이신 하나님의 말씀을 따라 사는 사람이라고 결론을 내립니다.

복 있는 사람은 악인들의 꾀를 따르지 아니하며
죄인들의 길에 서지 아니하며 오만한 자들의 자리에 앉지 아니하고
오직 여호와의 율법을 즐거워하여 그의 율법을 주야로 묵상하는도다
그는 시냇가에 심은 나무가 철을 따라 열매를 맺으며

그 잎사귀가 마르지 아니함 같으니
그가 하는 모든 일이 다 형통하리로다(시 1:1–3)

시편에 따르면 인생에는 두 갈래의 길이 있습니다. 하나는 자신의 힘을 의지하며 세상이 원하는 대로 걸어가는 길이며, 다른 하나는 하나님의 뜻을 따라 사는 길입니다. 즉 하나는 악인의 길인 반면 다른 하나는 의인의 길, 지혜의 길이라 할 수 있습니다.

하나님의 말씀이 우리 삶에 지혜를 가져다줍니다. 세상은 자꾸 속입니다. 인생이 행복하려면 돈이 있어야 하고, 믿을 구석이 있어야 하고, 세상이 이렇게 흘러간다고 하면서 허황된 것을 잡게 만듭니다. 그러나 시편은 딱 한 가지를 외칩니다. "여호와 하나님의 말씀을 따르라!" 우리가 말씀대로 하나님의 길을 따라 걸으면 복의 근원이신 하나님께서 우리를 형통의 길로 인도하시며, 우리의 입술에서 찬양을 받으실 것입니다. 하나님은 자신의 영광을 빼앗기는 분이 아닙니다. 하나님은 인생을 통해 그 사람의 입에서 찬양을 받으시는 분이십니다.

잠언

잠언은 지혜를 가르치는 성경입니다. 지혜는 구약성경에서 계속 등장한 중요한 주제입니다. 아무도 지혜의 근원을 알 수 없습니다. 그런데 욥기와 시편을 통해 알게 되는 것이 있습니다. 바로 하나님이 지혜의 근원이시라는 것입니다. 하나님께서 사람에게 지혜를 주십니다. 그래서 잠언은 여호와를 경외하는 것이 지식의 근본이라고 시작부터(잠 1:7) 외치는 것입니다. 그리고 이 외침은 마지막까지 이어집니다. 오직 여호와 하나님을 경외하는 것만이 참된 지혜의 근원이기 때문에 하나님의 백성은 하나님을 경외하며 겸손하게 지혜를 구해야 합니다.

특히 잠언에서는 이 주제를 두 여인을 통해 비교하며 보여줍니다. 잠언에는 지혜가 여인으로 등장합니다(잠 8장). 그래서 솔로몬은 자신의 아들(백성)에게 지혜로운 아내를 얻으라고 권면합니다. 그런데 또 다른 여인 한 명이 등장합니다. 바로 음녀입니다. 이 음녀는 말로 남자를 호리고(잠 2:16) 성적으로 유혹(잠 5:3)합니다. 결국 솔로몬의 아들은 두 여인 중 하나를 택해야 합니다. 재미있는 것은 겉으로 보기에는 두 여인 모두 좋아 보인다는 것입니다. 그러나 그 결과는 판이하게 다릅니다.

음녀를 따르면 "존영을 잃고 수한을 빼앗(잠 5:9)"깁니다. "네 수고한 것이 외인의 집에 있게 될(잠 5:10)"것입니다. 또 "몸이 쇠약해져 후회(잠 5:13)"할 것이고, "큰 악에 빠지게 되었노라(잠 5:14)"라고 말하게 될 것입니다.

그러나 지혜의 길을 걷고, 지혜로운 여인(지혜의 의인화)을 아내로 맞이한다면 그는 지혜를 얻게 됩니다. "근신과 명철이 지킬 것이며(잠 2:10–11)", 하나님을 아는 지식을 가지게 됩니다(잠 2:5–9). 또 음란한 여인과 이방 여인에게서부터 구원받을 것입니다(잠 2:16–19). 그리고 그를 '의인의 길'로 인도합니다(잠 2:20–22). 이것을 가장 잘 보여주는 잠언이 맨 마지막 장에 나타나는 현숙한 여인의 이야기입니다. 이것이 지혜를 얻은 자가 누리는 은혜입니다.

잠언은 결국 우리에게 이렇게 질문합니다.

"당신은 음녀를 아내로 맞이할 것인가, 아니면 현숙한 여인을 아내로 맞이할 것인가?"

전도서

전도서는 바로 저자를 밝혀줍니다.

"다윗의 아들 예루살렘 왕 전도자의 말씀이라."(전 1:1)

여기서 '전도자'라는 단어는 히브리어로 '코헬렛'이라 부릅니다. 직역하면 '불러 모으는 사람'입니다. 즉 백성들을 불러 모아서 설교하는 사람이라는 뜻입니다. 과연 왕 중의 왕인 다윗의 아들이, 예루살렘의 왕이 백성들을 불러 모아 무슨 말을 하려는 것일까요?

전도서를 읽으면 회의주의자가 될 것 같다고 생각하는 사람도 있습니다. 시작(전 1:2)과 끝(전 12:8)에 헛되다고 말하는 전도서는 헛되다는 말이 총 37회나 반복되다 보니 그런 것 같습니다. 좋은 일도 나쁜 일도 헛되고, 해 아래 모든 일이 다 헛되며, 어떤 일을 해도 헛되다고 결론을 내리니 얼핏 보면 회의주의자가 쓴 글 같기도 합니다.

그렇지만 전도자는 계속해서 질문들을 던집니다. 그것들은 인생에서 한 번쯤은 누구나 던져볼 만한 질문들이지요. 그는 왜 헛되다는 것을 알면서도 질문을 하는 것일까요?

그가 질문하는 이유는 헛되다고 말하는 근거가 있다는 것을 보여주기 위해서입니다. 인생에 아름다운 것도 있고, 선한 것도 있고, 값어치 있는 것도 많이 있는데 결국 헛되다고 결론짓는 이유가 있다는 것입니다.

전도자가 결국 헛되다고 말하는 이유는 인생의 결론이 죽음이기 때문에 그렇습니다. 죽음은 인간에게 영원한 단절을 안겨줍니다. 죽음은 인간의 삶을 완전히 끝내버립니다. 그래서 시간이 지나면 "그 후 세대들과 함께 기억됨이 없어"집니다(전 1:11). 영원한 것이 이 땅에는 없습니다. 계속 반복될 뿐이라는 것이죠. 그런 의미에서 본다면 진실로 삶은 헛됩니다. 여기서 '헛되다'는 단어는 히브리어로 '헤벨'이라 부르는데 연기, 안개, 증기 등과 같은 뜻을 가진 단어입니다. 즉 죽음 앞에서 인간의 인생은 곧 사라질 연기 같다는 의미입니다.

인생은 헛됨에도 불구하고 삶에는 기쁨이 있습니다. 수고하고 낙을 누립니다. 비록 죽음이라는 결말이 기다리고 있지만 그 안에서만큼은 힘써 일하고, 그 열매를 맛보며 즐기고 누리라는 것입니다. 그렇기에 성경도 "사람이 먹고 마시며 수고하는 것보다 그의 마음을 더 기쁘게 하는 것은 없나니 내가 이것도 본즉 하나님의 손에서 나오는 것이로다"(전 2:24)라고 말했지요. 그러기 위해서는 때를 잘 알아야 합니다. 때를 잘 아는 것이 지혜입니다. 날 때와 죽을 때, 심을 때와 뽑을 때, 울 때와 웃을 때를 잘 아는 것이 지혜입니다. 하나님께서도 모든 것을 때에 따라 아름답게 하십니다.(전 3:11) 사람의 인생은 헛됩니다. 죽음 때문에 그렇습니다. 그래서 그 안에서 삶의 때를 알며 사는 것이 지혜입니다.

여기까지만 보면 회의주의자보다는 실존주의자 같습니다. 그러면 전도서는 여기서 끝이 날까요? 그렇지 않습니다. 마지막 단계가 남아있습니다. 죽음 앞에서 모든 것이 헛된 인생이지만 단 하나 '헤벨'이 아닌 것, 즉 헛되지 않은 것이 있습니다. 그것이 무엇일까요? 하나님을 경외하는 것입니다. 욥기서와 시편들과 잠언을 통해서 배웠던 내용들이 계속 이어지고 있습니다. 유한한 인간의 삶에서 영원한 것 단 한 가지, '여호와 하나님을 경외함'입니다.

일의 결국을 다 들었으니 하나님을 경외하고 그의 명령들을 지킬지어다
이것이 모든 사람의 본분이니라!(전 12:13)

사람은 하나님의 지혜를 다 이해할 수 없음을 욥을 통해 배웠습니다. 시편의 다양한 시들을 통해 인생의 여러 모양 가운데서도 하나님을 신뢰하는 법을 보았습니다. 잠언을 통해 지혜를 얻어야 함을 알았습니다. 그리고 전도서를 통해 여호와를 경외하는 것만이 제한된 인생 속에서 영원을 얻는 유일한 길임을 깨닫게 되는 것입니다.

말라기 선지자의 예언

말라기 1:1~4:6

여호와를 대변하는 제사장들이 바른 길을 버리고, 백성들을 잘못 가르치고, 여호와의 언약을 깨뜨렸으니 백성들의 축복이 저주로 바뀔 것이다.
뭐라는 거야? 쟤 뭐 잘못 먹었나?
짜증나니까 신경 끄고 빨리 가자.
이방 여인들과 결혼한 자는 이스라엘 역사에서 사라질 것이나 올바로 십일조를 여호와께 드리는 사람들에게는 따로 재산을 모으지 않아도 계속 채워주실 것이다.
나는 여호와께 온전한 십일조를 드렸지. 음하하!
쳇~ 잘난 체 하기는.
때가 되면 하나님이 너희를 구별할 것이니 교만한 자는 뜨거운 지옥불 가운데 던져질 것이다.
그러나 하나님을 경외하는 자에게는 의로운 해가 떠올라서 치료의 광선을 비출 것이다. 그들은 외양간에서 나온 송아지같이 뛸 것이다.
아니, 그럼 그날은 언제 오는 거야?
그것도 말씀해 주십시오!
심판의 날이 오기 전에 선지자 엘리야를 너희에게 보낼 것이다. 그가 아버지의 마음을 자녀에게로, 자녀들의 마음을 아버지에게로 돌이킬 것이다. 너희는 내가 모세에게 명한 율법을 기억하여 지켜 행하며 살아라!
말라기 선지자가 말한 선지자 엘리야는 바로 세례 요한을 가리킵니다(마 11:10, 14).

말라기

말라기서는 구약성경의 맨 마지막 책입니다. 이스라엘의 역사로 본다면 구약에서 가장 마지막 시기인 느헤미야와 동일한 시기입니다. 이스라엘 사람들은 바벨론에 포로로 끌려갔다가 70년 만에 다시 약속의 땅으로 돌아왔습니다. 성전을 세우고 성벽을 쌓고 회개하고 갱신 운동을 벌였습니다. 그러나 얼마 지나지 않아 다시 형식적인 신앙생활과 메말라버린 마음으로 돌아왔습니다. 그들은 겉으로는 제사를 드리고 하나님을 떠나지 않았지만, 마음으로부터 멀어지기 시작했습니다. 하나님을 사랑하는 마음에서 점점 떠나기 시작했습니다. 이렇게 영적인 암흑기로 기우는 시기가 말라기 선지자가 활동했던 시기입니다.

내 이름을 멸시하는 제사장들아 나 만군의 여호와가 너희에게 이르기를
이들은 그 아버지를, 종은 그 주인을 공경하나니
내가 아버지일진대 나를 공경함이 어디 있느냐(말 1:6)

그들은 겉으로 행해야 할 예식들은 다 행했고 따라야 할 율법들은 따랐습니다. 그런데 하나님을 공경하고 두려워하며, 진심으로 사랑하는 마음이 없었습니다. 그들의 마음은 점점 식어갔고, 이는 행동으로 나타나기 시작했습니다. 제사는 드렸지만 형편없는 제물을 드리기 시작합니다. 인간 총독에게도 바치지 않을 저는 것, 병든 것, 눈먼 것, 심지어 훔친 것을 하나님께 드렸습니다(말 1:8,13). 그러면서 입으로는 하나님을 사랑하며, 하나님을 잘 섬기고 있다고 말하고 다니는 것입니다.

말라기 선지자는 그뿐 아니라 백성들의 삶도 지적합니다. 형제들에게 사랑으로 베풀지 않고 거짓을 행하며 학대를 행했으면서도 멋진 옷으로 가리고 다닌다며 통렬하게 지적한 것이지요(말 2:16). 하나님의 백성들이 하나님을 향한 예배를 경시하고, 헌신을 포기했으며, 그저 겉으로만 드러나는 껍데기에 치중하는 신앙생활을 하는 것입니다. 이스라엘 백성들은 왜 이렇게 변해버린 것입니까? 왜 다시 이렇게 되어버린 걸까요?

만물을 다스리시며 통치하시는 하나님의 주권을 인정하지 않았기 때문입니다. 백성들은 "하나님을 섬기는 것이 헛되니, 그 명령을 지키며 슬프게 행하는 것이 무엇이 유익하리요"(말 3:14)라고 말합니다. 현실적으로 바꾸어본다면 당장 내 눈앞에 있는 고난과 고통을 세상적인 방법으로 해결하기 시작한 것입니다. 또 이 땅에서의 물질적 축복과 번성을 역시 세상적인 방법으로 얻기 시작했기 때문입니다. 그러면서도 하나님을 버리지는 않는, 말하자면 이중적인 신앙생활을 하고 있는 것입니다. 말라기

선지자는 이런 잘못된 신앙들을 지적하면서 다시 하나님 앞으로 돌아오라 권면합니다.

말라기서의 맨 마지막 구절은 누군가를 암시하면서 마치 열린 결말과 같은 느낌으로 끝을 맺습니다.

보라 여호와의 크고 두려운 날이 이르기 전에 내가 선지자 엘리야를 너희에게 보내리니
그가 아버지의 마음을 자녀에게로 돌이키게 하고
자녀들의 마음을 그들의 아버지에게로 돌이키게 하리라(말 4:5-6)

말라기서는 선지자 엘리야 같은 사람이 올 것이라는 사실을 이야기하며 끝이 납니다. 백성들은 끝내 혼합신앙의 모습을 버리지 못했고, 선지자들은 계속 죄를 지적하다가 어떤 결론도 없이 구약이 끝나 버리니 참으로 허무하지 않습니까? 나라가 다시 세워지기는 했지만, 과거에 영광을 누리던 때와는 비교도 되지 않습니다. 도대체 하나님의 나라는 어떻게 되는 것일까요? 과연 그 예언된 인물이 오기는 올까요? 온다면 앞으로 어떤 일들이 펼쳐질까요?

누가복음은 예수님의 탄생을 보여주기 전에 또 다른 한 아이의 탄생을 예고하면서 시작합니다. 천사 가브리엘은 제사장 사가랴에게 나타나 아들이 생길 것을 예언해주면서 그 아들에 대해 이렇게 설명합니다.

그가 또 엘리야의 심령과 능력으로 주 앞에 먼저 와서 아버지의 마음을 자식에게,
거스르는 자를 의인의 슬기에 돌아오게 하고 주를 위하여 세운 백성을 준비하리라(눅 1:17)

그리고 마태복음에서는 예수님께서 직접 "오리라 한 엘리야"가 바로 요한이라는 것을 분명히 하십니다.

기록된 바 보라 내가 내 사자를 네 앞에 보내노니,
그가 네 길을 네 앞에 준비하리라 하신 것이 이 사람에 대한 말씀이니라
만일 너희가 즐겨 받을진대 오리라 한 엘리야가 곧 이 사람이니라(마 11:10, 14)

구약의 마지막 책 말라기는 신약을 여는 첫 인물 세례요한과 이어지고 있습니다.

성경1독 플러스
만화 성경 – 구약

초판 1쇄 발행 2019년 3월 25일
초판 6쇄 발행 2025년 8월 25일

그림 정동열
글 정해주

펴낸이 한정숙
펴낸곳 선한청지기
등록 제313-2003-000358호
주소 서울시 마포구 동교로 12길 41-13 (서교동)
전화 02)322-2434 (대표)
팩스 02)322-2083
SNS instagram.com/kukmin_book
기독교 총판 생명의말씀사

ISBN 979-11-87022-21-3
979-11-87022-20-6 (전2권)

365 성경 일독표

※ 하루 하루 체크하면서 읽을 수 있는 성경일독표입니다. 성경 전체를 가능한 한 연대순으로 읽을 수 있도록 배열했습니다.
순서에 유의하면서 읽으면 성경 전체를 이해하는 데 좀 더 도움이 될 것입니다.

순서	범위	✓	순서	범위	✓	순서	범위	✓	순서	범위	✓
1	창1–2	✓	47	민9–10	✓	93	삼상15–16	✓	139	욥38–42	✓
2	창3–5	✓	48	민11–12	✓	94	삼상17–18	✓	140	시1–3	✓
3	창6–9	✓	49	민13–14	✓	95	삼상19–21	✓	141	시4–9	✓
4	창10–11	✓	50	민15–17	✓	96	시34, 59	✓	142	시10–18	✓
5	창12–14	✓	51	민18–19	✓	97	삼상22–24	✓	143	시19–27	✓
6	창15–17	✓	52	민20–21	✓	98	시52, 57	✓	144	시28–33	✓
7	창18–21	✓	53	민22–25	✓	99	삼상25–26, 시54	✓	145	시35–41	✓
8	창22–24	✓	54	민26–27	✓	100	삼상27–31	✓	146	시42–50, 53	✓
9	창25–27	✓	55	민28–30	✓	101	삼하1–2	✓	147	시55–56, 58, 60–66	✓
10	창28–30	✓	56	민31–32	✓	102	삼하3–5	✓	148	시67–72	✓
11	창31–33	✓	57	민33–36	✓	103	삼하6–7	✓	149	시73–78	✓
12	창34–36	✓	58	신1–2	✓	104	삼하8–10	✓	150	시79–85	✓
13	창37–38	✓	59	신3–4	✓	105	삼하11–12, 시51	✓	151	시86–89	✓
14	창39–41	✓	60	신5–6	✓	106	삼하13–14	✓	152	시91–102	✓
15	창42–44	✓	61	신7–9	✓	107	삼하15–17	✓	153	시103–106	✓
16	창45–47	✓	62	신10–11	✓	108	삼하18–20	✓	154	시107–118	✓
17	창48–50	✓	63	신12–14	✓	109	삼하21–22	✓	155	시119	✓
18	출1–2	✓	64	신15–17	✓	110	삼하23–24	✓	156	시120–134	✓
19	출3–4	✓	65	신18–21	✓	111	왕상1–2	✓	157	시135–142	✓
20	출5–7	✓	66	신22–26	✓	112	왕상3–4	✓	158	시143–150	✓
21	출8–10	✓	67	신27–28	✓	113	왕상5–7	✓	159	왕상12–14	✓
22	출11–13	✓	68	신29–30	✓	114	왕상8	✓	160	왕상15–16	✓
23	출14–15	✓	69	신31–32	✓	115	왕상9–10	✓	161	왕상17–19	✓
24	출16–18	✓	70	신33–34, 시90	✓	116	잠1–5	✓	162	왕상20–22	✓
25	출19–20	✓	71	수1–2	✓	117	잠6–9	✓	163	왕하1–2	✓
26	출21–23	✓	72	수3–5	✓	118	잠10–15	✓	164	왕하3–5	✓
27	출24–27	✓	73	수6–8	✓	119	잠16–20	✓	165	왕하6–8	✓
28	출28–29	✓	74	수9–12	✓	120	잠21–24	✓	166	왕하9–10	✓
29	출30–31	✓	75	수13–17	✓	121	잠25–29	✓	167	왕하11–14	✓
30	출32–34	✓	76	수18–19	✓	122	잠30–31	✓	168	암1–5	✓
31	출35–38	✓	77	수20–22	✓	123	아1–4	✓	169	암6–9	✓
32	출39–40	✓	78	수23–24	✓	124	아5–8	✓	170	호1–4	✓
33	레1–5	✓	79	삿1–2	✓	125	왕상11	✓	171	호5–9	✓
34	레6–7	✓	80	삿3–5	✓	126	전1–3	✓	172	호10–14	✓
35	레8–10	✓	81	삿6–7	✓	127	전4–7	✓	173	욘1–4	✓
36	레11–13	✓	82	삿8–9	✓	128	전8–12	✓	174	왕하15–16	✓
37	레14–15	✓	83	삿10–12	✓	129	욥1–3	✓	175	왕하17–18	✓
38	레16–17	✓	84	삿13–16	✓	130	욥4–7	✓	176	사1–3	✓
39	레18–20	✓	85	삿17–18	✓	131	욥8–10	✓	177	사4–7	✓
40	레21–22	✓	86	삿19–21	✓	132	욥11–14	✓	178	사8–12	✓
41	레23–25	✓	87	룻1–4	✓	133	욥15–17	✓	179	사13–17	✓
42	레26–27	✓	88	삼상1–3	✓	134	욥18–19	✓	180	사18–20	✓
43	민1–2	✓	89	삼상4–7	✓	135	욥20–21	✓	181	사21–24	✓
44	민3–4	✓	90	삼상8–10	✓	136	욥22–24	✓	182	사25–29	✓
45	민5–6	✓	91	삼상11–12	✓	137	욥25–31	✓	183	사30–32	✓
46	민7–8	✓	92	삼상13–14	✓	138	욥32–37	✓	184	사33–35	✓

순서	범위	✓	순서	범위	✓	순서	범위	✓	순서	범위	✓
185	왕하19-20		231	대상27-29		277	느4-7		323	살후1-3	
186	사36-37		232	대하1-4		278	느8-10		324	갈1-3	
187	사38-39		233	대하5-7		279	느11-13		325	갈4-6	
188	사40-42		234	대하8-9		280	말1-4		326	행18-19	
189	사43-45		235	대하10-13		281	마1-4		327	고전1-4	
190	사46-50		236	대하14-17		282	마5-7		328	고전5-8	
191	사51-55		237	대하18-22		283	마8-10		329	고전9-11	
192	사56-59		238	대하23-25		284	마11-13		330	고전12-14	
193	사60-63		239	대하26-28		285	마14-16		331	고전15-16	
194	사64-66		240	대하29-31		286	마17-20		332	고후1-4	
195	미1-3		241	대하32-33		287	마21-23		333	고후5-9	
196	미4-7		242	대하34-36		288	마24-25		334	고후10-13	
197	왕하21-23		243	겔1-3		289	마26-28		335	롬1-3	
198	습1-3		244	겔4-7		290	막1-3		336	롬4-7	
199	합1-3		245	겔8-11		291	막4-6		337	롬8-11	
200	나1-3		246	겔12-14		292	막7-8		338	롬12-14	
201	욜1-3		247	겔15-17		293	막9-10		339	롬15-16	
202	왕하24, 렘1-3		248	겔18-20		294	막11-13		340	행20-23	
203	렘4-6		249	겔21-23		295	막14-16		341	행24-26	
204	렘7-9		250	겔24-26		296	눅1-2		342	행27-28	
205	렘10-13		251	겔27-29		297	눅3-4		343	엡1-3	
206	렘14-16		252	겔30-32		298	눅5-6		344	엡4-6	
207	렘17-20		253	겔33-35		299	눅7-8		345	빌1-4	
208	렘21-23		254	겔36-37		300	눅9-10		346	골1-4	
209	렘24-25		255	겔38-39		301	눅11-13		347	몬1	
210	렘26-28		256	겔40-41		302	눅14-16		348	딤전1-6	
211	렘29-31		257	겔42-43		303	눅17-18		349	딛1-3	
212	렘32-33		258	겔44-46		304	눅19-20		350	딤후1-4	
213	렘34-36		259	겔47-48		305	눅21-22		351	히1-4	
214	렘37-38		260	단1-2		306	눅23-24		352	히5-10	
215	왕하25, 렘39-41		261	단3-4		307	요1-3		353	히11-13	
216	렘42-45		262	단5-6		308	요4-6		354	약1-5	
217	렘46-48		263	단7-9		309	요7-8		355	벧전1-5	
218	렘49-50		264	단10-12		310	요9-11		356	벧후1-3	
219	렘51-52		265	스1-2		311	요12-13		357	요일1-5	
220	애1-2		266	스3-4		312	요14-15		358	요이1, 요삼1	
221	애3-5		267	학1-2		313	요16-17		359	유1	
222	옵1		268	슥1-6		314	요18-19		360	계1-3	
223	대상1-3		269	슥7-10		315	요20-21		361	계4-7	
224	대상4-5		270	슥11-14		316	행1-2		362	계8-11	
225	대상6-9		271	스5-6		317	행3-5		363	계12-15	
226	대상10-12		272	에1-5		318	행6-9		364	계16-18	
227	대상13-16		273	에6-10		319	행10-12		365	계19-22	
228	대상17-20		274	스7-8		320	행13-15				
229	대상21-22		275	스9-10		321	행16-17				
230	대상23-26		276	느1-3		322	살전1-5				